KB238830

대한민국을 말한다

대한민국을 말한다

Issue & Issue
변화와 혁신의 갈등 속에서 우리의 미래는?

최창렬 지음

이담
Books

한국사회의 오늘의 모습은 각자도생(各自圖生)을 모색하는 '만인에 대한 만인의 투쟁'으로 요약된다. 물론 이는 소유적 개인주의에 입각한 현대사회의 생존 논리이기도 하다. 더구나 신자유주의적 경쟁에서 살아남아야 한다는 강박관념의 잠재적 포로가 된 대다수의 사람들에게는 더 말할 나위도 없다. 그러나 그것이 유난히 우리에게 절실하고 치열하게 와 닿는 것은 개발독재의 통제 속에서 압축된 고도성장의 그림자 때문이다. 경제적 번영이 가져다준 풍요의 부차적 현상으로서의 상대적 격차의 심화라고 치부하기에 한국사회의 분열은 크고 깊다. 나눔의 캠페인으로 해결될 문제는 더욱 아니다.

진보와 보수의 이념적 양극화는 좁혀질 기미가 보이지 않는다. 이념적 잣대의 영역이 아닌 곳에도 여지없이 진보세력과 보수세력의 인식은 극을 달린다. 좌우의 구분은 상호보완과 수정이 전제될 때 의미가 있다. 이미 한국사회의 이념은 삶과 행복을 위한 정책을 조율하는 기능을 상실한 지 오래다. 경제, 사회, 교육, 문화, 보건, 예술, 환경, 안보 등 전방위에 걸친 생각의 차이는 시민들을 헷갈리게 한다. 계층의 차이는 지역적 차이도 결과했다. 이것이 현실 진단이다.

결과로서 나타난 현상을 탓하기 전에 원인을 보자. 단순화의 위험을 무릅쓰고 얘기한다면, 가진 자들의 도덕적 해이가 못 가진 자들을 화나게 한 것이다. 그렇다고 못 가진 자들에게 도덕적 우월성을 부여하고 싶은 마음은 추호도 없다. 그저 도덕적으로 해이(解也)해질 상황이나 기회를 잡지 못했기 때문일 것이라고 해두자. 그러나 너무나 많은 것이 생략되었던 근대화의 발자취는 이 땅에 비리와 부패, 한탕주의와 출세지향의 철학만을 강요해 왔다. 그런 과정 속에서도 한국은 경제적 산업화와 정치적 민주화를 일궈낸 모범사례라는 평가에 익숙한 우리다. 경청할 만한 평가이고, 상당 부분, 사실에 부합한다. 그러나 경제적 차이의 심화가 가져오고 있는 문화와 삶의 방식의 차이는 서로에 대한 증오로 발전할 개연성을 내포하고 있다.

그렇다면 처방은 무엇인가? 경제적 부유의 뒤안길에 똬리를 틀고 있는 위선과 음험한 어두움을 거둬내야 한다. 사회 전체에 드리워져 있는 경쟁의 신화를 좀 누그러뜨려야 한다. 근대화와 산업화의 숨 가쁜 여정 속에서 집적해서 노정되고 있는 모순들을 순화시켜 나가지 않으면 안 된다. 그리고 가진 자들의 부가 못 가진 자에게 많이 이전되어야 한다. 그래서 진보와 보수가 서로를 보듬고 갈 이념적 촛불로 자리매김되어야 한다. 우리 정치는 현재 국민의 눈높이에 부합하지 않으며, 정치의 본령을 다하고 있지 못하다. 그러나 최종 심급에서, 이 역할은 결국 '정치'의 몫일 수밖에 없다. 그 '지겹고도 꼴도 보기 싫은 정치'가 제도화에 앞장서야 하고, 통합의 물꼬를 터 나가야 한다. 시민정치건, 정당정치건 그건 사회의 변화에 따라 추동될 것이다. 그러나 이것이 어디 말처럼 쉬운 일들이던가.

조금 덜 가지더라도, 조금 사회적 지위가 낮더라도, 더 가진 자, 더 세속의 사회적 지위가 높은 자들에게 당당할 수 있고 떳떳할 수 있는 격조와 인품도 의식하면서 살아 보자. 그리고 높은 자들과 많이 가진 자들은 그 가치가 자신들의 노력만으로 손에 넣은 전리품이라는 오만과 착각에서 좀 벗어나 보자. 그것이 향유하고 있는 가치들에 부합하는 인품과 격조 아니겠는가. 어차피 모두가 산술적으로 평등할 수 없다는 현실 인식 속에서, 못 가진 자들과 가진 자들의 나름의 격조가 작동하려면 역시 공정한 룰과 투명한 제도가 뒷받침되어야 한다.

이 글은 이러한 문제의식을 가지고 대한민국 사회가 직면하고 있는 현상들에 대한 원인과 처방들에 대한 소회를 칼럼 형식을 빌려 대학신문과 방송의 논평을 통해 썼던 글들을 모은 책이다. 유명 언론에 실린 글도 아니고, 고매한 사회과학적 이론과 인식이 기저에 깔려 있지도 않다. 그저 우리네 보통사람들이 느끼는 것을 표현했을 뿐이다. 교직에 몸담고 있는 사람으로서 학생들과 공감하는 현안들에 대한 평범한 통찰 이상의 것도, 이하의 것도 아니다. 딱히 분야별로 나눌 것도 없다는 생각에서 그때그때의 사회적 이슈가 된 것들에 대한 비판적 시각을 담고 있다. 공감되는 부분도 있고, 생각을 달리하는 부분도 많을 것이라고 생각한다. 그러나 우리 사회의 모습과 현상을 되돌아보는 인식을 다지는 조그만 계기가 됐으면 하는 바람이다. 제목은 글의 내용에 따라 수정 · 보완하였음을 밝혀 둔다.

글 속에 나오는 용어에 대해서는 학문적 저술의 부담에서 벗어나 간략하게 소개해 놓았다.

　용어에 따라서는 정치학이나 사회과학에 관심이 많은 분들께 도움이 될 수 있게 상세하게 설명한 부분과 요약해서 약술한 부분도 있다. 조금이라도 개념 정리에 도움이 되었으면 하는 바람이다.

　출간에 큰 도움을 주신 용인대학교 도서관의 이병국 선생님, 출간을 허락해 주신 한국학술정보(주) 채종준 대표이사님과 강태우 차장님, 편집 · 디자인을 맡아주신 곽유정 차장님과 박능원 선생님, 교정팀의 박은주 선생님, 그리고 책에 내용을 상징하는 소중한 삽화(표지 뒷날개)를 그려 주신 매형 권영환 님께 깊은 감사를 드린다. 그리고 바쁜 시간 틈을 내어 토론에 응해주고, 소중한 충고를 주신 방송통신심의위원회 서형석 학형과 원고를 정리하는 노고를 아끼지 않은 설재연 조교에게도 경의를 표하고 싶다. 무엇보다 필자에게 글을 쓸 수 있는 여건을 마련해 주신 용인대학교에도 고마움을 드린다. 마지막으로 2년 전 돌아가신 그리운 어머님과 영원한 스승이신 아버님, 귀중한 조언을 아끼지 않은 아내와 아들 규남이, 가족들께도 진심 어린 존경과 사랑을 보낸다.

2012년 3월
최창렬

차례

1부 · 한국정치, 어떻게 볼 것인가?

01 인터넷 정치, 민주주의인가 포퓰리즘인가

- 2006. 11. 1

최근 우리는 사이버 공간을 통한 다양한 정치참여들을 목도하고 있다. 특히 2002~2004년의 기간은 소위 '인터넷 정치참여(Internet-based political participation)'의 신기원을 이룩한 시기였다 할 정도로, 여러 인터넷 정치참여 양상들이 새롭게 등장하여 인터넷이 오늘날 한국정치의 중요 요소가 되었음을 확실히 보여 주었다.

이처럼 인터넷 정치참여의 활발한 전개는 국민의 2/3가 인터넷을 쓸 만큼 우리나라의 정보화가 엄청난 속도로 발전한 배경과 무관하지 않다. 그 속도는 우리의 상상을 능가하고 있어 정치영역에서는 누구도 예기치 못했던 일들이 벌어지기도 한다. 이는 인터넷이라는 장에서 시민사회의 힘이 조직화됨으로써 오프라인 정치제도 및 질서에 영향을 미치는 메커니즘이 인터넷 기술을 매개로 형성되고 있음을 말해준다.

그러나 이 같은 인터넷 정치참여를 두고 인터넷 포퓰리즘을 우려하는 목소리도 있다. 인터넷 정치참여가 "대중들의 인기에 영합하기 위한 포퓰리즘적 발상"인 동시에 "정책 실패의 책임을 결국 국민 대중에게 돌리려는 무책임한 발상"이라는 것이 그들 주장의 요지였다. 분명 인터넷은 긍정적인 면만 지니고 있는 것은 아니며, 거기에는 어두운 그림자도 있다.

우선, 익명성에 의한 사이버 테러의 위협을 들 수 있다. 여기에는 자유게시판에서 자주 발견되는 '욕설(flaming)'이나 인신공격성 언어폭력 등이 해당된다. 인터넷 게시판에서는 주제와 상관없는 내용이거나 엉뚱한 주장, 인신공격이나 지역감정을 원색적으로 드러내는 욕설을 흔히 볼 수 있다. 이는 인터넷 공론장을 합리적 논의의 공간이 아닌 '감정의 배설장'으로 변질시킬 위험성을 가지고 있다.

둘째, 사이버 공간은 현실공간에 비해 정치적 합의를 더욱 어렵게 만들 수 있다. 인터넷에서는 시민들이 현실공간에서 만나 토론하고 문제를 해결하는 것과 같은 '사려 깊은 상호작용(thoughtful interaction)'을 만들어내지 못한다는 것이다. 인터넷이 갖는 속도의 특성상 사이버 공간상의 토론은 신중한 성찰을 생략한 채 즉각적으로 진행되기 쉬우며, 공격적으로 변질되기도 쉽다. 또한 참여자들이 다른 사람들의 의견을 듣기보단 자신의 의견을 표출하는 데 더 몰두하게 되는 것도 현재 사이버 토론의 문제점이다.

셋째, 정보격차로 인해 기존의 불평등한 사회적 관계를 재생산하거나 강화할 수도 있고, 정치과정의 분극화도 야기할 수 있다. 사이버 공간의 필연적인 정보과잉 현상은 이를 다루는 기술의 복잡성을 가져오고, 그러한 기술에 전문성을 갖는 가상 엘리트와 그렇지 못한 일반 누리꾼 사이에 권력 불균형을 형성시키게 된다. 그럴 경우 인터넷 정치참여의 혜택도 의사소통 매체를 지배하는 집단들만이 선택적으로 누릴 수 있다. 결국 인터넷은 소수의 적극적인 정치참여자들에 대한 의존을 높이는 현상을 초래할 가능성이 높다. 정치에 능동적인 집단과 무관심한 집단으로 정치과정을 양극화시키는 참여의 불균형이야말로 인터넷 정치참여의 근본적 한계다. 2002년 대선과 2004년 총선이 인터넷에 능한 20~30대와 그렇지 못한 50~60대 사이의 세대 간 대결이었다는 분석결과가 자주 제기되는 것은 정보격차에 의한 '정치적 격차(political divide)' 문제로서, '참여 양극화'가 사회문제로까지 확대될 가능성이 있음을 보여 준다.

마지막으로 포퓰리즘에 의한 여론정치의 위험성이 제기될 수 있다. 정책과 관련된 쟁점이 제기되었을 때 인터넷 참여라는 편리한 방법의 존재가 냉철하고 합리적인 입장에서 사회적 손익을 계산하여 정책 결정을 하려는 것보다는 다수 대중의 의견이라는 편리한 수단에 의존하려 하는 경향을 낳을 수 있다는 것이다. 인터넷 정치참여에 의한 여론정치는 국민 참여의 정치적 악용이라는 문제 외에도 중요한 국가정책 결정에 혼선을 야기할 수 있다는 문제를 지닌다. 인터넷상에서 강력한 힘을 발휘하는 특정 여론에 정치과정이 좌우되면, 이는 '여론에 의한 폭정'을 일으킬 가능성도 있고 그러한 다중의 의견이 비윤리적 결정으로 나타날 수도 있다. 그래서 일부 학자들은 인터넷 포퓰리즘이 국민의 요구 수준 상승을 충동질하기 때문에 사회와 국가 간의 괴리를 발생시키고 대중의 욕구 분출이 정치를 좌우하는 '대중 집정관주의(mass praetorianism)'를 초래할 우려가 있다고 지적한다. 또한 인터넷 포퓰리즘의 가장 큰 문제점은 정당, 국회의원, 주요 언론 등 기존의 정치적 매개집단의 역할을 아예 소멸시키거나 약화시킴으로써 직접민주주의와 대의민주주의를 화해 불가능한 것으로 대립시킨다는 점이다. 결국 인터넷 포퓰리즘은 정치과정을 여론조사, 다수결 혹은 인민재판식 찬반투표로 몰고 가서 정치의 의미를 극도로 좁게 만들 우려가 있다.

포퓰리즘(populism)

언론에서는 흔히 '대중인기영합주의'라고 번역하고 있다. 그러나 이는 정확한 포퓰리즘의 의미를 전달한다고 할 수 없다. 포퓰리즘은 '민중' 또는 '인민'이라는 내포적 의미를 담고 있다. 현대정치가 대의제 민주주의이고, 대의제는 국민의 대표에게 권한을 위임(delegate)하고 있다. 이는 간접민주주의의 형태를 띠고 있고, 민의의 왜곡과 국민의 정치참여의 한계라는 문제점 등을 노출하고 있다. 포퓰리즘은 대의제 기구, 즉 의회를 경유하지 않고, 주권자인 국민과 정치지도자(최고리더십)가 직접 소통하는 방식을 의미한다. 이는 간접민주주의의 단점을 보완한 직접민주주의의 형태라는 점에서 긍정적인 의미를 지닌다.

포퓰리즘 정치는 1960년대 브라질이나 아르헨티나 등 남미에서 노동자나 사회적 약자 등의 요구를 정부가 받아들인 결과, 정치적 인기와 지지를 만회하는 대신 재정의 과다지출로 인한 정치적·경제적 부담으로 국가가 어려움에 처한 경우를 지칭할 때 흔히 사용되어 왔다. 또한 현실적으로 정치세력이 유권자의 지지를 획득하기 위해 무분별한 공약을 남발하거나, 적자재정을 무릅쓰고라도 복지, 노후 등에 대해 과도하게 지출하는 것을 의미한다. 우리나라에서는 이 용어가 보수와 진보가 복지와 관련한 정책분야에서 상대를 공격할 때 주로 이용되는 경우가 많다. 즉, 지극히 '정치적' 의미로 쓰이고 있다.

인터넷 정치의 명암

스마트폰의 대중화와 트위터, 페이스북 등 이른바, SNS(Social Network Service)의 확산으로 새로운 정치환경의 변화가 초래되고 있다. 그러나 이에는 긍정적 측면과 부정적 측면의 양면성이 존재한다.

SNS(Social Network Service)와 소셜미디어(Social Media)는 50대 이상의 중장년층보다 20대와 30대 등 젊은 세대의 접근성이 상대적으로 높기 때문에 이를 통한 정치참여가 세대별로 차이를 보일 수밖에 없다. 즉 젊은 층의 정치적 의사가 중장년층에 비해 과잉대표될 수 있다는 것이다. 그러나 헌법재판소에서 인터넷을 통한 선거운동 규제에 대한 헌법소원이 한정위헌 판결을 받음으로써 소셜미디어를 통한 선거운동이 공식적으로 가능하게 됐다. 단지 모바일 투표는 보수정당과 상대적으로 진보적인 정당의 정치적 이해관계에 따라 여야 간 간극이 크다. 젊은 층의 참여가 활발한 진보성향의 정당이 적극적인 반면, 보수성향의 정당은 소극적이다.

02 | 대선의 쟁점과 우리의 관심

- 2007. 4. 2

올해는 대통령선거가 있는 해이다. 대선이 9개월도 남지 않았지만, 이 기간은 정치구도의 변화를 몇 번 겪을 수 있는 결코 짧지 않은 시간이다. 특히 역대 대통령선거를 앞두고 이루어져 왔던 정당 간, 정파 간의 이합집산의 경험은 올해도 어김없이 새로운 정치구도의 탄생을 예고하고 있다. 그리고 그 변화의 조짐은 벌써 시작되었다.

현재의 대선구도는 한나라당의 이명박 전 시장과 박근혜 전 대표의 양강구도와 여권에서는 여당의 부재 속에 범여권의 후보를 암중모색하는 형국이라고 볼 수 있다. 더구나 최근 손학규 전 지사의 탈당으로 대선 판도가 예기치 않은 방향으로 전개될 수 있는 상황이라서 대선의 관전포인트를 다양한 관점에서 설정해야 보다 입체적인 관찰이 가능해질 것이다.

대선의 관전포인트는 여러 측면에서의 퍼스펙티브(perspective)가 가능하지만 첫째, "이번 대선의 주요 어젠다는 무엇인가?"이다. 너무나 많은 이슈들이 등장하겠지만 요약하면 일자리 창출, 부동산 가격과 관련된 세금문제, 한·미 FTA의 득실, 분배와 성장, 평등과 효율이라는 일견 상반되는 가치의 조화 등 경제현안에 관한 이슈, 대북문제와 핵을 둘러싼 공방, 민주화와 산업화의 해묵은 논쟁 등이 있을 수 있다.

둘째, "어느 후보가 세계화라는 거친 파도와 정보사회의 새로운 변화를 주도해 나가기에 적합한 후보인가?"라는 너무도 당연하고 일차적인 질문이다. 이는 소속정당을 떠나서 후보 개인에게 초점이 맞춰질 것이다.

셋째, "이번 대선에서 지역주의가 어느 정도의 위력을 발휘할 것인가?"이다. 1987년 13대 대선 때부터 본격화한 지역주의가 지난 대선 때 완화되었다는 평가도 있으나 아직도 한국정치에서 지역주의는 상황에 따라서 여타의 어느 대형이슈도 덮어 버릴 수 있는 가장 영향력 있는 요인임을 부인할 수 없기 때문이다.

넷째, "정당 간, 정파 간의 이합집산이 어떻게 전개될 것인가?"이다. 이미 여권은 분열을 시작했고, 이는 어느 명분에도 불구하고 대선의 승리를 장담할 수 없는 위기의식에서의 정치공학적 몸부림에 다름 아니기 때문이다.

이러한 다양한 관점들은 각기 다른 영역이지만 요약하면 대한민국의 미래에 관한 문제들이고, 후보들의 이념이 여하히 일관되게 관철되고 있느냐의 문제와 직결되어 있다. 한나라당 예비주자들의 보수성, 그중에서도 이명박 전 시장과 박근혜 전 대표의 미세한 차이들과 여권에서 거론되는 후보들의 상대적 진보성은 서로 보완되고, 논쟁을 통해

다듬어져야 함에도 불구하고 아직 그러한 생산적이고 실질적인 논쟁은 이루어지지 않고 있다. 각 정파가 경선을 마치고 본선에서 경쟁할 후보가 결정되면 진보와 보수의 이념적인 논쟁이 정치, 경제, 사회, 안보, 외교, 환경, 복지 등 다양한 방면에 걸쳐 이루어질 것이다. 그러나 이미 시작된 대선국면에서 아직 본격적 논의가 보이지 않는 것은 이번 대선 역시 네거티브 공방과 구태의 틀을 벗지 못한 수구적 보수와 퇴행적인 좌파와의 반목적이고 갈등적인 논쟁이 주류를 형성할 것이라는 예측을 가능하게 하고 있다.

또한 집권만을 위한 정치공학적 술수가 지역주의와 결합하여 대한민국호의 미래의 방향을 설정하지 못한다면, 이번 대선도 민초들의 삶과는 무관한 정치권력을 좇는 정치꾼들만의 리그로 전락하고 말 것이다. 대선이 우리네 삶과 무관한 그저 일정기간이 지나면 돌아오는 통과의례적인 정치행사라고 생각한다면 이는 참으로 중대한 착각이다.

국민들도 이번 대선이 진행되는 과정과 어떠한 이슈가 논쟁의 중심이 되는지를 면밀하게 추적하고 관찰할 필요가 있다. 한국의 미래를 결정하는 대선국면에서 인식의 지평을 넓히고, 대선을 올바로 감시하기 위해서도 지성적인 성찰이 요구된다고 하겠다. 이것이 정치의 주인인 국민의 의무이며 우리 사회의 구성원으로서의 권리이기도 하다.

1997년부터 2012년까지의 민주당의 변천사

1995. 09. 05.	새정치국민회의 창당
1997. 12. 18.	새정치국민회의 김대중 후보 제15대 대통령에 당선. 국민의 정부 출범

2000. 01. 20.	민주주의, 시장경제, 생산적 복지를 3대 이념으로 새정치국민회의를 확대 개편, 새천년민주당 창당
2002. 12. 19.	새천년민주당 노무현 후보 제16대 대통령 당선, 참여정부 출범
2003. 11. 11.	새천년민주당에서 분당, 열린우리당 창당
2005. 05. 03.	새천년민주당에서 민주당으로 당명 변경
2007. 08. 05.	대통합민주신당 창당
2007. 08. 18.	대통합민주신당과 열린우리당 합당
2008. 02. 17.	대통합민주신당과 민주당 합당, 통합민주당 창당, 손학규 · 박상천 공동대표 체제 출범
2008. 07. 06.	통합민주당, 민주당으로 당명 변경, 정세균 대표 체제 출범
2010. 10. 03.	민주당, 손학규 체제 출범
2011. 12. 16.	민주당, 시민통합당, 한국노동조합총연맹(한국노총) 통합, 민주통합당 출범

03 | 경선의 제도화와 정치문화

- 2007. 9. 3

치열했던 한나라당 대통령선거 후보 경선이 이명박 후보의 승리로 막을 내렸다. 그리고 박근혜 후보는 17대 대선에 백의종군 의사를 밝히면서 경선결과를 인정하고 승복했다. 경선결과 승복여부를 두고 전망이 엇갈렸으나 일단 한나라당은 17대 대선에 탈당하거나 경선불복의 부끄러운 과거 관행에서 탈피하는 듯하다. 경선승복은 한국의 정당정치문화에서 반드시 지켜나가야 할 규범적 요소이다. 과거 많은 경선에서 불복의 사례가 있었고, 이는 한국의 정치문화를 후퇴시키는 과(過)를 범해왔다. 그리고 실질적 승부에서도 경선불복자들은 결코 승리하지 못했다.

한국의 대선후보 경선은 1970년대로 거슬러 올라간다. 1971년 신민당 경선 때 40대 기수론의 기치를 내걸었던 김영삼 후보와 김대중 후보가 맞붙게 되고, 김영삼 후보의 승리가 예상되었으나 이철승의 김대중 지지로 최종 경선 승리는 김대중 후보가 차지하게 된다. 그러나 김영삼 후보는 경선결과에 승복하면서 경남 부산 지역에 김대중 후보와 유세를 펼치면서 지지를 호소한다. 이는 아름다운 경선으로 기록되고 있다. 최근에는 1992년 민자당 경선 때 이종찬 후보가 경선 이틀을 남겨놓고 사퇴했고, 1997년 신한국당 경선때는 이인제 후보가 경선에 패배한 후 이회창 후보 아들의 병역문제로 이인제 후보의 지지도가 상승하는 기미를 보이자 불복하고 탈당하여 대선에 출마하였으나 실패했다. 이는 한나라당의 대선패배라는 결과를 가져왔다. 그리고 1997년 이른바 '9룡(龍)'이 격돌했던 신한국당 경선 패배자 중에 6명이 후에 탈당하여 당적을 옮기거나 여권에 몸을 실었으나 그들의 정치적 행보가 실패로 귀결되었던 것을 우리는 기억하고 있다. 이인제 후보는 2002년 대선 때도 민주당 경선에서 패배하자 탈당하고, 2007년 민주당 대선 경선에 출마를 선언했다.

1년 2개월여 동안 진행된 한나라당 경선은 그 어느 경선보다 치열했던 것으로 평가받고 있다. 그러나 정책이나 비전보다는 상대방 후보에 대한 흠집 내기나 네거티브 캠페인이 극에 달했던 측면도 간과할 수 없다. 그렇기 때문에 많은 국민들이 한나라당 경선에 유난히도 더운 날씨와 함께 불쾌지수를 느껴왔다. 그리고 경선 후에도 과연 승복하고 이긴 후보에 힘을 실어줄 수 있을지가 초미의 관심사가 되어 왔다.

일단 경선결과에 승복은 했으나, 한국정치의 속성상 아직 예단하기는 어렵다. 한국정치는 긍정적이든 부정적이든 대선에서 항상 다이내믹한 모습을 보여 줬으며 이번 대선도 예외는 아닐 성싶다. 여권의 경선도 관심거리다. 지금은 많은 후보가 난립하고 있으나 어떠한 형태로든 단일화의 과정을 밟아 나갈 것이다. 그러나 여권에서도 경선에 불복하거나 단일화 과정에서 합의된 약속을 깨고 독자출마의 유혹을 느낄 후보가 생겨날 개연성은 충분히 있다.

향후 전개되는 여권의 경선과정이나 한나라당의 단합여부가 모두 관심거리이고, 대한민국의 미래를 담보할 절체절명의 정치적 과제들이지만 우리가 여기서 확인해야 할 것은 합의된 룰(rule)에 대한 제도화이다. "87년 체제" 이후 아직도 민주화의 제도화가 안 됐다고 보는 이유는, 법에 명시되어 있으나 그에 대한 확고한 사회적·국민적 합의가 문화로 정착되어 있지 않다는 것이고, 이것이 민주주의의 제도화가 공고(鞏固)화(consolidation)되지 않았다고 보는 근거이다. 17대 대선을 앞두고 벌어지고 있는 각 정파의 권력게임을 국민들은 감시의 눈초리로 지켜봐야 한다. 그것이 우리의 삶을 국민 스스로가 책임지고 후손에 떳떳하게 말할 수 있는 소이(所以)가 될 것이다.

87년 체제

87년 체제란 1987년 9차 개헌 이후 헌법 개정이 되지 않았고, 당시 5년 단임제의 대통령제로 개헌하고, 그 체제가 지금도 계속되고 있다는 의미에서 붙인 이름이다. 5년 단임이 장기집권을 막기 위한 제도이고, 이미 민주화가 정착된 지금에 와서, 승자독식과 권력집중 등 단임 대통령제의 문제점이 노출되고 있고, 5년 단임의 제도가 그동안의 정치사회적 변화에 맞지 않기 때문에 이원집정부제(대통령과 국회에서 선출한 총리가 권력을 분산해서 갖는 제도)나 내각제, 또는 4년 중임 대통령제로 개헌하자는 의견이 정치권이나 언론, 시민사회에서 제기되어 왔다. 이에 따라 개헌의 필요성이 제기되어 왔다.

우리나라는 1948년 헌법을 제정하고, 정부가 수립되어 신생 대한민국이 출범한 이래 아홉 번의 헌법 개정의 헌정사를 가지고 있다. 헌법은 국가의 기본 권력구조를 규정하고 있고, 우리나라 헌법 개정은 주로 권력구조를 바꾸는 내용으로 일관되어 왔다. 간략하게 역사를 보면 다음과 같다.

1차 개헌(1952)은 이른바 발췌개헌으로서 대통령제와 내각제 내용을 혼합해서 추렸다고 해서 발췌개헌이란 별명이 따른다. 제헌헌법 당시 국회의 간선제로 대통령에 취임한 이승만 대통령이, 국회에서 재선될 확률이 적다고 판단되어, 직선제로 바꾼 내용이고, 내각제 개헌반대 관제데모, 백골단, 딱벌레 등의 불법적인 단체를 동원하는 등 강압적인 분위기에서 개헌이 되었다. 6 · 25전쟁 때 이루어진 개헌이고, 부산 정치파동을 야기시켰다.

2차 개헌(1954)은 사사오입 개헌으로 불린다. 골자는 헌법개정 당시의 재임 대통령에 한해 중임 제한을 적용하지 않는다는 내용이다. 이승만 대통령이 세 번째 대통령을 하기 위한 개헌으로, 불법적인 개헌이었다. 즉, 203명의 재적 3분의 2는 135.333……인데, 찬성이 135표가 나와서, 이를 사사오입해서 135표면 가결이라고 간주해서 통과시킨 예이다.

3차 개헌(1960)은 4 · 19혁명으로 내각제 개헌안을 의결시킨 개헌이다.

4차 개헌(1960)은 1960년 3 · 15부정선거 관련자를 처벌하기 위해 부칙만을 개정한 헌법이다.

5차 개헌(1962)은 박정희의 5 · 16쿠데타 이후 강력한 대통령제를 주요 골자로 한 개헌이다.

6차 개헌(1969)은 이른바 삼선개헌이다. 박정희가 삼선을 위해 개헌한 헌법이다.

7차 개헌(1972)은 이른바 유신헌법이다. 대통령을 통일주체국민회의에서 선출하고, 대통령의 권한을 크게 강화한 헌법 개정이다.

8차 개헌(1980)은 전두환이 선거인단에 의한 대통령 간접선거제와 대통령 임기를 7년 단임으로 규정한 헌법개정이다.

9차 개헌(1987)은 1987년 6 · 29선언으로 대통령직선제로 개헌한 헌법개정이다. 이것이 절차적 민주주의를 가져온 민주화 개헌이다.

04 | 물갈이는 제대로 된 공천을 보장할 수 있는가?

· 2008. 3. 18

4월 9일에 실시되는 18대 총선은, 1988년 13대 총선 이후 20년 만에, 대통령선거와 불과 넉 달도 되지 않는 시차를 두고 실시된다는 점에서 더욱 관심을 모으고 있다. 더구나 이명박 정부의 출범과 함께 새 정부에 힘을 실어줘야 한다는 이른바 '안정론'과 행정부 권력과 지방권력을 한나라당이 갖고 있는 상황에서, 의회권력마저 내주면 거대여당의 독주를 막을 수 없다는 '거여견제론' 중 국민들이 어느 편에 더 많은 지지를 보낼 것인지도 관전포인트 중의 하나이다. 또한 이번 선거의 특징 중의 하나는 역대 어느 선거보다 각 당의 공천에 대한 갈등이 많다는 것이다.

이를 간단하게 몇 가지 측면에서 분석해볼 수 있을 것이다. 첫째, 지난 대선에서 1위와 2위와의 표차가 역대 대선 중 가장 큰 표 차인 530만 표를 기록했고, 대선과 불과 넉 달도 되지 않는 시차를 두고 실시되는 총선인 만큼 한나라당의 압승이 쉽게 예상되는 상황이 한나라당의 공천경쟁을 더 치열하게 하고 있다는 점이다. 둘째, 지난 경선과정에서부터 끊이지 않고 있는 한나라당의 친이명박계와 친박근혜계의 계파갈등이 한나라당 내의 공천갈등을 부채질하고 있다. 셋째, 이념적 논쟁이 사라진 이번 선거에서 한나라당의 텃밭인 영남과 통합민주당의 지지기반인 호남에서는 각 당의 공천이 곧 당선이라는 인식 때문에 그만큼 공천경쟁이 과열됨은 물론, 영남과 호남에서 지역기반을 믿고 구태의연한 공천을 해서는 다른 지역에서의 선전을 기대할 수 없다는 인식 때문이다. 특히 통합민주당과 한나라당은 특히 호남과 영남지역의 '물갈이'가 여타의 다른 지역에서의 유권자의 지지를 더 많이 견인해낼 수 있다는 인식에서 물갈이의 목표까지 정해놓고, 이것이 계파 간의 갈등과 당내 세력과의 암투를 부채질하고 있는 하나의 요인이 되고 있다.

역대 어느 선거에서나 물갈이가 공천의 주요 이슈가 되어 왔음을 부정할 수 없다. 이는 물론 우리 정치가 국민들로부터 신뢰받지 못하고 있다는 현실에 기인한 바 크다. 그렇다면 물갈이가 공천의 결정적인 기준이 되어야 하는 것인가? 결론부터 얘기하자면 그렇지 않다는 것이다. 지난 17대 총선은 탄핵이라는 헌정 사상 초유의 사건 탓도 있었지만, 187명의 초선의원이 대거 국회에 입성함으로써 전체의원의 63%가 물갈이됐던 선거이다. 그러나 4년이 지난 오늘, 누가 17대 국회에 후한 점수를 줄 수 있을 것인가? 이는 물갈이가 양질의 국회의원을 담보하는 충분조건이 될 수 없다는 것을 입증하는 사실이다. 또한 물갈이가 마치 국민들의 깨끗한 선거와 신뢰받는 정치에 대한 요구에 답한다고 생각하는 정치권의 생각은 그야말로 국민을 가볍게 아는 오만하고 구태에 찌든 인식에 다름 아니다.

게다가 물갈이 대상이 단순히 고령(高齡)과 선수(選數)가 많은 의원이 기준이 된다면 이는 더욱 사리에 맞지 않는다. 물론 지역패권주의에 안주하여 의정활동이나 정치의 비전을 제시하지 않고 막연히 선수(選數)만을 늘려 왔다면 이는 당연히 물갈이 대상이 되어야 한다. 그러나 정치초년병은 당연히 국민의 기대에 부응할 것이라는 생각은 너무나 안일하다. 정치에 처음 입문하고자 하는 사람들도 이미 오래전부터 정치권에 몸담고 있으면서, 지난 대선과정에서 이미 줄서기나 실세의 그늘에서 공천만을 의식했던 사람들이 적다고 할 수 없으며, 기존 정치인 못지않게 구태에 물든 사람들이 많다는 것을 잊어서는 안 된다. 또한 자기가 몸담고 있던 곳에서 효용 가치가 다한 인사들이 운 좋게 공천 한 번으로 사회의 상류엘리트가 돼 보려는 공짜 투기심리에 편승하고 있는 것은 아닌지 되돌아볼 일이다.

새롭게 도전장을 내는 정치지망생들에게서 자신들이 왜 국회의원이 되려고 하는지에 대해 설명을 들어본 적이 없다. 그렇다고 기존의 정치인들이 그들의 의원 경력 때문에 정치초년병들보다 더 국민의 뜻과 기대에 부응할 것이라고 주장하는 것은 더욱 아니다. 단지 물갈이가 공천의 전가(傳家)의 보도(寶刀)처럼 인식되는 정치권의 풍토를 지적하고자 하는 것이며, 나아가 물갈이의 기준이 나이와 선수가 되어서는 안 된다는 사실을 상기시키고자 하는 것이다.

현대정치는 대의민주주의를 근간으로 하고 있다. 물론 간접민주주의인 대의민주주의의 한계와 단점 때문에 이를 보완하고, 민의의 왜곡을 최소화하기 위해 참여민주주의와 심의민주주의 등 여러 형태의 민주주의가 논의되고 있다. 그러나 아직도 대의민주주의를 부정할 수 없으며, 국민의 대표를 선출하여 그들에게 정치적 의사결정의 상당부분을 위임해야 하는 권력구조를 받아들인다면, 유권자들은 올바른 정치인을 선출하는 것이 최악을 막는 길이라는 사실을 잊어서는 안 된다. 나아가 그 나라 국민의 수준에 맞는 대표를 선출할 수밖에 없다는 것이 선거의 본질이라는 사실도 똑바로 인식해야 한다. 이제 선거가 한 달도 남지 않았다. 한 달 후면 대선과 총선을 숨 가쁘게 달려왔던 모든 정치여정이 끝난다. 유권자들은 정확한 비판의식과 혜안을 가지고 선거에 임하는 지혜를 발휘할 때이다.

18대 총선

18대 총선은 17대 대선이 치러지고 난 후 4개월 만에 실시됐다. 1987년 민주화 이후 첫 선거가 13대 대선이었고, 이때는 민주정의당(민정당)의 노태우 후보, 통일민주당(민주당)의 김영삼 후보, 평화민주당(평민당)의 김대중 후보, 신민주공화당(공화당)의 김종필 후보가 출마하여, 노태우 후보가 당선되었다. 김대중과 김영삼의 후보 단일화가 성사되지 못했고, 지역주의가 본격적으로 정치변수로 등장한 선거였다. 그리고 넉 달 후에 13대 총선거가 실시되었고, 집권당인 민정당이 125석을 획득하는 데 그쳐, 과반을 넘지 못하는 여소야대 정부가 최초로 출현하였다. 이후 여소야대는 14, 15, 16대 총선 때 일반적으로 나타나는 현상으로 보편화되었다. 17대 총선은 노무현 대통령의 탄핵이 소추된 이후 실시된 선거였고, 집권당인 열린우리당이 152석의 과반을 획득하였다. 이후 이명박 후보가 대통령으로 당선되고 넉 달 후에 치러진 18대 총선거에서 집권당인 한나라당이 153석을 얻어 역시 과반을 획득하는 데 성공했다.

여소야대는 민주화 이전에는 상상하기 어려웠다. 그러나 여소야대는 국정 운영의 교착이라는 부작용이란 측면도 간과할 수 없다. 행정부 권력과 의회 권력이 다른 상황에서 행정부와 집권당의 관계를 무시할 수 없는 한국의 특수한 대통령제에서 나타날 수 있는 문제이다.

1990. 1. 3당 합당

1990년 여소야대 상황을 타개하기 위한 민주자유당(민자당)으로의 합당을 의미한다. 민자당은 1988년 형성된 여소야대 정국을 타개하고자 민주정의당과 통일민주당, 신민주공화당이 합당함으로써 생긴 거대여당이다. 물론 13대 총선의 결과 김대중의 평화민주당이 제1야당, 김영삼의 통일민주당이 제2야당의 의석 분포를 보인 상황에서 김영삼은 차기의 집권 가능성이 낮다고 보았고, 노태우는 대통령제로는 차기 정권을 재창출할 수 있다는 확신이 약한 상황에서 내각제를 고리로 김영삼을 끌어들이고자 했고, 김영삼은 여당으로 변신하여 정권을 잡고자 했던 이해관계의 일치가 합당을 성사시킨 중요한 요인이기도 했다는 점을 무시할 수 없다.

분점정부(divided government)

집권당이 의회에서 과반을 획득하지 못한 상황을 일컫는다. 즉, 의석수로만 볼 때 제1당의 위치는 차지했어도 집권당을 제외한 여타의 야당들의 의석을 합친 숫자가 더 많은 경우를 의미한다. 분할정부라고도 한다. 민주화 이전에는 나타나지 않았던 현상이다.

절차적 민주주의(procedural democracy)

국민의 대표를 선출하는 과정이 법적인 측면에서 하자가 없는 경우에 일컫는 용어이다. 민주화 이전에는 집권세력이 쿠데타나 불법적·탈법적인 선거로 정권을 장악했으나, 1987년 이루어진 9차 개헌으로 대통령 직선제가 성사되고 난 이후 정상적인 절차를 거쳐 정권교체가 이루어진 경우이다. 형식적 민주주의 또는 의사(擬似)민주주의(pseudo democracy)라고도 한다. 그러나 아직 노동자의 정치참여나 사회경제적으로 부의 편중의 문제, 제도화의 미흡 등 아직 민주주의가 공고화(consolidation)되지 않는 상태이기 때문에 실질적 민주주의(substantial democracy)가 이루어졌다고 보기는 어렵다.

05 | 종교와 정치

• 2008. 9. 17

이명박 정권 출범 이후 종교편향에 대한 논란이 계속
되면서 범불교도 대회 이후 불교계와 청와대의 갈등이 깊어지고 있다.
최근에 조계사 입구에서 경찰이 조계종 총무원장 지관 스님의 승용차
를 검문검색하고 정부의 교통정보와 지리시스템에 사찰이 빠진 것, 전
국경찰복음화금식대회 홍보 포스터에 어청수 경찰청장의 사진이 실
린 것 등, 새 정부가 불교를 차별한다는 오해를 살 만한 일들이 계속되
어온 것이다. 특히 정권 출범 이후 단행된 인사에서 내각 인선에 특정
종교와 특정 교회와 관련이 있는 인사들을 임명했다 해서 이른바 '고
소영' 내각이란 불명예를 감수해야만 했다. 이명박 대통령으로서야 특
정 종교와 특정 교회 관련 인사들만 기용하지 않았다고 강변하고 싶겠
지만, 국민들의 정서에 그러한 인상을 지울 수 없다면 그것 자체로 국
민과의 소통의 부재를 의미하는 것이다. 그런 데다가 불교와 청와대의

갈등의 골이 깊어지는 듯한 일련의 사태는 불필요하고 소모적인 것이다. 의도적으로 상황을 그렇게 만든 것은 아니겠지만, 정교분리가 정착되어 있는 현대정치사회에서 사려 깊지 못하고 신중하지 못하다는 비판을 들어도 할 말이 없게 되었다.

이에 대해 이명박 대통령이 종교편향 불가 방침을 못 박았고, 한승수 국무총리와 유인촌 문화체육관광부 장관, 어청수 경찰청장이 사과를 하는 등 나름대로 청와대와 정부도 성의를 보였다. 그러나 불교계는 대통령의 사과와 종교편향 재발방지 약속, 어청수 경찰청장의 파면 등 관련자 문책, 공직자 종교차별 근절 입법조치 시행 등의 요구를 굽히지 않고 있다. 이명박 대통령이 이미 종교편향 불가 의지를 밝혔고, 논란의 여지는 있으나 종교차별금지법이 국회에 발의된 상태이기 때문에, 어청수 경찰청장의 문책 여부가, 불심의 향배를 가를 중요 변수로 떠오르고 있다.

불심이 가라앉지 않아 또다시 다른 종교의 반발을 불러온다면 새로운 종교분쟁의 씨앗이 될 가능성도 배제할 수 없다. 정부에 대한 국민의 신뢰와 소통, 국민통합이 얼마나 중요한 것인지는, 이명박 정부가 출범 초의 위기를 겪으면서 뼈저리게 확인된 사실이다. 남북으로 분단된 나라에서, 지역적으로 찢기고, 종교적으로도 분열된다면 사회통합은 연목구어(緣木求魚)이다.

우리나라는 헌법으로 종교의 자유가 보장되어 있고, 세계에서 유례가 드물게 불교, 개신교, 천주교가 수(數)에서도 정립(鼎立)을 이루면서, 기독교계와 불교계가 석가탄신일과 성탄절을 서로 축하할 만큼 종교적 평화를 유지해왔다. 앞으로도 종교계 지도자들과 신자들이 화해의 정신을 발휘하여 갈등 해소에 앞장서는 한편, 정부도 종교적 중립에 대한 확고한 태도를 행동으로 보여 주어야 할 것이다. 시기를 놓치지 않는 정치적 결단이 필요할 때이다.

우리나라는 헌법에서 국교를 인정하지 않고 있고, 종교와 정치의 분리를 명문화하고 있다. 그러나 종교는 나라가 어렵고 위기에 처할 때마다 특유의 희생정신으로 국민통합에 큰 기여를 해왔다. 이러한 전통을 가지고 있는 한국 종교가 정권과 대립하고, 정권은 포용과 화합의 리더십을 상실하고 종교와 갈등을 빚는 것은 가뜩이나 경제위기로 어려운 국민들의 마음에 상처를 안겨주는 것이다. 또한 국론 분열로 비화할 수 있는 엄중한 상황임을 청와대나 종교계가 명확히 인식해야 한다.

다원주의 사회에서 종교의 다양성을 인정하고 사회구성원 모두는 이를 받아들여야 할 것이다. 최근 불거진 종교편향 문제는 당사자들이 보다 대승적인 마음으로 접근한다면 원만하게 해결될 수 있을 것이다. 특히 대통령과 청와대, 각 부처가 불교계를 역지사지(易地思之)하는 마음으로 이해하고 갈등을 예방했었으면 하는 아쉬움이 남는다. 그리고 대통령이 출범 초에 받았던 비판에 귀 기울이고, 그러나 미움은 자신을 불태우는 불이라는 부처님 말씀대로 불교계도 용서와 화합의 마음으로 대승적 태도를 보여 줄 것을 기대한다.

이명박 정권 초기의 불교계와의 갈등

정권 초기에 청와대와 불교 조계종 사이에 갈등이 불거지고, 정치적인 문제로 비화되었던 사건이 발생하였다. 더구나 정권이 출범하면서 내각에 특정 종교와 특정 교회와 관련된 인사들이 임명되면서 사태를 더욱 악화시킨 측면이 있었다. 정치와 종교의 분리가 공식화되어 있고, 종교의 자유가 헌법으로 인정되고, 국교가 인정되지 않는 대부분의 국가에서도 종교의 정치참여는 논란이 되어 왔다. 특히 민주 대 반민주 구도였던 권위주의 정권 때 종교는 민주화 투쟁에 앞장서 왔다. 그러나 이명박 정부 때 불교와의 불편한 관계는 의도적으로 이루어진 상황은 아니더라도, 불필요한 오해와 갈등을 불러일으켰다는 점에서 사려 깊지 못한 처신으로 지적되고 있다.

06 | 언제까지 여야는 정쟁의 포로가 될 것인가

- 2008. 10. 22

       정권교체 이후 실시된 첫 국정감사가 중반을 넘어 종반으로 접어들고 있다. 여당은 노무현 정부 5년을 포함해 지난 10년간의 왜곡된 실정을 파헤치고, 민주당을 비롯한 야당은 이명박 정부 7개월의 실정과 의혹을 제기하겠다는 전략을 가지고 국감에 임했다. 그러나 예상대로 지난 국정감사들과 마찬가지로 정책국감이 아닌 정치국감으로 변질되고, 국민의 편에 서서 당파성을 버린 정책적 노력이 눈에 띄지 않고, 여전히 정쟁의 장으로 국감은 전락하고 있다.

    특히 국감 중반에 불거진 직불금 문제로 여야가 서로를 흠집 내고, 서로 네 탓 공방만 하고 있는 것이 실상이다. 그동안 계속 제기되어 오던 국감무용론이 더 힘을 받을 것이란 예상이 전혀 과장이 아니다. 특히 10년 만의 정권교체 후 처음 맞는 국감이라서 이른바 '좌편향 대 우편향'의 대립구도와 '참여정부 책임론 대 이명박 정부 책임론'의 공방이 맞서고, 예외 없이 정략적 이해만 난무한 국감이 되어 버렸다. 게다가 케케묵은 이념대결의 양상조차 배제할 수 없었다. 그러나 정책감사가 아닌, 정쟁에 휘둘리는 정치국감은 국정감사 본연의 취지와는 거리가 먼 것이다.

각 상임위별로 다뤄야 할 긴급한 국정현안은 너무나 많다. 당장 미국발 금융위기의 쓰나미가 우리나라 경제와 금융을 위협하고 있고, 멜라민 파동 등 먹거리에 대한 불안감, 이명박 정부 들어서 경색된 남북관계와 북핵문제 등 민생과 국익에 관련된 현안이 산적해 있다. 각종 세금 감면에 대한 문제도 꼼꼼히 따져야 할 중요한 민생 중의 하나이다. 더구나 국정감사는 예산을 편성 심의하기 위한 정책을 따지고, 예산 낭비 요인을 제거하며, 국민의 혈세 누수를 방지하기 위한 사전 필터로서의 역할도 큰 것이다. 국감 본연의 기능에 충실하기 위해서는 여야가 국감을 상대방 흠집 내기의 장으로 활용해서는 안 된다.

지난 정권의 잘못을 바로잡고, 야당도 정부 출범 이후 미흡했던 부분에 대해 지적하는 것은 당연한 것이지만, 여야가 무조건 상대 정당을 과도하게 비난하여, 정파적 이익을 앞세워서는 안 될 것이다. 역지사지(易地思之)의 자세로 여야가 국회의 일원으로서 행정부를 감시하고 감사하는 성숙한 자세를 보여 줘야 한다. 우선 여당은 집권당으로서 국정에 무한책임을 지는 자세에서 출발하여, 지난 정권에 모든 책임을 돌리는 구태에서 벗어나야 할 것이며, 야당도 민생을 위해 필요한 것이면 과감히 양보하는 자세로 국감에 임해야 한다. '아니면 말고' 식의 폭로전이나 한건주의 등은 이번 국감에서는 반드시 사라져야 할 구시대적 잔재이다. 또한 여당은 일방적으로 행정부를 감싸는 태도에서 벗어나야 하며, 야당도 무조건 비판만을 앞세우는 정치행태는 지양되어야 할 것이다. 국감 무용론이 제기되지 않게 여야 모두 타협과 상호존중의 정신으로 국감에 임해야 한다.

새삼 거론할 필요도 없이 세계는 1929년 세계대공황 이후 최대의 공황 위기에 처해 있고, 우리나라도 IMF 때의 외환위기 이후 최대의 어려움을 겪고 있다. 온 국민이 힘을 모으고, 정치권이 머리를 맞대고 위기타개책과 다각적인 극복방안을 모색해도, 이 위기를 헤쳐 나가기가 쉽지 않은 것이 현실이다. 그런데 집권당은 이렇다 할 위기극복책 하나 내놓지 못하면서 한가로이 이미 제기됐던 전직 대통령의 사저 문제를 정치쟁점화했던 것도 정도(正道)가 아니다. 한나라당이 국정에 대한 무한책임을 지고 있는 집권세력으로서의 자격이 있는 정치집단인지 묻지 않을 수 없다.

이미 국정감사는 종반에 접어들고 있다. 한나라당은 남은 국감기간 동안 정치공세나 정파적 이해를 앞세우는 구태에서 벗어나 국민들에게 경제위기를 극복할 수 있는 공감대 모색에 리더십을 발휘해주기를 당부한다. 민주당 등 야당도 국감을 집권당을 공격하고 흠집 내려는 정략적 장으로 삼으려는 유혹에서 벗어나, 대안정당으로서의 성숙한 모습을 국민에게 보여 주어야 한다. 지금의 상황은 여야가 정치적 공방의 유희나 일삼을 때가 아니다. 상황의 엄중함에 대한 정확한 현실인식을 여야 모두에게 바란다.

쌀직불금 제도

쌀직불금 제도는 정부가 쌀시장 개방에 대비, 지난 2005년 기존의 추곡수매제, 즉 정부가 쌀을 높은 가격으로 사서 국민들에게는 낮은 가격으로 파는 일종의 이중곡가제를 폐지하면서, 벼농사에 종사하는 농민들의 소득 보전 수단으로 생긴 제도이다. 정부가 쌀 재배 농가 소득을 일정 수준으로 보장하기 위해 지급하는 보조금으로 쌀 산지 가격이 목표가격보다 낮으면 그 차이의 85%를 현금으로 보전하는 제도이다.

쌀소득등보전직접지불금 지급대상이 되는 농지는 1998년 1월 1일부터 2000년 12월 31일까지 논 농업에 이용된 농지(「농지법」에 의한 농지)로 한다(쌀 소득 등의 보전에 관한 법률).

쌀소득등보전직접지불금의 지급대상 농지에서 논농업에 종사(휴경하는 경우를 포함)하는 농업인을 대상으로 하는데, 농지면적이 1천 제곱미터 미만인 자에 해당한다. 쌀직불제에서 말하는 '종사'의 개념은 '실제 경작 또는 경영'을 뜻하는 것으로, 기계 등을 활용한 부분적 위탁 영농까지 인정되어 소유 농지에서 2분의 1 이상의 자기 노동력으로 경작하는 것을 의미하는 농지법상 '자경'과 차이가 있어 부당지급 문제가 불거질 때마다 논란의 불씨가 되고 있다.

2008년 10월, 직불금을 수령한 공무원이 4만 명이 넘는다는 감사원 감사 결과가 공개되면서 이봉화 보건복지가족부 차관의 직불금 신청 논란으로 직불금 불법수령 파문이 일파만파 확대되었다. 본래 쌀직불금제도의 취지와 어긋나게 실제 운용되고 있어 문제가 됐던 사건이다.

국감무용론

국정감사(이하 국감)는 세계적으로 우리나라에 유일한 제도이다. 국감 제도는 국회가 정부를 견제하는 기능으로 일정 기간을 정해서 국회가 각 상임위원회별로 국가기관 및 정부산하기관, 투자기관 등 공공기관에 대해 업무와 예산 집행 등 전반적인 사항에 대해 감사를 벌이는 제도를 말한다.

국정감사 제도는 1961년 5·16쿠데타로 1962년에 중단되었다. 1987년 민주화 이후, 1988년 13대 국회의원 선거 결과 탄생한 여소야대 정부때 16년만에 부활된 제도이다.

국감은 매년 종료 이후에 무용론이 대두되곤 한다. 국감에서 지적되거나 제기된 정책적 사항이나 이슈들이 제대로 시정되거나 입법으로 반영되지 않는 것이 원인이다. 또한 국감 때 질의에 나선 의원들이 피감기관에 대해 폭로성 발언이나 고압적인 자세로 일관한다거나, 여당 의원들은 일방적으로 피감기관을 옹호하는 등 본래 국감의 취지를 벗어나는 데서 연유한다. 게다가 동시에 전 국가기관을 대상으로 감사를 실시하는 것이 과연 효율적인가에 대한 문제도 국감 회의론의 원인으로 꼽힌다. 이의 대안으로는 상임위별로 연중 감사를 실시하고, 정책 질의 중심으로 국감을 개혁하는 방안 등이 거론된다. 그러나 국감은 국회가 행정부를 견제하는 중요한 권능으로, 폐지보다는 보완해서 국감의 목적과 취지를 살리자는 의견이 우세하다.

07 | 한나라당은
집권당의 신뢰를
보여 주어야

- 2008. 12. 3

　　　　　　이명박 정권의 출범 초기의 인사파동과 미국 쇠고기로 빚어진 소통의 위기를 겪은 지 얼마 지나지 않았다. 그런데도 집권당인 한나라당은 주요 현안에 대해 내부에서조차 일치된 목소리를 내고 있지 못하고 있다. 최근 헌법재판소에서 일부 위헌판결이 나온 종합부동산세법의 개편 방향과 폐지 여부 등 주요 사안에 대해 원내대표와 정책위의장이 다른 목소리를 내고, 수도권 규제완화를 두고도 출신 선거구와 자치단체장의 지역에 따라 입장이 엇갈리고 있다. 그뿐만이 아니다. 강만수 장관의 사퇴 여부를 둘러싸고도 갈등을 빚은 적이 한두 번이 아니다.

　한나라당은 미국발 금융위기가 세계를 덮치고 실물위기로 옥죄어 오고 있는 비상위기 국면에 거대여당으로서의 역할을 하지 못하고 있다. 정당의 속성상 의원들의 출신 지역에 따라 주요 법안과 정책에 대해 정치적 이해관계를 달리하고, 다양한 목소리를 반영하는 것은 지극히 당연하다고 할 수 있다. 그리고 여러 의견을 조정하여 합의를 도출해내는 것이 정치일 것이다. 그러나 지금 한나라당이 보여 주고 있는 행태는 갈등의 조정과 다양한 목소리가 조화를 이루는 정치의 본령이라고 할 수 없다.

위기국면일수록 정책에 대해 충분한 논의를 내부적으로 거친 뒤 한 목소리를 내야 한다. 국가가 시장에 개입하되, 시기와 정도에 대해 정확한 판단이 선행되어야 함에도 불구하고, 개입의 시기와 강도에 있어 시장의 신뢰를 저버리는 것이 한두 번이 아니다. 이제 시장은 정부를 믿지 않는다. 지금의 위기가 금융과 실물위기 못지않게 신뢰와 신용의 위기의 측면이 강한 이유가 여기에 있다. 이러한 정부의 무능은 집권당의 직무유기에 그대로 반영되어 있다. 그런데도 한나라당은 아직도 친박과 친이 등의 계파갈등을 극복하기는커녕 이른바 실세의 귀국에 대한 견해 차이로 논란을 빚는 19세기적 정당의 행태를 보여 주고 있다. 위기국면에 대처하는 집권당의 모습을 보이지 못하고 있는 것이다.

당정 간에도 한나라당이 리더십을 발휘해서 정책과 법안에 조율의 만전을 기해야 함에도 불구하고 행정부에 끌려다니는 모습을 보여 준 적이 한두 번이 아니다. 전 정권과 코드를 같이하는 공무원 때문에 개혁이 안 된다는 식의 무력하고 패배주의적 인식에 젖어 있는 집권당은 경제적·국가적 위기에 효과적으로 대처해나갈 수 없으며, 이렇듯 나약한 여당의 행태를 가지고는 이 험한 파고를 넘을 수 없음은 너무나 자명하다고 하겠다.

지금은 분명 10년 전 외환위기보다 더 심각한 상황이다. 그리고 과거에 비해 국회와 정당의 권한과 비중도 한층 높아졌다고 할 수 있다. 어느 때보다도 여당의 국정 운영 능력이 요구되고 있는 이유라 하겠다. 게다가 한나라당은 국회에서의 압도적 의석을 차지하고 있음은 물론이고 광역과 기초의회에서도 압도적 우세를 보이고 있다. 지도부가 리더십을 발휘하지 못하고 청와대에 끌려다니고, 당정협의에서도 행정부의 협력을 이끌어내지 못하면서, 당내 의원들의 정치적 이해를 조율하지 못하기 때문에 국정 운영의 난맥을 드러내고 있는 것이다.

이러한 집권당의 정책조율능력 부족과 리더십의 실종은 현재의 경제위기가 장기간 계속될 것이란 판단의 제일 요인임을 잊어서는 안 된다. 집권당이 국정운영에 있어 무한책임을 지고 비상한 결단으로 위기국면의 타개에 앞장서야 한다. 당정 간의 조율에도 운영의 묘를 발휘하고, 당내 의원들의 이견도 조정해 나감으로써 국민들에게 신뢰의 리더십을 보여 주는 것이 한나라당이 여당으로서 감당해내야 할 몫이다. 대통령제란 임기 동안 대표성(representativeness)과 책임성(accountability)을 가지고 안정되게 정국을 운영할 수 있는 기본 여건을 국민들이 부여하는 제도이다. 그러나 현재 출범한 지 1년도 안 되는 집권여당은 어떠한 대표성도 책임성도 찾아볼 수 없다. 출범 첫해의 위기의 본질이 무엇인지 낮은 자세로 성찰하고, 국민이 부여한 대표성과 책임성을 올바로 인식하는 것이 소통의 출발이다.

08 | 출범 2년 차 정권, 정치의 본령 찾아야

- 2009. 3. 4

이명박 정부 출범 1년은 출발부터 어려움의 연속이었다. 집권 초부터 불거진 인사의 난맥과 쇠고기 파동은 변화와 개혁의 추동력을 상실하게 만들었고, 유례없는 세계경제위기는 정권의 어려움을 가중시켰다. 이러한 정권 대내외적인 요인이 출범 1년을 맞는 이명박 정부의 성적표를 초라하게 만든 측면이 강하다. 그러나 정권 자체에는 문제가 없는지 되돌아보아야 하며, 변화를 견인할 만한 의지가 부족했던 것은 아닌지 자문해 보아야 한다. 물론 지난 정권을 지지하는 세력의 저항과 대외적인 여건이 불리하게 전개된 점을 인정한다 하더라도 어느 정권에나 대내외적 한계상황은 있기 마련이다. 따라서 국정의 난맥에 대한 책임 중 상당부분이 정부 여당에 있다.

한나라당은 171석의 거대여당이라는 덩치에 걸맞은 국정 운영 능력을 보여 주지 못했고, 아직도 친이니 친박이니 하는 당내 갈등에서 자유롭지 못하다. 정부는 정부대로 사회통합을 위한 정책이나 비전 제시에 미흡했다는 지적이 많다. 이러한 정부여당의 모습은 국민의 신뢰를 상실하게 만들었고 정치에 대한 불신과 혐오를 더욱 깊게 만들어가고 있다. 물론 정부여당의 정책이나 법안에 대해 보완수정이나 대안제시보다는 물리적 대응이나 장외투쟁 등 구태의연한 정치행태를 보이는 야당도 현재의 위기를 가져오게 한 데서 자유롭지 못하다. 그러나 결국 정권을 담당하고 국정에 무한책임을 지고 있는 세력은 정부여당이다. 그래서 국민들은 이명박 대통령과 한나라당에게 압도적 지지를 보낸 것임을 잊어서는 안 된다. 그런데도 지난해 정부가 정기국회에서 반드시 처리해야 할 법안 중 처리된 법안은 30%에도 미치지 못한다. 경제살리기 법안의 국회통과가 시급함에도 당내 의견이 통일되지 못하고, 계파갈등은 더욱 불거지는 양상이다.

이명박 정권 출범 후 '소통'의 문제가 제기되고 대통령의 사과도 이어졌지만 아직도 여권은 국민과의 소통에 만족할 만한 성과를 거두지 못하고 있다. 야당이나 정치적 견해를 달리하는 세력에 대한 부단한 설득과 포용이 부족한 것은 아닌지 성찰해 보아야 한다. 이 대통령을 대통령으로 만든 것은 정치권에서의 경력이 아니다. 이 대통령의 정치 이력은 1년여 정도의 국회의원 경험이 거의 유일하다. 산업화 시대의 성공한 공채 출신의 기업인, 서울시장으로서 청계천 광장과 중앙 차선의 도입 등으로 부각된 유능한 행정가로서의 면모가 오늘의 대통령 자리를 가능하게 했던 업적이다. '여의도식 정치'에 대한 거부감이 이명박 정부 출범 후 유난히 소통의 문제가 제기되는 소이가 아닌지 살펴볼 일이다.

이명박 정부가 내세우는 실용의 기치가, 다소 비능률적으로 보이거나 소모적으로 보일 수 있는 정치에 대한 폄하가 전제되어야 이루어지는 것은 아니다. 끈질긴 설득과 타협을 통한 이해집단 간의 갈등 조정과 국민 통합의 기능이 정치의 본령이다. 집권 2년 차를 맞으면서 점점 깊어가는 경제침체와 실업대란을 극복하고 사회를 통합해 나가기 위해서는 정권 내부가 분열이나 무기력에 대한 특단의 처방이 필요하다.

최근 한나라당 정태근 의원이 대정부 질문에서 "이명박 대통령 정부는 선진국에 비해 의회 존중의 국정운영이 부족하다"는 지적과 함께 "정부 여당을 믿어 달라고 말하기 이전에 국민과 야당을 믿고 대화와 타협의 정치를 해야 한다"는 고언을 귀담아들어야 한다. 또한 "고통 분담과 국민 통합을 요청하기 위해서는 청와대와 한나라당부터 자기쇄신과 자기희생의 모습을 보여 줘야 한다"는 정 의원의 충고를 가볍게 흘려들어서는 안 된다. 우리가 겪고 있는 경제위기는 단순한 경기침체가 아니라 국가의 흥망을 바꿔놓을 수 있는 엄중한 국면임을 명심해야 한다.

이명박 정부의 출범

이명박 정부는 2008년 2월 25일 출범하였다. 출범 초기 내각 인사에 특정 대학과 교회 인맥과 지역에 치중한 인사, 이른바 '고소영' 내각으로 국민적 비판에 직면하였다. 그리고 미국산 쇠고기 수입에 대한 국민적 저항에 부딪힘으로써 국정 운영의 추동력을 상실하고, 소통과 신뢰의 위기에 직면하였다. 이명박 정부가 내세운 실용이 정치에 대한 폄하와 결부되면서, 노무현 정부가 '정치 과잉'이라는 보수층의 비판에 직면하였던 것처럼, 이명박 정부는 '정치 부재'라는 비판에 부딪쳤다.

09 | 국회에서의
       이념논쟁과
       정책경쟁

• 2009. 9. 16

여야가 정기국회 의사일정에 합의함으로써, 작년 말 정기국회가 FTA 비준 동의안 및 미디어 관계법안 처리를 둘러싸고 벌어진 파행 이후, 오랜만에 국회가 정상화됐다. 그러나 18대 국회 회기 동안 300일이 넘는 회기 중 절반 가까운 기간이 공전됐다. 한나라당은 청와대와 내각의 개편에 이어, 정몽준 대표 체제 출범으로 집권 2기 당정체제가 구축된 뒤, 정부의 중도실용정책을 뒷받침하고, 민생을 챙길 수 있는 국정운영능력을 보여 줄 기회이다. 민주당도 미디어 법안 관련 장외투쟁을 접고 국회로 들어온 만큼, 대안세력과 수권정당의 가능성을 보여 주기 위해서, 실질적인 정책을 가지고 제1야당의 존재를 국민에 알릴 좋은 기회이다.

여야가 의사일정엔 합의했지만 벌써 열흘 이상을 흘려보낸 지각국회다. 게다가 정기국회에 놓여 있는 과제도 결코 녹록지 않다. 4대강 살리기 예산, 법인세 및 소득세 감세방안과 세종시 문제 등 여야가 서로 양보하기 어려운 민감한 현안들이 산적해 있는 것은 물론이고, 예산안과 각종 민생법안 이외에도 대북정책과 개헌 및 선거제도, 행정구역 개편 등, 어느 하나 소홀히 할 수 없는 문제들이, 국민적 공감대 도출을 전제로 한 여야 합의를 필요로 하고 있다. 이러한 문제들을 단순히 다수결로 처리할 수는 없는 문제이기 때문이다.

이명박 대통령이 중도실용 정책을 표방한 이래, 여야는 중도를 둘러싼 이념갈등을 빚어 왔다. 그러나 정기국회에서는 이러한 추상적이고 공허한 논쟁을 벗어나, 구체적이고 실질적인 정책과 법안을 가지고, 토론하고 논쟁하는 정책경쟁의 장이 되어야 한다.

그러나 걱정이 앞서는 것은 10월에 실시되는 재보궐선거를 의식한 여야의 당리당략과 4대강 살리기 예산 및 세종시 문제 등 대형 현안들을 둘러싼 여야의 견해차로 인해서 과연 정기국회가 순항할 수 있느냐 하는 문제이다. 최근 몇 달 동안 비정규직법과 미디어 관련법을 둘러싸고 보여 준 여야의 행태는 여전히 정치력을 의심하게 만들고 있으며, 이번 정기국회를 낙관할 수 없게 만드는 이유이다.

게다가 정운찬 국무총리 내정자와 5명의 신임장관 내정자의 인사청문회를 앞두고 있는 상황에서, 야당들은 정운찬 내정자의 세종시 관련 발언을 문제 삼고 있어, 정기국회 초반부터 여야의 격돌이 예상된다. 청문회도 '아니면 말고'식의 무책임한 폭로전과 정략적 상처내기 차원을 넘어서서 능력과 자질을 철저히 따지는 청문회가 되어야 할 것이다. 국정감사도 10·28재보선 직전에 열리게 되어, 국회파행으로 준비가 부족한 데다, 선거를 의식한 무차별 폭로전이나 한건주의가 될까 우려가 앞서는 게 사실이다.

정기국회는 내년도 예산을 심의하고, 그동안 밀린 민생법안들을 처리해야 할 가장 중요한 정치일정이다. 정기국회조차 제 역할을 못하고 과거의 정쟁과 당파적 이해관계만을 앞세우는 우를 되풀이한다면, 정치는 더 이상 발붙일 데가 없다. 부실국감과 불성실한 국회 운영으로 남은 회기를 허송세월하고, 연말에 부랴부랴 임시국회를 열어 졸속으로 안건을 통과시키거나, 예산도 법정 기일 내에 통과시키지 못하는 부실을 이번 국회에서만은 청산해야 한다.

여야 의원들에게, 당면한 정치현안과 안건들을 세밀히 점검하고, 국회다운 국회가 될 수 있도록 철저한 준비를 할 수 있기를 간곡히 당부한다.

10 | 인사청문회 소회(所懷)

- 2009. 10. 1

9·3개각에 따른 인사청문회를 보면서 국민은 어떤 생각을 가졌을까. 보수적인 언론에서 얘기하듯이 위장전입이나 세금 탈루, 병역 의혹 등은 업무수행능력이나 자질과는 직접적인 관련이 없으니 큰 문제가 될 게 아니라는 데 동의할까? 재테크를 위한 위장전입이나 투기 등에 대해 비슷한 수단(?)을 구사해온 계층은 너그러울 것이고, 남이 다 하는 관행이라고 치부해온 편법조차 행사할 줄 모르는 무능력한 이 땅의 민초들은 허탈감과 상실감을 느꼈을 것이다. 어떠한 소회를 가졌든 이번 청문회도 고위공직자들에게 면죄부와 정당성을 부여한 요식행위로 막을 내린 것은 과거와 크게 달라지지 않은 모습이다.

새삼 청문회의 제도적 개선과 보완을 얘기하자는 것이 아니다. 위장전입은 압축성장의 과정 속에서 비리와 불법이 관행적으로 판쳤던 개발시대의 유산이라고 치부할 수도 있고, 과거지사라고 애써 합리화할 수도 있다. 더구나 사소한(?) 위장전입 정도로 나라의 큰일을 할 나리(벼슬아치)들의 업무수행능력이나 리더십 검증이 가려지면 안 되고, 인재가 사장(死藏)돼서는 안 된다는 우국 충정형 인사들도 있다.

그러나 우리 모두 솔직하게 얘기해보자. 국무총리나 장관, 대법관 등 대한민국에서 대통령 다음으로 높은 자리에 있던 사람들이 얼마나 국가에 기여를 했는지? 그런 고위직 자리에 누가 앉느냐 하는 것이 선진국 문턱에 있다는 대한민국의 앞날을 좌우하는지? 그렇지 않다. 그렇다고 아무나 막중한 위치에 있을 수 있다는 건 아니다. 기본적으로 상식과 합리성을 가지고 그 분야에서 단련되고 훈련된 사람이라면 누구나 훌륭하게 그 직을 수행할 수 있다.

우리 사회를 이끌고 나가는 것은 그 잘난 벼슬아치들이 아니다. 정부수립 후 수많은 사람들의 희생 위에 기틀을 잡아가고 있는 시민사회이고, 묵묵히 제자리에서 할 일을 하며 생을 영위하고 있는 중산층 서민들이다. 그러나 서민들은 훗날 출세해서 청문회의 검증을 통과해야 하는 자리에 갈 줄 몰랐던 사람들이, 자녀 교육과 치부를 위해 행했던 그 흔한 위장전입이나 직위를 이용한 용돈 챙기는 행위를 할 능력도 없었고, 유학 갈 기회도 없었기에 노령(老齡)으로 인한 병역 면제의 축복(?)도 언감생심(焉敢生心) 먼 나라 얘기일 뿐이다.

도대체 이 나라의 벼슬아치들은 왜 그렇게 이 땅의 평균적 한국인보다 도덕적으로 저급하고 추악한 모습을 거의 예외 없이 보여야 하는 것인가? 대통령부터 위장전입을 여러 번 한 나라이고, 그래도 국민의 직선에 의해서 선출됐기 때문에 아무 말도 할 수 없는 것인가? 왜 위장전입이 사소한 것인지 도대체 이해가 가지 않는다. 그러면 어떤 것이 중죄(重罪)인가? 남의 돈을 챙기는 것은 왜 사소한 것이 아닌지 설명이 되지 않는다. 법을 수호해야 할 마지막 보루인 대법관과 법무부 장관 후보가 위장전입으로 인한 주민등록법 위반을 했음에도 크게 문제될 것이 없다는 이 땅의 최고 권력기관인 청와대의 인식에는 그저 아연실색(啞然失色)할 뿐이다. 그렇게도 사람이 없는가?

우리 사회가 경제적으로나 여타의 많은 분야에서 세계 최강의 영예를 누리고 있으면서 여전히 선진국으로의 길이 멀게 느껴지는 이유에 대해 생각해 보아야 한다. 리더십은 업무수행능력에서 나오지 않는다. 희생과 봉사, 땀과 눈물을 진정으로 보일 줄 아는 지도자에게 국민들은 승복하고, 가슴으로 그들을 따른다. 그것이 사회통합이다. 통합과 화합은 구호로 되는 것도 아니고, 돈 몇 푼 쥐어주는 알량한 정책으로 되는 것도 아니다. 산업화의 과정 속에서 불가피하게 배태된 부조리를 인정한다고 치자. 그러나 더불어 사는 사회를 지향하기 위해서는 그 편법과 불법에 대해 응징하는 사회적 분위기를 만들어 나가야 하며, 그럴 때 노블레스 오블리주는 살아날 것이다.

자유와 평등의 두 가지 상충되는 가치 중에서 평등은 여전히 중요한 민주주의의 요체이다. '배고픈 것보다 배 아픈 게 더 괴롭다'는 상대적 박탈감과 자조 섞인 우리 사회의 인식의 일단을 불식하기 위해선 여전히 도덕적 정당성에 대한 존중이 바탕이 되어야 한다. 더 이상 얌체같이 공부와 돈과 출세를 위해 얄팍한 처신으로 일관한 사람들이 출세하는 일은 없어야 한다. 그것이 사회통합으로 선진국이 되기 위한 필요하고도 절실한 덕목이다.

11 | 세종시의 정치학

• 20009. 11. 19

　　　　　　요즘 정가와 세간의 가장 논쟁적인 이슈는 단연 세종시 문제이다. 세종시를 2005년에 당시 여당인 열린우리당과 야당인 한나라당이 합의한 대로 행정중심도시로 만들 것이냐, 정부여당의 주장대로 행정의 비효율과 자족기능의 미흡을 보완 수정하기 위해 기업중심도시로 수정할 것이냐의 논란이다. 현재 상태로는 어느 한쪽의 주장만이 일방적으로 관철되면 반대편에 선 측은 완패의 쓴맛을 볼 수밖에 없는 형국이다. 논란의 핵심은 9부2처2청의 행정부처가 이전하느냐이다. 이 문제를 제쳐놓고 자족기능 보완만을 거론한다는 것은 문제의 핵심을 비껴가는 것이다.

　　논란의 핵심을 정리해보면 다음과 같다. 주지하다시피 한나라당 내 박근혜계는 원안처리를 고수하고 있다. 원칙과 신뢰, 국민과의 약속이 원안추진을 주장하는 논거이다. 이에 반해 친이명박계는 수도의 분산이 가져올 비효율과 행정부처가 차지하는 면적 때문에 자족기능을 충족할 부지면적의 절대부족을 시정하기 위하여, 행정부처 이전의 백지화 또는 대폭 축소가 불가피하다는 것이다. 이미 이를 전제로 민관합동위원회도 구성되었다. 세종시 문제는 태생적으로 정치적 소산이다. 2002년 노무현 후보가 충청권으로 수도를 이전한다는 공약을 내걸은 것은 대선에서 캐스팅 보트를 쥐고 있는 충청권의 표심을 사려는 의도임은 부정하긴 어렵다. 명분은 국토의 균형발전과 수도권 집중 완화이다. 그리고 노무현은 대통령에 당선됐다. 그러나 당선 이후 수도 이전 문제는 수도권과 비수도권의 공방 속에 2004년 헌재에서 관습헌법에 위배된다는 이유로 위헌판결을 받으면서 새로운 국면에 접어든다. 9부2처2청을 이전하는 행정중심복합도시로의 전환이 수많은 논란 끝에 국회에서 통과됐다.

박근혜 전 대표는 수정에 동의하면 2005년 합의 당시 한나라당의 대표직에 있었기 때문에 자신이 주장하는 원칙과 신뢰를 스스로 무너뜨리는 결과를 초래함으로써, 차기대선주자로서 상당한 손상을 입을 것임은 자명한 일이다. 이명박계는 바로 이 점을 공격하고 있다. 잘못된 것을 인정한다면, 합의 당시 2006년 지방선거를 의식했던 점을 고해성사(?)하고 바로잡는 것이 용기 있는 정치인이라는 논리이다. 급기야 친이계는 박 전 대표가 원안고수를 주장하는 것은 '정치적 사익 추구'라고 원색적으로 비난함으로써 박근혜계를 자극하고 있다. 이제 양측은 물러설 수 없는 마주 달리는 기차와 같은 상황이 되었다.

첫째, 정치적 측면이다. 행정부처를 이전하지 않으려면, 법을 개정하지 않고는 안 되는 상황이며, 이의 관철을 위해서는, 한나라당 내에 친박계가 60여 명에 이르기 때문에, 박근혜계의 동의를 얻지 않고는,

물리적으로 불가능하다는 데 현 집권세력의 고민이 있다. 야당은 오히려 이 논쟁에서 이슈를 선점당한 느낌이다. 내년엔 지방선거가 있는 해다. 이 문제가 어느 정파에 유리한지 표 계산이 분주한 것이 현실이나, 논쟁의 어느 항목에도 이는 표면적으로 드러나지 않고 있다.

둘째, 정책과 행정적인 측면이다. 과연 어느 것이 국토의 균형발전과 권력분산, 수도권과밀화 해소에 도움이 되는가이다. 서울특별시와 경기도, 인천광역시의 수도권에 남한 인구의 반인 2천4백만이 사는 현재의 이 땅의 모습은 분명 기형적이다. 수도권의 광역화가 국가경쟁력 강화에 긴요하다는 관점에서 보더라도, 세계 어느 나라가 전 인구의 반이 특정 지역에 몰려 산단 말인가. 노무현 후보가 그의 말대로 "정치적으로 재미 좀 봤다"고 하더라도, 그가 내세운 국토균형발전과 수도권 분산의 명제는 나무랄 데 없다. 그러나 행정부처의 일부 이전은 행정의 비효율을 초래하고, 통일 후도 대비해야 한다는 논리는 진정한 수도권의 분산에 대한 논쟁을 희석시키고 있다.

셋째, 경제사회적 기득권의 충돌 여부의 관점이다. 서울과 지방, 수도권과 비수도권과의 기득권에 관한 논쟁인가에 초점을 맞춰볼 필요가 있다. 수도 이전은 기득권 세력의 퇴진과 무관하지 않다. 역사적으로도 수도 이전은 권력의 이동을 의미했으며, 신구세력의 교차와 밀접한 관계가 있다는 것은 역사가 증명하고 있다.

이와 같은 여러 영역의 문제들이 복합적으로 조망되지 않고, 정치세력은 정치세력대로, 국민은 국민대로, 충청권은 충청권대로, 각자의 입장에서 유리한 대로 명분을 내세우고, 구실을 내세운다. 이래서는 합의를 도출하기도 불가능하거니와, 설령 명분에 치우친 합의로 포장된 결론이 내려지더라도 후유증의 심각성은 상상외로 클 것이다. 이 문제의 출발이 정치적이었다면 해결도 정치적이어야 한다. 어느 한쪽의 완패나 완승이 아닌 윈-윈(win-win)의 상생의 정치력이 발휘되어야 한다. 이득과 손해 사이의 대차대조표가 경제적 관점만이 아닌 정치적 관점에서도 지혜롭게 작성되어야 한다. 진정한 정치는 조화이며, 정치는 가능의 예술이다. 마주 달리는 기차의 충돌은 정치가 아니다. 국론과 국토의 분열을 가져올 수도 있는 세종시 문제의 해결에 현 집권세력과 사회세력의 아름다운 정치적 해결은 그래서 꼭 필요하다.

12 | 총리론

• 2009. 12. 10

우리나라에서 총리는 내각제에서의 총리와 다르다. 우선 가장 큰 차이가 총리가 선출직이 아니라는 것이다. 대의제 민주주의에서 권력의 원천은 선거. 과거 권위주의 시절에 기초자치단체장의 직책은 여간 불안한 자리가 아니었다. 관에 의해 임명된 자리이기 때문이다. 그러나 지금은 총리나 장관과 달리 기초단체장은 임기 동안 형사상 죄를 짓지 않으면 소신껏 일을 할 수 있다. 재임 기간 동안의 업무 수행의 성적은 선거에서 평가받으면 된다.

그래서 그런지 우리나라 총리는 왠지 왜소해 보인다. 조선시대로 말하자면 일인지하(一人之下) 만인지상(萬人之上)의 자리인데 그 자리에 비하면 정치적 영향력의 측면에서나 실질적인 정책수행의 리더십의 면에서나 명(名)과 실(實)이 상부(相符)하지 않는 것 같다. 실제 우리나라 총리는 명망가형 총리란 말을 많이 들어왔다. 덕망과 인품을 겸비한 학자 출신이나 국민에게 인지도가 높은 인사를 총리로 기용함으로써 정국을 쇄신하고, 정치안정을 기하는 정치행태가 관행화되어 왔다. 얼굴마담형 총리라는 조어는 그래서 생겼다. 헌법에 규정된 대로 총리가 내각을 통할하는 역할을 해야 한다는 소신을 보이는 총리는 오래가지 못했다. 그래서 책임총리제를 채택하자는 목소리가 정치권에서 오래전부터 제기되어 왔으나, 임명직의 한계를 극복하지 못하고 있는 것이 현실이다.

정운찬 총리는 내정 단계부터 세종시 관련으로 유명세를 탔다. 취임 후에는 세종시에 관한 한 가장 많이 사람들에게 회자(膾炙)되는 이 중에 하나일 것이다. 총리가 수행하는 업무 중에서 유독 세종시 관련 소식이 집중 보도되기 때문이겠지만, 총리가 세종시 외의 현안이나 이슈에 대해 발언하거나 의견을 피력하는 것을 좀처럼 접하기 어려운 것이 사실이다. 세종시 문제가 단기간 내에 끝날 사안이 아닌데, 총리가 계속 세종시 관련 사안에 대해 업무의 거의 대부분을 할애하는 것은 결코 바람직하지 못하다. 정운찬 총리 자신은 자신의 업무 중 세종시 관련 업무는 10%밖에 안 된다며, 정치권에서 제기되는 '세종시 총리'라는 말에 이의를 제기하고 있다.

정 총리가 처한 환경은 좀 특수하기 때문에 그렇다 치자. 현 정권 초대 총리인 한승수 전 총리의 경우는 대통령이 "총리가 '자원외교'에 많은 성과를 거두도록 하겠다"는 의사를 밝혔고, 이는 부지불식간에 민생을 관장하고, 내각을 통할하는 총리의 입지가 좁아질 수 있는 단초가 될 수도 있는 것이었다. 이렇듯 국무총리라는 자리는 대통령이 총리의 역할에 대해서 어떠한 인식을 갖느냐에 따라 위상과 내각을 관장하는 영향력에서 차이가 있을 수 있다. 우리나라가 채택하고 있는 제도는 대통령제이지만, 내각제적 요소를 겸비하고 있는 구조를 가지고 있다. 국무총리의 임명에 국회의 동의 절차가 필요한 것이라든지, 의원과 장관이 겸직이 가능한 것, 국회가 국무위원에 대한 해임건의안을 갖고 있는 것 등이 그것이다. 이는 내각제의 장점을 살려 국정의 효율성을 기하겠다는 취지일 것이다. 헌법 개정에 대한 필요성이 공감을 얻고 있는 것은, 우선 민주화를 성취한 1987년 체제인 5년 단임제의 개정 필요성에서 연유하는 것이나, 대통령에게 너무 많은 권한과 책임이 집중되어 있는 현 제도에 대한 개정 필요성도 그에 못지않은 문제로 제기되어 왔기 때문일 것이다.

헌법 개정은 이념과 정파적 이해관계, 정치적 절차의 복잡성 등 단기간 내에 성취되기 어려운 측면이 있다. 게다가 세종시 문제와 4대강 살리기 사업에 얽힌 복잡한 정치적 함수를 고려한다면 이명박 정부 재임 기간에 이루어지기 어려운 것이 사실이다. 그렇다면 그동안 꾸준히 제기되어 왔던 책임총리제를 실천하는 것이 현재의 대통령제를 보완하는 긍정적인 측면이 있다는 것을 상기할 필요가 있다. 총리에게 운신의 폭을 넓혀 주고, 실질적으로 내각을 통할하게 하는 것이 청와대에 집중된 권력을 완화하는 효과를 가져올 수 있고, 내각이 대통령의 측근 참모가 아닌 총리를 중심으로 행정의 효율성을 기할 수 있다는 것이다.

대통령이 외교, 안보, 통일 문제뿐만이 아니라, 교육, 노인문제, 저출산, 복지, 환경 등 국정의 모든 문제에 관여한다는 것은 결코 효율적일 수 없다. 현재의 국무총리제는 바로 그러한 문제에 대처하기 위한 제도라고 보아야 한다. 총리제의 취지를 살려 권력의 분산을 기할 수 있다면 실용을 내세우는 이명박 정부의 정치적 업적이 될 수 있을 것이다.

책임총리제

대한민국헌법 제86조

① 국무총리는 국회의 동의를 얻어 대통령이 임명한다.

② 국무총리는 대통령을 보좌하며, 행정에 관하여 대통령의 명을 받아 행정각부를
통할한다.

③ 군인은 현역을 면한 후가 아니면 국무총리로 임명될 수 없다.

책임총리제는 현재 우리나라 헌법(제86조)에 나타나 있는 내각제적 요소를 살려 헌법정신에 충실하자는 의도로서 별도의 헌법개정을 필요로 하지 않는다. 즉, 국회의 국무총리임명동의안과 국무위원해임건의안, 대통령의 법률안제출권, 법률안 거부권 등 내각제적 요소를 잘 활용한다면 현재와 같이 너무도 많은 권한과 책임이 대통령에게 집중되어 있는, 이른바 '제왕적 대통령'제의 폐해를 막을 수 있다는 인식에서 제기되는 제도이다. 여기에 대해서는 정파나 정치적 이해관계의 차이에도 불구하고 정치권의 합의가 되어 있는 상태이며, 이는 권력집중에서 권력분산으로 가야 한다는 시대정신에 부합한다. 그러나 우리나라 총리는 국민에 의해 선출된 권력이 아니기 때문에, 국회의 임명동의를 받지만 임명권자가 대통령이기 때문에, 행정각부를 통할한다는 헌법의 규정에도 불구하고 총리의 역할과 권한에는 한계가 뚜렷하다.

우리나라 총리가 의전총리, 명망가형 총리 등으로 불리는 것은 그 때문이다. 정국 전환용으로 총리를 경질한다든지 하는 것은 대표적 사례이다.

만약 책임총리제가 정착된다면 총리가 책임을 지고 내각을 통할하고 장관들도 청와대의 눈치를 보지 않고 소신껏 일할 수 있는 분위기가 조성될 수 있을 것이다. 이도 이원집정부제와 마찬가지로 대통령은 외교, 안보, 통일, 국방 등의 업무를, 총리는 민생과 경제에 전념함으로써 권력분산의 효과를 거둘 수 있다. 이는 별도의 헌법개정을 필요로 하지 않으나, 총리에게 임기나 권한을 보장해주기 위한 여야와 정치권의 합의를 필요로 한다.

13 | 세종시, 절충이 최선이다

• 2010. 3. 5

　　세종시 문제는 부처를 이전할 것인가, 아닌가가 논란
의 핵심이다. 자족도시나 과학교육도시 등은 정책적으로 얼마든지 보
완할 수 있는 문제다. 2005년 여야가 합의한 행정복합도시법이 이제
와서 다시 문제되는 것은 부처의 분산 배치가 가져올 수 있는 행정의
비효율과 수도 분할에 따른 경쟁력의 약화 때문이다. 그러나 내면을
들여다보면 이러한 정책적 쟁점보다는 한나라당 내부의 정치적 역학
관계와 지방선거와 총선, 대선을 염두에 둔 차기주자들의 정치적 계산
이 복잡하게 얽혀 있는 형국이다.

　　현 단계에서 본다면 이러한 구조의 논의는 결론을 도출하기 어렵다.
현실적으로 박근혜 전 대표 측은 세종시 수정안을 받아들인다는 것
은 정치적 사망을 의미할 뿐이라고 생각하는 것 같다. 정치인에게 있
어 자신의 몰락이 너무나 명백한 사안에 대해, 국가의 백년대계를 위

해 양보해야 하는 절박함이 당위라고 가정하더라도, 이는 선택하기 어려운 일이며, 이를 강요하는 것은 퇴로를 배려하지 않는 몰정치의 전형으로 보아야 한다. 반대로 세종시 수정안을 일절 받아들이지 않고, 원안대로 세종시를 건설한다는 것은, 여권의 정국운영 능력의 상실과 국정주도권의 포기를 의미하며, 집권 3년 차를 맞는 이명박 정부의 급속한 레임덕을 가져올 수 있으므로, 이도 주류 측으로서는 받아들이기 어려운 상황이 되고 말았다.

용기 있는 정치인은 잘못을 인정하고, 국가 백년대계를 위해 양보해야 한다는 현실론과 원칙론은 공허하게 들릴 수 있다. 정치는 기본적으로 적과 동지의 구별이며, 자파세력을 넓혀 가야 하는 현실정치(real politik)와 권력정치(power politics)의 속성을 지니고 있기 때문이다. 그러나 정치는 현실과 이상의 조화이고, 갈등의 조정이 본령이다. 수정안과 원안 중 어느 한쪽 안만 채택한다는 것은 일방의 완승과 또 다른 한쪽의 완패를 의미할 뿐이다. 다시 정치(politics)가 작동되어야 하는 이유이다.

절충할 수밖에 없다. 최근에 여당의 중진 정치인이 제안한 헌법기관 이전론은 설익은 면이 있지만 경청할 만한 대목도 있다. 경제부처의 일부만 가는 것도 하나의 방법이 될 수 있다. 그래서 여당 주류 측의 주장처럼 비효율이 초래된다 하더라도 그것은 우리 사회가 감내하고 지불해야 할 기회비용일 것이다. 그러나 수정안과 원안의 절충의 여지가 없다면 차기 대통령선거에서 대선 공약으로 내걸고 국민의 심판을 구하는 길이 차선이다. 국민투표는 명시적으로 특정 지역의 고립과 국론의 분열을 초래할 뿐만 아니라, 위헌 논란 등으로 또다시 새로운 갈등을 증폭할 수 있으므로 신중해야 한다. 대선 공약은 전체적인 국민의 정치적·정책적 판단을 구하는 일이므로 명분도 있고, 그나마 갈등과 분열을 최소화할 수 있다. 이제 다시 정치가 복원되어야 한다. 그것이 이명박 정부에게 많은 이들이 주문하고 있는 통합의 출발점이다. 집권 2년 동안 경제적·외교적인 가시적 성과, 원전 수출국과 G-20 의장국 등 긍정적인 면이 있다 하더라도, 이것만으로 국민의 마음을 얻을 수 없음을 명심해야 한다.

14 | 무분별한 창당과 야권분열

• 2010. 4. 7

지방선거를 앞두고, 군소정당들의 난립이 도를 더해 가고 있다. 김대중 전 대통령의 정신을 계승하겠다는 가칭 평화민주당과 노무현 정신의 올바른 실현이 목적이라며 민주당을 뛰쳐나온 국민참여당, 자유선진당에 몸담았다가 이회창 대표와 결별하고 충청권을 대표하겠다고 나선 심대평 씨의 국민중심연합 등, 어떤 사회적 계층을 대변한다고 하는 것인지, 어떤 이념과 공익을 위한 공당인지도 분명치 않은 정당들이다.

과거 1950년대에나 있을 법한 구락부 형태의 정당들이 생겨나고 있는 것이다. 한국정치의 특징 중 하나가 선거를 앞두고, 정당들이 우후죽순처럼 생겨났다가 선거가 끝나면 사라지는 행태이다. 이른바 포말정당, 거품정당의 모습들이다. 타 정당과의 차별성은 무엇인지, 정당이 내세우는 공적 대의에 대한 설명도 없다. 단지 간판으로 내세우는 소수 정치인의 모습만 내세우면서 자신들의 세력화에만 관심이 있다고 해도 과언이 아닐 것이다. 이러한 구태가 또다시 재현되고 있다.

현재의 선거여건은 야권에 결코 불리하지 않다. 현재 정부가 추진하는 4대강 사업은 종교계의 반대에 부딪혀 있고, 세종시 문제도 여권에 유리하게 작용하고 있지만도 않다. 그런데도 대통령이 여당의 협조도 받지 못하고 있는 상황에서, 야당의 지지율이 올라가기는커녕, 여론조사에서 한나라당에 뒤지고 있다.

이런 상황에서 지리멸렬한 야당이 아무런 명분이나 당위성도 갖지 않는 정당을 만들어서 선거에 임해본들 야권분열로 인한 패배가 불 보듯 뻔하다. 기껏해야 후보단일화를 위한 선거연대의 흥행에서 표를 얻어 보겠다는 선거공학만이 난무할 뿐이다. 물론 야당들의 합종연횡은 그들의 몫이며, 선거에 대한 책임도 역시 그들이 지면된다. 야권의 연합공천을 통한 선거연대가 야권의 후보단일화를 이루어낼 수 있을지가 이번 선거의 최대관심으로 등장할 정도로 쟁점이 실종된 선거이다. 이에 야권이 일조를 하고 있는 셈이다.

임기 중반이라는 시기적 특성 때문에 정권에 대한 중간평가와 독주 견제론이 힘을 받을 법한 시기임에도 야권은 여전히 맥을 못 추고 있다. 정권교체를 할 의욕도, 지방선거에서 야권이 승리해야 한다는 절박감도 없어 보인다.

건강한 정치는 여야의 적절한 균형과 견제에서 찾을 수 있다. 야당이 건강하지 않으면 여당도 제대로 국정을 이끌어갈 수 없으며, 그 피해는 고스란히 국민들에게 돌아온다. 지방선거에서의 야당들의 목표가 반이명박이 되어서는 안 된다. 지방자치는 중앙정부와 싸우는 것이 아니기 때문이다.

현재의 야당에서 국민들은 대안세력의 모습도 수권정당의 의지도 찾을 수가 없다. 이도 모자라 야권 분열을 자초하는 야당 인사들은 정작 눈앞에 보이는 작은 권력과 자리다툼에 모든 것을 건 듯하다. 이를 포용하지 못하는 제1야당의 정치력도 문제거니와, 지역에 기대어 지방의 이권에나 관심이 있는 야당들이 있다면 대오 각성해야 한다.

15 | 6·2지방선거의 정치학

- 2010. 5. 24

제5회 지방선거가 불과 2주 앞으로 다가왔다. 올해 지방선거는 유권자 한 명이 8표를 찍어야 하는 동시선거이다. 8표를 행사하는 선거는 지방선거가 실시된 1995년 이후 처음이다. 이번 선거는 교육감과 교육의원을 선출하는 선거까지 동시에 시행하기 때문에 8표로 늘어난 것이다. 가뜩이나 선거에 대한 국민들의 관심이 저조해지는 추세인 데다 천안함사건, 1인 8표의 투표로 투표율이 더욱 낮아질까 걱정이다. 대의제 민주주의에서 선거의 관건은 책임성(accountability)과 대표성(representativeness)이다. 그런데 투표율이 낮아지면 참여의 위기(the crisis of participation)와 대의제의 위기에 부딪히게 된다. 역대 투표율을 보면 대선과 총선, 지방선거를 막론하고 투표율은 하향추세다. 그러나 지방선거는 총선거보다 더 중요하다. 실질적으로 예산을 관장하는 단체장들을 뽑는 선거이기 때문에 그렇다.

그렇다면 이번 선거의 쟁점과 특징들은 무엇일까? 어떤 시각으로 선거 진행과정을 관망하고, 투표의 기초가 될 변수들은 어떤 것들인지 파악하고 선거에 임하는 것이 바람직할 것이다. 우선 이번 선거는 정책적 쟁점이 눈에 잘 띄지 않는 것이 특징이다. 세종시 문제는 너무 오랫동안 현안으로 노출되어 있기 때문에 충청권을 제외하곤 선거판을 좌우할 변수로 꼽힌다고 보기 어렵다. 4대강 문제는 야권이 여권을 겨냥하기 좋은 호재지만, 이 문제도 결정적 변수로 작용하는 데 한계가 있다. 그나마 무상급식 문제가 쟁점화하고 있고, 전교조와 검찰개혁 문제 정도가 정책 쟁점으로 올라와 있으나, 표심을 바꿀 정도의 위력이 있다고 보기 어렵다.

둘째, 이번 선거의 큰 줄기가 어떻게 잡히느냐가 관건이 될 것이다. 특히 주목할 것은 같은 정당의 공천은 아니지만 서울과 경기, 강원, 충남, 경남, 부산 등 노무현 정부 시절, 주요 포스트에 있던 친노인사들의 대거출마이다. 이른바 '친노벨트'의 형성으로 노무현 정권 대 이명박 정권의 대결 같은 양상을 띠고 있다는 사실이다. 이를 두고 한나라당에서는 과거세력 대 미래세력의 대결로 몰고 감으로써 이미 심판받은 정권에 대한 평가로 선거구도를 만들려고 하는 것 같다. 선거란 선거구도가 어떻게 짜이느냐가 중요하기 때문에 여야는 자신들에게 유리하게 선거판을 짜려고 한다.

세 번째 주의 깊게 봐야 할 것이 천안함 정국과 노무현 전 대통령 서거 1주기가 한나라당과 민주당에 각각 어떤 긍정과 부정으로 작용할 것인가의 포인트다. 기본적인 관점으로는 대체로 안보 관련 사안은 선거에서 여권에게 유리하게 작용해왔던 것이 사실이다. 이른바 '북풍'이다. 그러나 권위주의 정권 시절 냉전시대에 역대 정권이 안보논리를

이용하여 선거에서 유권자들의 안정심리를 자극했던 구태가 먹히기
어렵다는 것은 상식이다. 그러나 천안함을 두 동강 낸 주체가 북한이
라는 사실이 인정된다면 분명 여권에 유리하게 작용할 것이다. 야당이
안보무능으로 여권을 몰고 가려는 전략이 얼마나 여권 지지 성향의 표
의 결집을 상쇄할지 지켜볼 일이다. 물론 안보논리를 선거에 이용하려
한다는 '역풍'을 여권이 맞이해야 할지도 모른다. 이는 노무현 전 대통
령 서거 1주기에 따른 추모 분위기가 친노인사들의 출전과 시너지 효
과를 일으키고, '노풍'의 바람이 강풍이냐, 미풍으로 그칠 것이냐의 전
망도 함께 봐야 한다. 이 역시 북풍과 마찬가지로 반대편 지지자들의
결집을 가져옴으로써 역풍을 맞을 수도 있다. 요컨대 이번 선거의 중
요 변수인 북풍과 노풍이 다 같이 역풍의 개연성을 배제할 수 없다는
것이다.

넷째, 역대 선거의 투표율이 계속 하락 추세임을 감안하고, 이번 선
거가 유권자의 관심을 끌 만한 대형 호재가 빈약하다는 측면에서 본다
면, 6·2지방선거의 투표율도 낮을 것으로 관측된다. 이는 야당에는
유리하지 않다. 대체로 투표율은 젊은 2, 30대 유권자의 투표참여에
따라 좌우되는 경향이 강하고, 가설이지만 젊은 유권자의 이념적 성향
이 상대적으로 진보개혁 쪽에 가깝다면, 투표율이 높은 것이 야당에게
유리할 것이다.

다섯째, 지방선거는 정권에 대한 중간평가로 인식되는 경향이 강하
다. 역대 지방선거는 네 번 중에서 1998년 김대중 정부 때의 제2회 지
방선거만 여당이 승리했다. 대체로 회고적 투표(retrospective voting)
의 성격이 전망적 투표(prospective voting)의 경향보다 강하기 때문
이다. 그리고 통합과 분열의 변수가 선거의 승패를 좌우한 예가 많다.

예컨대 1회 지방선거 때 민자당에서 탈당한 공화계가 JP를 총재로 하는 자민련을 창당해서 민자당이 패한 것이나, 2회 지방선거 때 DJP 공조가 김대중 정부에게 승리를 안겨준 것, 3회 지방선거 때 DJP의 파기로 김대중 정부가 패배하고, 4년 전 노무현 정권 때 민주당과 열린우리당의 여권의 분열이 노 정권의 참패로 연결된 것들이다. 이 밖에도 선거 시기와 예기치 않은 돌발 변수의 촉발 등이 선거의 승패 흐름을 바꾸는 예는 무수히 많다. 특히 2002년 16대 대통령선거 당시 정몽준 후보의 선거 하루 전의 노무현 지지 철회는 압권이다. 그만큼 한국의 선거는 예측불능이다. 가히 선거를 종합예술로 칭해도 손색이 없다. 아무튼 선거는 다가오고 있다. 국민은 어떤 선택을 할 것인가. 서울, 경기, 인천의 승패는 어찌 될 것인가. 평면적인 관망보다는 변인(變人)과 역대 선거 경향을 개입시켜 보는 입체적인 관측이 보다 생생한 선거를 경험할 수 있게 할 것이다.

16 | 중앙권력,
입법권력 그리고
지방권력

• 2010. 5. 24

제5회 전국동시지방선거는 한나라당과 민주당 그리고 언론, 전문가, 일반국민 아무도 예측하지 못한 결과로 끝났다. 지방선거의 승리를 어떻게 정의하느냐는 여와 야가 다를 수 있으나, 이번 지방선거는 어떠한 셈법으로도 한나라당의 완패다. 선거 결과에 대한 여러 분석과 해석이 가능하겠으나, 분명한 것은 민심은 생각보다 훨씬 더 무섭다는 것이다. 유권자 각자는 개인의 호불호와 정치적 성향, 정서 등을 바탕으로 투표를 하지만, 그 합은 나름대로 항상 유의미한 결과를 내놓는다는 것이다. 이번 선거도 예외가 아니다. 이번 선거의 결과는 2006년도 제4회 지방선거와 2007년도 대선, 2008년도 총선에서의 한나라당의 승리에 대한 견제심리의 발동이다. 중앙권력과 의회권력, 지방권력을 한 정당이 차지하고 있는 것은 견제와 균형이라는 민주주의 원칙에 입각해 볼 때도 부자연스럽다. 그리고 그러한 정권은 구조적으로 교만과 독선에 빠질 개연성이 높다. 그것을 국민이 선거로 바로잡은 것이다. 링컨의 말대로 과연 '투표는 총알보다 강하다.'

민심처럼 변덕스러운 것이 없다. 여론조사도 믿을 수 없다는 것이 이번 선거로 입증되었다. 곧 7·28재보선이 또 있다. 다가올 선거는 아홉 곳에서 치러지는 선거로서 가히 미니 총선이라고 할 만하다. 결과는 아무도 예측 못한다. 6·2지방선거에서의 민주당의 승리는 민주당이 대안정당과 수권정당으로서 거듭나라는 국민의 격려라고 해석할 수 있지만, 한나라당에 대한 심판으로 인한 반사적 승리라고 보아야 한다.

지금 여야의 가장 첨예한 쟁점은 세종시 수정안에 대한 입장과 4대 강 사업을 둘러싼 찬반 논쟁이다. 이번 선거의 패배는 한나라당이 추진하고자 하는 세종시 수정안에 대한 거부라고 해석해도 크게 무리가 아니다. 세종시 문제의 당사자인 충청권에서의 한나라당의 완패는 이를 분명하게 보여 주고 있다. 4대강도 사정은 비슷하다. 행정적으로 세종시나 4대강이 지방권력과는 일정부분 맥을 달리하는 부분이 있더라도, 대의제 민주주의에서의 민심의 명령을 법적 논리로 거부하기는 너무나 벅차다. 선거에서의 민심의 해석은 정치적일 수밖에 없다. 그럼 한나라당은 어떤 수순을 밟아야 할 것인가. 다시 7월의 재보선 승리로 난국을 돌파할 수 있을 것인가? 여기서 선출된 권력들의 관계를 살펴볼 필요가 있다.

현재의 국회는 한나라당이 180석에 가까운 과반이 훨씬 넘는 의석을 확보하고 있다. 중앙 권력도 가지고 있다. 그러나 정치적 상징성이 강한 서울과 경기도의 단체장을 한나라당이 차지했다고 하지만, 지방권력은 민주당에게 넘어갔다. 게다가 서울과 경기도는 완벽하게 집권

세력과 현재의 야당이 분점하게 되었다. 민주화 이후 거의 보편적 현상이 되다시피한 행정권력과 입법권력이 다른 분점정부(分點政府)의 재현이다.

지난 지방선거에서 민주당이 승리함으로써 중앙권력과 지방권력이 서로 대립하게 된 것은 세종시나 4대강, 개헌, 대북안보 문제 등의 국가적 어젠다(agenda)를 여야가 타협과 대화로 해결하라는 국민의 명령으로 이해해야 한다. 중앙권력을 장악했다고 모든 문제를 의회에서의 다수결로 해결하려는 '다수의 횡포'로의 유혹이 이번 지방선거에서 한나라당의 패배를 가져왔듯이, 다시 지방권력을 차지했다고 해서 모든 것을 민주당의 뜻대로 해결하려는 유혹도 같은 결과를 가져올 수 있음을 명심해야 한다.

민주국가에서 선거는 일상적인 것이다. 정치세력들이 가장 경계해야 할 것이 아전인수(我田引水)식의 해석이다. 민심은 항상 변한다. 그래서 정치는 생물이다. 그러나 한국의 정치인들은 항상 기억상실증에 노출되어 있다. 그것이 한국정치의 큰 문제다. 벌써 설명이 잘 되지 않는 세대교체론이 한나라당 내에서 나오고 있다. 소장세력들의 전면 포진이 문제의 해결은 아니다. 궁극적으로 중요한 것은 국민의 뜻이 어디 있는가를 살피고 국민을 어려워할 줄 아는 섬기는 자세이다. 그 평범한 순리를 정치인들만 모른다.

17 | 개헌 논의,
때가 아니다

• 2010. 9. 10

　　　　　　현재의 5년 대통령 단임제 헌법은 1987년 민주화의
결실이다. 그리고 1987년 대통령 직선제를 골자로 한 제9차 개헌 이후
아직 한 번도 헌법이 개정된 적이 없다. 개헌은 단순히 권력구조의 문
제만이 아니라, 헌법 전문과 경제적 평등 조항, 기본권 조항 등 그동안
의 사회환경과 경제환경의 변화에 따라 손볼 데가 많다. 그러나 헌법
개정은 이념과 가치의 문제가 첨예하게 충돌하는 부분이 많기 때문에
섣불리 손대기가 쉽지 않다. 그러나 권력구조의 문제는 권력의 지나친
집중이 문제가 되어, 정치권과 시민사회에서 꾸준히 제기되어온 어젠
다이다.

　　최근 이재오 특임장관이 개헌에 대한 의견을 밝히고, 이에 대해 민
주당 박지원 원내대표도 개헌 논의 가능성을 시사하는 등 다시 개헌이
정기국회 초반에 현안으로 부상하는 분위기이다. 개헌은 노무현 대통

령이 2007년 임기 4년의 대통령 연임제 개헌을 제기한 바 있으며, 김형오 전 국회의장도 필요성을 제기한 적이 있다. 이명박 대통령도 선거구제와 행정구역 개편 등과 함께 개헌을 제안한 바 있다. 현행 헌법은 1987년 대통령 직선제 개헌 이후, 민주화의 초석을 다지는 데 기여했다.

개헌은 모든 정치적 사안과 이슈를 빨아들이는 블랙홀이 될 것이다. 절차적으로 국회 재적 3분의 2의 찬성과 국민투표를 통과해야 하는 것도 녹록지 않거니와, 사회적 논의를 바탕으로 한 국민적 합의가 전제되어야 하는 어려운 과제이다. 그런데 정치권에서 잊을 만하면 제기되는 개헌 관련 발언은, 개헌의 절박함이나 당위성, 가능성에 대한 고민의 흔적이 보이지 않는다.

우선 여당 내에서 개헌의 내용에 대해 이견을 보이고 있다. 유력한 차기주자인 박근혜 전 대표는 4년 대통령 중임제를 선호하는 것으로 알려져 있다. 반면 여권 주류는 이원집정부제와 같은 권력분산형의 권력구조를 염두에 두고 있다. 세종시 문제도 여당 내 합의의 부재로 결국 여권 주류의 의도대로 되지 않은 게 바로 엊그제 일이다. 개헌은 이보다 훨씬 고도의 정치력과 합의를 필요로 한다.

개헌은 선거를 한참 앞둔 상태에서 각 정파가 정치적 계산이 애매할 때 추진되어야 실현 가능성이 높아진다. 또한 집권 초반기에 국민의 지지에서 나오는 추동력이 뒷받침되어야 한다. 그러나 그 시기는 내각 인사 실패와 광우병 촛불로 허송세월로 보냈다. 내년 한 해, 선거가 없으니 적기(適期)라는 생각도 가져봄직은 할 것이다. 그러나 외형적으로만 선거가 없지, 내후년 초에 총선거, 그해 말에 대선이다. 어찌 정치권이 개헌 같은 대형 이슈를 사심 없이 국가의 백년대계로 보고 차분하게 논의할 수 있겠는가. 현실적인 한국의 정치상황이나 정치력으로 볼 때 불가능에 가깝다. 이런 상황에서의 개헌 논의는 정략과 당리당략으로 흐를 공산이 크다. 또다시 개헌을 둘러싸고 각 사회세력과 정파가 극한투쟁을 할 소지가 충분히 있다.

이번 정기국회에서도 당장 4대강 문제를 둘러싸고 여야가 첨예하게 대립할 것은 불을 보듯 뻔한 일이다. 게다가 친서민정책을 둘러싼 여야의 각축도 정국 주도권 장악과 연계되어 첨예한 대립을 예고하고 있다. 그렇다면 개헌의 당위성이나 필요성에 동의한다 하더라도, 지금 개헌은 현실적, 물리적으로 쉽지 않다. 정국의 주도권이나 각 정파의 이해관계에 따른 논의는 접고, 차기 대권주자들이 대선 때 선거공약으로 내걸고 국민에게 묻는 것이 훨씬 현실적이다. 더 이상 개헌이 정략적 흥정의 대상이 되어서는 안 된다.

한국정치와 관련한 헌법 조항

● 헌법 제1조

제1항. 대한민국은 민주공화국이다.

제2항. 대한민국의 주권은 국민에게 있고, 모든 권력은 국민으로부터 나온다.

● 헌법 제3조

대한민국의 영토는 한반도와 그 부속도서로 한다.

● 헌법 제119조

제1항. 대한민국의 경제 질서는 개인과 기업의 경제상의 자유와 창의를 존중함을 기본으로 한다.

제2항. 국가는 균형 있는 국민경제의 성장 및 안정과 적정한 소득의 분배를 유지하고, 시장의 지배와 경제력의 남용을 방지하며, 경제주체 간의 조화를 통한 경제의 민주화를 위하여 경제에 관한 규제와 조정을 할 수 있다.

헌법 제1조에서 '대한민국은 민주공화국'임을 분명히 하고 있다. '민주공화국'과 '자유민주공화국'의 의미도 상당한 차이가 있는 것이다. '공화국'임을 명시한 것도 큰 의미가 있다. 공화국이란 공동체의 연대와 공동선(common good)의 추구라는 가치를 지향함을 의미한다. 이는 '소유적 개인주의'에 입각한 경제적 자유주의와 신자유주의의 논리만이 지배하는 현대사회에서 곱씹어봐야 할 대목이다. 시장논리의 추구가 탐욕스럽고, 개인만을 중시하는 극단적 자유지상주의적 자본주의가 아님을 명확히 하고 있는 것이다.

헌법 제2항은 주권재민, 즉 주권이 국민에게 있다는 사항을 명시하고 있다. 이는 민주주의 국가임을 밝히고 있는 사항이다. 본래 민주주의의 의미는 권력의 소재가 국민에게 있다는 사상이기 때문이다.

헌법 제3조는 대한민국의 영토의 범위를 규정하고 있다. 현재 북한은 대한민국의 주권이 미치지 않으나, 헌법에 따라서 대한민국의 영토이다. 만약 현재 실질적으로 배타적 주권이 북한에 미치지 않는다 하여, 사실관계에 맞게 헌법을 개정하여, '대한민국의 영토는 휴전선 이남의 국토와 그 부속도서로 한다'고 한다면 통일 이후에 북한이 우리 영토라는 주장을 할 근거를 상실하는 것이다. 이념적으로 북한에 가까운 성향의 사람들이나 단체들이 이 조항의 개정을 요구할 수도 있다.

실제로 노무현 전 대통령이 2007년 이른바 '원포인트 개헌'을 제안한 것은, 이러한 사항이 개정의 대상으로 논쟁이 되기 시작하면 걷잡을 수 없는 이념적 논란에 휩싸일 것을 우려했기 때문이다. '원포인트 개헌'이란 권력구조에 한해서 헌법을 개정하자는 의미였다.

헌법 제119조 제2항에 보듯이 헌법은 경제 민주화를 명시하고 있으며, 경제에 관한 규제와 조정을 할 수 있는 권한을 국가에 부여하고 있다. 시장에 관한 간섭을 할 수 있음은 물론 국가가 개입할 수 있는 근거가 헌법에 명시되어 있는 것이다. 그리고 '적정한 소득의 분배'를 명문화하고 있다. 경제적 자유주의나 신자유주의의 관점에서 개인의 극단적인 소유권의 주장은 헌법에 비추어볼 때 합리화될 수 없다. 따라서 한국에서 사회민주주의적 소득 분배나 복지의 강화는 전혀 무리한 요구가 아니다. 성장과 효율의 강조가 자칫 시장경제논리의 완전한 구현을 의미한다고 생각하면 착각이다.

이 밖에도 경자유전(耕者有田)의 법칙, 즉 '농지를 경작하는 자가 농지를 소유한다'는 원칙과 소작제도의 금지를 규정한 헌법 제121조(국가는 농지에 관하여 경자유전의 원칙이 달성될 수 있도록 노력하여야 하며, 농지의 소작제도는 금지된다)도 토지에 관한 기본적인 사항을 규정한 것으로서, 이 조항이 없으면 국토와 농지, 토지에 관해서 걷잡을 수 없는 개인적 소유가 진행되고 소작제도의 부활로 이어질 가능성이 높다.

따라서 헌법에 규정된 사항들에 대해 평소에 무관심하게 지내지만 정치의 기본은 헌법이다. 물론 정치적 논의의 수준과 법적 논의가 층위를 달리하지만, 정치적 자유주의의 기본은 법치주의이며, 법치의 가장 기본적인 사항을 담고 있는 것이 헌법이다. 그러나 대체로 우리가 공기와 물의 중요성과 고마움을 망각하고 살고 있듯이 헌법도 그런 존재이다. 가장 중요하나 의식하지 못하고 사는 존재다. 헌법은 국가존재의 토대가 되는 기본법이다.

18 | 북한,
어찌해야 하는가

· 2010. 12. 14

　　　　　　　　북이 천안함을 침몰시킨 사건에 대한 발표를 신뢰할
수 없다는 의견은 국민 사이에 아직도 존재하고 있고, 연평도를 백주
대낮에 1시간이나 대포로 공격한 북의 전쟁 행위에 대해서도 남의 훈
련이 북을 자극한 결과라고 생각하는 광역단체장과 국민이 있는 나라
가 대한민국이다. 육안으로 관찰된 사건에 대해서도 좌파와 우파의 이
데올로기 대립이 작동하는 현실에서, 이에 대응하는 정부는 군사적 대
응 쪽으로 기울어지고 있는 것이 현재의 전략인 것 같다. 효과적인 응
사를 하지 못하고, 뒤늦게 몇 배의 응징으로 보복하겠다는 전략은 별
소용이 없다. 현실적인 비대칭 전력은 북한이 우리보다 압도적으로 우
위에 있다. 게다가 평화에 대한 갈구는 우리가 훨씬 크다. 북의 부도덕
하고 비정상적인 지도부는 평화보다는 분쟁이 그들의 존재에 더 유리
할 수 있기 때문이다. 우리의 국력이 북을 압도하고 있으나, 북의 군사

분야 그 자체의 우월성이 남한의 국력의 압도적 우위를 상쇄하고 있는 것이 남북한 관계의 현실이다.

현재 정부로서는 남북문제에서 딜레마에 빠져 있다. 남북한을 둘러싸고 미국과 중국, 러시아, 일본의 국가이익이 충돌하고 있고, 남북관계 전망에서 뚜렷한 지향점과 전략과 비전을 발견하기 어렵다. 현 정부가 과거 정부의 햇볕정책을 비판하는 것은 이제 식상하고 진부하다. 마찬가지 논리로, 과거 정부의 핵심인사와 진보진영이 이명박 정부의 국방정책과 남북정책의 강경일변도가 긴장 고조의 원인이라고 현 정권을 비판하는 것도 너무 정파적이다. 정치인과 군의 무능과 부패를 나무라봤자, 나무라는 주체도 별 잘한 게 없을 것이라는 추측이 설득력이 있다면, 우리 모두 남을 탓할 자격이 없다는 사실에 동의하자. 물론 모든 사안을 등가(等價)적인 양비론으로 돌리자는 것이 아님은 물론이다.

이제 책임 있는 당국자와 정치인들은 현재 우리가 취해 나가야 할 방향을 정확히 설정해야 한다. 군의 입장에서 몇 배 보복타격을 강조하는 것은 그것대로 의미가 있다. 군은 정치적 고려에서 자유로울 책임과 의무가 있기 때문이다. 적어도 군은 그래야 한다. 교전규칙과 자위권도 구분되어야 한다. 무엇보다 중요한 것은 통일을 지향해야 하는 것인지, 현상유지의 평화공존이 더 선행되어야 하는 것인지에 대한 가치판단이다. 통일비용과 분단비용의 경제적 비교도 각 분야별로 심각하게 검토해야 한다. 감상적인 통일지상주의도, 현상유지적 평화공존 정책도 제로베이스에서 점검되어야 한다.

6자회담과 외교적 대응은 여전히 중요하지만 당장 북한의 도발을 억제하기에 역부족인 면이 있다. 그렇다고 출구전략 없는 경제적 지원과 식량, 연료, 비료 등의 물질적 지원으로 평화를 구걸할 수도, 담보할 수도 없다. 그야말로 딜레마다. 지구 상에서 비정상국가와 예외 지대로 남아 있는 북한을 개혁 개방으로 나오게 하고, 핵을 포기하게 함으로써 세계사의 흐름에 동참하게 할 방법은 없는 것인가. 강요되고, 비굴한 평화와 전쟁의 양자택일만이 남북문제의 엑소더스(exodus)로 남아 있는가. 이 문제에 대해 생존과 국가 흥망의 차원에서 성찰이 요구되고 있다. 군의 기강과 정신력을 가다듬는 것은 당연하고 시급하지만, 이는 당위의 문제이다. 구조적이고, 정책적인 문제에 대한 접근이 요구되고 있다.

첫째, 군사적 차원의 억지력 강화의 문제이다. 핵을 보유한 북한은 남한이 쉽게 보복하기 어려울 것이라 판단하고 있으며, 이것이 남에 대한 도발에 대한 유혹을 쉽게 느끼는 이유이다. 따라서 이에 상응하는 억지력을 확보해야 한다. 당장 재래식 비대칭 전력의 강화는 시일을 요하는 문제로서, 꾸준히 증강해야 할 사안이다. 그렇다면 군사적 차원에서 억지력을 여하히 확보할 것인가에 대한 단기, 중장기적 방안을 도출하는 데 혼신의 힘을 기울여야 한다.

둘째, 좌와 우의 대립이 민족을 매개로 한 이데올로기의 갈등으로 치닫는 모순이 치유되어야 한다. 이는 군사적 차원의 문제보다 훨씬 더 지난(至難)한 문제이다. 한국의 좌우, 보수 대 진보의 대립은 서구형의 사회경제적 삶의 질을 둘러싼 정책 대결이 아니라, 남과 북, 친북과 친미, 반북과 반미 등의 해묵은 이데올로기적 대립으로 점철되어 왔기 때문이다. 이는 사회과학과 운동, 시민사회의 몫이다. 이런 문제가 해결의 단초(端初)를 보일 때, 소모적·사회적 분열을 예방할 수 있고, 천안함 침몰이 북의 소행이라는 당연한 사실을 온 국민이 믿을 수 있는 것이다.

셋째, 3대 세습이라는 상상할 수 없는 왕조시대의 논리로 체제를 공고히 하려는 북한체제를 관리하는 정치적 문제이다. 그들에게 정권 변화(regime change)나 정권의 행태변화를 유도한다는 남한과 미국의 전략은 결코 우리에게 유리하지 않다. 북한을 자극할 뿐이며, 쉽게 이루어지지도 않는다. 당장은 공존의 틀에서 긴장을 완화시키는 구조를 만들어갈 수밖에 없다. 대화의 상대일 수밖에 없는 것이, 북한이라는 숙명적 존재이다. 이러한 발상을 좌파적 발상이라고 매도한다면 그가 바로 친북좌파이다. 무조건 북한을 군사적으로 압박하는 것만이 능사가 아니다. 그리고 실질적으로 군사적 능력이 향후 얼마까지는 북을 압도하기 어려운 것이 현실이다. 결국은 주한미군의 억지력이 없으면 지금의 남북한 군사균형은 깨질 수밖에 없다.

넷째, 각 부문에서 통일에 대비해서 북의 수준을 끌어올리는 노력을 경주할 수밖에 없다. 다만 북한주민을 억압하고, 북의 김정일 일당의 생명을 연장시키기만 할 수 있기 때문에 이에 대한 세심한 전략적 연구가 면밀하게 이루어져야 한다. 독일 통일 20년이 지난 지금도 통일 후유증에 시달리고 있는 것이 경제대국 독일의 현실인 것을 가볍게 보아 넘겨서는 안 된다.

이 밖에도 열거할 수 없이 많은 난관이 있으나, 이상 열거한 것들이라도 종합적으로 관리할 수 있는 컨트롤 타워(control tower)가 있어야 한다. 지금의 통일부로서는 어림도 없다. 남북한 문제에 관한 관리에 실패할 경우, 한민족의 미래는 없다. 그만큼 엄혹(嚴酷)하고 엄중(嚴重)함을 한국의 정치인과 국민들이 깨달아야 한다. 그러나 과연 깨달을 수 있을까. 이것이 한국의 현재이며, 별로 나아질 길이 보이지 않는 미래라면 너무 자학(自虐)인가.

19 | 정치인의 오만함

- 2011. 9. 2

　　오세훈 시장은 주민투표를 통하여 자신이 제안한 '소득하위 50%에 대한 2014년까지 단계적 무상급식'을 관철시키기 위하여 2012년 대선 불출마를 선언하고, 시장직을 연계했다. 결국 25.7%의 투표율은 개표의 요건인 33.3%를 넘기지 못하여 그는 서울시장직을 사퇴했다. 따라서 10월 26일 서울시장을 뽑는 보궐선거가 실시된다. 이번 주민투표는 참으로 맹랑한 선거였다. 주민투표가 과연 필요한 것이었는가를 따지기 이전에 오세훈이란 정치인의 정치 승부수 띄우기가 보궐선거를 가져오게 된 것이다. 그는 보수세력의 영웅을 꿈꿨다. 2004년도에 깨끗한 정치를 실현하기 위하여 일명 '오세훈법'을 만들고, 의원직을 사퇴했다. 당연히 국민에게 참신한 지도자상을 선보였다. 그는 2년 후 서울시장에 당선되었고, 작년에 지방자치 실시 이후 최초로 서울시장에 재선되었다. 이번에도 그는 이러한 프레임을 생각했음 직하다.

　만약 주민투표가 오세훈 시장의 의도대로 관철됐다면, 자신의 모든 정치생명을 걸고, 시장직을 건 극약처방과 배수진은 오세훈 개인을 보수의 영웅으로 만들기 충분했을 거다. 진정 그는 초등학교와 중학교의 무상급식이 서울시 살림을 거덜 내고, 보편적 복지로 이어짐으로써, 이른바 복지포퓰리즘에 멍이 들어갈 나라를 구하겠다는 구국의 일념에서 주민투표를 관철시키고, 어떠한 명분도 찾을 수 없는 시장직을 걸었을까? 그를 선출한 유권자에게는 무엇이라 설명할 것인가? 모든 정치인이 자신의 주장이 먹히지 않으면 선출직을 포기해도 되는 것인가? 그의 소영웅주의와 탐욕스러운 정치적 야심이 국민의 세금을 엄청나게 축내고, 또 불필요한 선거비용을 부담하게 생겼다. 도대체 무슨 권리로 자신의 말 한마디로 전체 정치권을 소용돌이로 몰고 가는가? 무릇 정치라는 것이 승부수를 띄우고, 정치생명도 거는 것이다. 그러나 이는 사회전체의 파장에 대한 고려가 선행되어야 한다는 조건에서다. 그리고 이번 시장직 연계는 정치인의 결단의 차원에서, 선출한 자에게 판단과 결정을 일임하는 것과는 전혀 성격과 차원을 달리하는 것이다. 시장직을 걸 만한 어떠한 당위성이나 명분은 찾을 수 없다. 서울시민이 선출한 시장직을 정책적 사안을 가지고, 임의대로 사퇴할 수 있는지 곱씹어봐야 한다. 당연히 제도적 개선이 필요하다.

　무상급식 주민투표에 들어간 비용까지 계산하면 참으로 어처구니없게도 국민의 세금이 정치인의 정치적 야심의 희생양이 되는 결과를 초래하고 말았다. 또 하나 간과할 수 없는 사안이 있다. 곽노현 서울시 교육감이 박명기 서울교대 교수에게 건넸다는 2억 원이다. 선의로 줬다고 하나, 논리적 인과관계가 맞지 않는다. 만약 곽 교육감이 교육감직을 사퇴하면 교육감 보궐선거도 치러야 한다. 가정(假定)을 하긴 대단히 조심스러우나, 오세훈 시장의 의도가 관철됐다면 그 문제는 검찰이 손대지 않았을 수도 있을 것이다. 물론 잘못된 일을 덮는 것은 있을 수 없는 일이다. 그러나 분명 현실은 그러한 개연성을 부정하기 어렵다. 결과론이지만 오세훈 시장의 주민투표는 절박하지 않은 교육감선거를 또 치르게 할 수도 있다. 주민투표에 서울시장선거와 서울시교육감선거……. 때 아닌 선거 열풍을 설명할 길이 없다. 여야 정치인들의 당리당략과 국민과는 무관한 권력투쟁의 미끼로 복지와 무상급식이 희생되고 있는 것이다.

이번의 해프닝을 계기로 선출직 공무원들이 사퇴할 수 있는 요건을 보다 구체적으로 명시해야 한다. 정치적 의미를 걸고 정치생명을 거는 것도 자의적으로 해서는 안 된다. 정치생명을 걸고 자신의 야심을 달성할 수 있는 것도 국민과 유권자가 있음으로 해서 가능한 일이다. 보수와 진보의 의미를 논하고자 하는 것이 아니다. 이번 경우와 같이 시장직을 걸고, 만약에 패배했다면 보궐선거 비용의 일정부분을 부담한다든지, 이후 공직선거의 피선거권을 일정부분 제한한다든지 하는 제약이 필요하다. 국민이 정치인의 야심을 달성시키는 봉은 아니다. 오세훈 시장, 개인의 문제가 아니다. 제도적 개선을 통하여 한국의 오만하고 방자하기 짝이 없는 이른바 '파워엘리트'들의 버르장머리를 고쳐야 한다. 그들에게 양식 있는 정치적 행위를 기대하는 것은 숲에서 물고기를 구하는 일보다 훨씬 더 어리석은 일이다.

20 | '안철수 현상'과 '정치적인 것'의 실종

- 2011. 9. 23

우리네 삶을 규정하고 있는 경제, 사회, 문화, 환경, 보건, 안보 등 여러 영역 중의 한 부분을 차지하는 것으로서의 '정치'는 천덕꾸러기이면서, 아무런 쓰임새도 없는 것으로 치부된 지 오래다. 이른바 정치 불신이요, 정치 혐오다. 그럼에도 재보선, 총선, 지방선거, 하다못해 교육감선거 등 각종 선거에 그리도 많은 사람이 기웃거리고, 정치 관련 뉴스가 언론의 가장 많은 부분을 차지하고 있는 현상은 어떻게 설명해야 좋을지 모르겠다. 1960년대 개념이 확립되었지만, 학계에서 거의 고전적인 정설로 받아들여지고 있는 정치의 정의(定義)는 '가치의 권위적 배분'이다. 그러나 좀 더 대중적이고, 보편적인 의미로서는 '갈등의 조정'이 정치이다. 초보적 단계로서 한국정치는 계급과 계층, 지역 간, 세대 간, 성별에 따라 충돌하는 이해관계를 절충하고, 조절하는 데 실패하고 있다는 것이다. 불신의 대명사요,

혐오의 총체적 표현인 정치를 폄하하면서, 한편으로는 권력(power)에 가까이 간 자들에 대한 시기와 선망의 이중적 모습은 완전한 역설(paradox)이다. 이러한 역설의 가장 한국적인 모습의 극적인 형상화가 이른바 '안철수 현상'이다.

안철수의 등장과 퇴장이 시사하는 바는 실로 중첩적이다.

첫째, 한국현실정치에 대한 실망의 집약이다. 여야를 막론하고, 기성정치권과 정치인에 대한 극도의 실망은, 정치와는 전혀 무관한 아마추어 인사를 일약 대선주자급의 인물로 격상시켰다. 지극히 한국적 현상이다.

둘째, 언론의 촌스러움은 역시 이번에도 예외가 아니었다. 이미 안철수 교수는 박원순 변호사를 지지율에서 압도적으로 앞서고 있음에도, 미련 없이 서울시장 출마를 양보하고, 단일화 아닌 단일화를 하고, 강단으로 돌아갔건만, 1년 하고도 3개월이나 남은 대선후보로 상정하고, 유력주자들과 가상대결이란 시나리오를 쓰는 건 뭔가. 언론의 천박함과 경박함과 무개념은 어디까지 계속될 것인가. 언론의 상업주의를 이해 못 하는 바 아니지만, 금도(襟度)를 지켜가면서 촌스러웠으면 좋겠다는 생각이다. 물론 세련된, 모범답안적 반론은 예상할 수 있다. 언론은 대중이 알고 싶어 하는 걸 보도해야 하고, 현실적 현상으로서 충격적인 걸 상세히, 논평과 함께 보도할 의무가 있다는 것. 그러나 언론이 사회의 여론을 집약하고, 오피니언 리더로서의 역할에 충실하려면, 즉물적 현상에 대한 정치사회학적·정치철학적 성찰이 우선되어야 할 것이다.

셋째, 대중의 즉흥적이고, 찰나적인 반응은 이번도 예외가 아니었다. 물론 기성정치에 대한 반발이란 훌륭한 대중적 메시지와 교훈은 의미 있는 것이 사실이나, 정치의 본령이 무언지, 정치는 과연 어떠해야 하는지에 대한 대중의 생각은 역시 대중적(?)이었다. 그러나 이것이 공론(public opinion)이라면, 심각히 받아들여져야 하겠지만, 아쉬움은 여전히 남는다.

정치는 정치학자가 하는 것이 아니고, 권력을 결정짓는 힘, 즉 선거의 주체는 장삼이사(張三李四)들이다. 그것이 민주주의의 힘이자, 약점이다. 또한 민주주의의 역설(democratic paradox)이다. 정치는 적대와 갈등이 본질적이다. 화합과 타협, 합의에 대한 무조건적인 강조는 '정치적인 것(the political)'을 실종케 한다. 정치의 역할이 갈등의 조정이지만, 그에 못지않게 중요한 것은 자유와 평등의 조화, 특수한 것, 다양한 것, 이질적인 것에 대한 인정이다. 근대 계몽주의적 보편주의의 그늘에 의해 획일적인 인간 본성을 전제했던 근대성은 포기되어야 한다.

이번 안철수 현상은 어느 한쪽으로만 쏠리는 현상을 여지없이 보여주었다. 적대와 갈등이 사라지기를 막연히 바라는 것은 다원주의의 전형적인 자유주의적 환상에 불과하다. 현실은 결코 그렇지 않다. 적대의 바탕 위에서 합의와 타협이 논의되어야 한다. 한국정치의 적대성과 증오가 이른바 '안철수 현상'을 불러왔다고 하는 것은 누구나 말할 수 있다. 그러나 놓치지 말아야 할 것은 안철수 현상 뒤에 숨어 있는 한국의 정치사회의 부박(浮薄)함과 대중들의 즉자적 반응이다. 안철수 현상이 향후 서울시장선거와 총선, 대선 등에서 어떠한 이벤트를 기록할지, 이벤트를 넘어 한국의 정치사의 한 획을 그을 정초(定礎) 선거의 밑알이 될지 두고 볼 일이다.

정초선거

정초선거란 영어로 Foundation Election이라 한다. 즉 주춧돌을 놓는 선거란 의미이고, foundation이란 단어가 의미하듯이 기초가 되는 선거를 의미한다. 비슷한 의미로 중대선거(critical election)라는 용어가 있다. 이는 선거의 지형이나 정치구도 자체를 바꿔놓은 선거라는 의미로 쓰인다. 예를 들어 1985년 2월 12일의 제12대 국회의원 총선거, 1988년 4월 26일의 제13대 국회의원 총선거 등을 들 수 있다. 12대 총선은 창당한 지 얼마 안 되고 총선에 임한 당시의 신한민주당이 선거에서 예상을 뛰어넘는 선전을 함으로써 민주화의 기반을 닦은 선거라는 의미에서 중대선거 또는 정초선거라고 부를 수 있다. 당시 집권당인 민주정의당(민정당)이 35.2%, 신한민주당(신민당)이 29.3%의 득표율을 기록하고, 각각 148석과 67석의 의석을 차지했다. 2·12총선은 민주화세력이 권위주의 정권에 대항할 수 있는 기틀을 마련했다는 점에서 민주화의 전기를 마련한 선거였다. 13대 총선도 여소야대 정국을 형성함으로써 절차적 민주주의(procedural democracy) 이후 실질적 민주주의(substantial democracy)를 통한 민주주의의 공고화(consolidation)를 이룰 수 있는 국면 전환의 주요 계기가 되었다는 면에서 정초선거라고 할 수 있다.

21 | 선거와 가치지향

• 2011. 11. 29

우리나라 유권자들은 '젊은 피'와 '물갈이'를 선호한 다. 특히 1987년 민주화 이후 처음으로 실시된 1988년 13대 총선거 이후 물갈이에 대한 요구는 선거 때마다 점점 강도가 높아지고 있다. 초선 의원의 비율이 50%를 넘는 것이 일반적인 현상이 되었다. 당장 내년 총선을 앞두고 한나라당과 민주당이 대폭적인 물갈이 공천을 예고하고 있다. 10·26서울시장보궐선거에서 한나라당은 시민후보에게 패하고, 민주당도 경선에서 박원순 후보에게 야권단일후보의 자리를 내줌으로써, 결과적으로 유권자들은 기성정치세력이 아닌 시민세력을 지지한 것이다. 이러한 상황에서 여야가 선거에서 대폭적인 공천 혁명을 거론하는 것은 정해진 수순이다. 그러나 물갈이가 새로운 정치에 대한 국민의 요구에 부응하는 것이 아님은 재론의 여지가 없다.

10·26서울시장보궐선거를 계기로 안철수라는 새로운 인물에 대

한 정치권과 시민사회의 관심이 증폭되고 있다. 의사에서 기업인, 대학교수로 변신한 안 교수는 정치라는 영역에 입문해본 적이 없다. 그러나 최근 그의 행보는 내년 총선과 대선을 앞두고, 정치권의 핵심 변수로 떠오르기에 충분한 근거를 제시하고 있다. 본인은 아직 정치적인 출사표를 던지지 않았지만, '무언의 출사'를 시사한 것이나 다름없는 것으로 해석하기에 충분하다. 박원순과의 단 한 번의 회합에서 서울시장 후보를 양보한 것이나, 서울시장선거 기간 동안 잠시 나타나서, 박 후보에 대한 지지를 아날로그 형식의 편지를 통해서 표시함으로써 정치적 효과를 극대화한 것 등은 신선함과 신비주의까지 가세해서 관심을 증폭시키기에 부족함이 없다. 게다가 나눔과 공정이 사회적 화두로 제시되고, 세계적으로도 가진 자의 탐욕이 규탄의 대상이 되는 시점에 자신의 재산을 사회에 환원하겠다는 선언 등, 정치적 행위는 아닐지라도 기존 정치권에선 좀처럼 보기 힘든 파격 행보 등은 비정치적이지만, 대단한 정치적 행위로 간주될 수 있는 행태들이다. 본인이 원하든 원하지 않든 그는 이미 정치에 깊숙이 발을 들여놓은 것이다.

물리적인 물갈이가 정치를 바꾸는 것이 아니다. 그러나 선거가 다가오면 정치권이 전가의 보도로 내세우는 물갈이는 유권자의 새로운 욕구를 반영하는 것이다. 새 인물에 대한 갈증은 사회의 변화에 대한 갈구에서 비롯된다. 이는 분배와 나눔에 대한 당위성을 논거로 하고 있다. 정치에는 정치의 본령인 이해관계의 조정과 적과의 동침, 적대와 갈등의 인정 등의 정치력이 필수적으로 요구되지만, 지금 유권자들에게 필요한 것은 정치적 수사와 해묵은 진보와 보수의 가치 논쟁이 아니다. 실질적인 행동으로 옮길 수 있는 신뢰와 소통이다. 안철수 교수는 이 점에서 '정치적 대안'으로 떠오르고 있는 것이다. 복잡한 수사 없이 나눔의 정신을 행동으로 보여 주겠다는 간단명료함에서 배어 나오는 진정성과 신뢰, 현재의 좌절과 미래 희망의 부재 속에서 자신들의 말을 들어주고 이해해줄 수 있는 멘토와 같은 대상으로 '안철수'가 다가온 것이다.

그러나 검증이라는 관문을 우회할 길은 없다. 비정치 영역에서 일가를 이룬 인물들이 신선함과 참신성을 무기로 '정치적 강자'의 반열에 올랐다가 기억의 저편 너머로 사라진 예는 너무나 많다. 결국 정치는 현실의 미학이며, 수많은 반대자와 파트너들을 상대해야 하는 고난도 종합예술임을 부인할 수 없기 때문이다. 또한 정치는 권력을 향한 세력 간의 한판 승부라는 엄연한 사실이 권력정치(power politics)를 모체로 하는 현실정치(real politik)임을 간과할 수 없기 때문이다. 정치판이라는 현실 무대에 공식적인 진출을 선언하는 순간 혹독한 비판과 음해성 모함이 난무할 것이다. 적당한 침묵과 적절한 네거티브적 공세도 동원해야 하는 것이 승부세계의 냉혹한 현실이다. 링 밖의 시민정치의 틀과 링 안의 정당정치의 환경적 요인의 체감지수는 큰 차이로 다가올 것이다. 한국의 정당정치와 대의제 민주주의에 실망한 세대가 지향하는 새로운 가치를 시민정치는 충족시킬 수 있을지 주목할 수밖에 없다. 내년의 총선과 대선에서 일궈내야 하는 것이 개인보다 집단을 중시하는 공동체적 가치일지, 개인의 권리와 이해를 앞세우는 자유주의적 개인주의의 가치인지, 아니면 2040세대가 갈구하는 반민주적 기득권 세력에 대한 응징인지, 아직 아무 어떠한 가치지향을 가지고 있지 않는 것이 우리 정치사회의 현주소이다. '안철수 현상'이라 불리는 일견 당혹스러운 실험은 이러한 다기적이고 복잡다단한 한국의 가치복합을 제대로 풀어낼 수 있을지 두고 볼 일이다.

대한민국을 말한다

2부 · 대통령과 소통

01 | 범여권 대통령 후보 경선의 경우

- 2007. 10. 8

대선이 불과 80여 일 앞으로 다가왔다. 그러나 아직 범여권은 후보가 확정되지 않았고, 설령 대통합민주신당이나 민주당이 다음 주 후보를 확정하더라도 아직 단일화라는 험난한 고지가 남아 있다. 왜냐하면 여권의 후보가 난립하고 있는 상황에서 한나라당의 이명박 후보와의 싸움은 너무도 승패의 윤곽이 확연하기 때문이다. 여기서 우리는 곱씹어볼 필요가 있다.

대통합민주신당의 경선은 민심을 반영하지 못하고 있는 형국을 면치 못하고 있다. 민심뿐만이 아니라 당심조차 반영하지 못하고 있는 것이다. 우선 지역별 인구비례로 선거인단을 모집하지 않고 각 후보진영이 자파에 호의적인 사람 위주로 선거인단을 구성했기 때문에, 인구비례라는 가장 기본적인 경선의 룰조차 확립하지 못한 채 경선에 돌입했다는 원천적인 한계를 안고 있다. 이러한 기본적인 한계도 모자라 특정후보의 조직선거, 동원선거의 의혹이 경선국면 자체를 위협하고 있다. 따라서 각 후보의 미래의 한국에 대한 청사진 제시라는 어젠다 논쟁은 실종된 지 오래다. 특히 신정아 사건에 대한 언론의 보도태도는 의도적이든, 그렇지 않든 여권의 경선에 대한 관심자체를 무뎌지게 만든 측면도 배제할 수 없다. 그리고 남북정상회담이라는 거대담론이 경선에 대한 관심을 흐려지게 만드는 것도 어쩔 수 없는 여권경선의 한계로 볼 수 있다.

이런 상처뿐인 경선으로 후보가 선출된들, 여권의 후보 단일화 협상에서 제1당인 대통합민주신당의 대선후보가 주도권과 명분을 가지고 단일화 협상에 임하지 못할 것은 자명한 이치다. 이런 결과는 대선에서 야권의 압승으로 이어질 것이고, 이는 국민의 표심을 왜곡시킨다는 측면에서 특정 정파의 승패여부를 떠나 결코 바람직하지 못하다는 것이며, 대선이 국민축제와 국민통합의 과정이 아니라, 또 다른 분열과 갈등을 잉태할 수밖에 없다는 점이 여권의 경선을 심각하게 바라보는 관점의 소이(所以)이다.

민주당도 조순형 후보가 조직선거의 의혹을 제기한 바가 있다. 여권의 지리멸렬과 경선의 실종은 야당의 입장에서는 호재일지 모르나, 대한민국의 지도자를 선출하는 대통령 선거의 실종으로 이어질 수 있다는 점에서 보통 우려스러운 일이 아닌 것이다.

이제 여야를 막론하고 경선에 대한 제반 사항을 재검토할 때가 되었다. 한나라당은 경선이 끝나고 이미 대선후보가 확정된 상태이지만, 한나라당의 경선도 눈살을 찌푸리게 하는 국면이 인정할 수 있는 선을 넘었다는 사실을 우리는 기억하고 있다. 물론 검증청문회가 도입되어 새로운 시도로서는 의미가 있었으나, 이 역시 보완할 측면이 너무 많다.

경선불복을 막기 위해 불복한 후보를 대선에 출마하지 못하게 법으로 명문화시킨 것처럼, 당내조직을 이용하여 당심과 민심을 왜곡시키는 후보에 대한 정치권 퇴출이라든지, 투표율이 일정비율을 넘지 못할 경우엔 재선거를 실시하든가, 민주노동당의 경우처럼 결선투표를 실시하는 것을 법으로 못 박아 놓는 것도 하나의 방안이 될 수 있다.

정치는 정치의 본령이 있다. 정치의 속성은 권력을 획득하는 게임이고, 이를 위해 가능한 수단을 다하는 것을 나무랄 수는 없다. 그러나 정치도 인간이 살아가는 하나의 도구일 뿐이다. 현실과 이상의 조화라는 결코 간단치 않은 벽을 넘기 위해서는 금도(襟度)를 넘는 술수는 용납되어서는 안 된다. 이러한 것들을 제도화하고, 아름다운 선거를 이루기 위해서는 당내경선이라 하더라도 궁극적으로 유권자인 국민들이 제대로 된 판단을 해야 한다. 왜냐하면 선거는 그 나라 국민의 수준에 맞는 지도자만을 선출할 수밖에 없기 때문이다.

02 | 17대 대선의 정치공학

• 2007. 11. 5

우리는 대선을 불과 50일도 남겨두지 않은 시점에서 아직 대진표도 제대로 짜이지 않은 희한한 선거 국면을 맞고 있다. 여권은 제1당인 대통합국민신당이 대선후보를 선출해놓고는 바로 후보 단일화를 들먹이고 있다. 이는 스스로 경선의 결과를 폄훼하는 것이며 경선에 참여한 유권자들을 우롱하는 행위이다. 더구나 신당의 경선은 국민참여 경선이 아니었는가? 이는 국민에 대한 예의가 아니며 정치인들의 무책임과 무소신의 결과에 다름 아니다. 한나라당은 어떤가? 각종 비리와 네거티브가 난무한 가운데 대선후보를 선출해놓고는, 지난 두 번의 대선에서 무시 못 할 국민적 지지와 득표력을 보여 준 이회창 전 총재의 출마여부가 초미의 관심사로 떠오르고 있다. 이 또한 정치후진국의 면모를 유감없이 보여 주는 구태의연한 행태이다.

물론 대통령 선거에는 법적 하자만 없으면 누구나 출마할 수 있으며, 정치세력이 당선을 위해 고육지책을 내놓는 것도 이해가 가지 않는 것은 아니다. 그러나 경선과정은 온 국민의 관심사였으며 과정과 결과에 대한 책임을 지는 것이 공당의 도리이자 국민에 대한 의무이다. 아무리 각 정파 내부의 문제라고는 하지만, 그렇다면 방송을 통한 토론회는 왜 했으며, 국민경선은 허울뿐인 겉치레용이었던 말인가?

선거란 대의민주주의를 유지하는 가장 중요한 정치과정이며, 선거 과정을 통해 사회의 갈등과 상충되는 이해관계를 여과 없이 드러내고 논쟁함으로써, 국민통합과 사회통합을 통하여 국가사회를 유지하는 가장 기본적인 메커니즘이다. 그러나 우리 대선에서 향후 5년의 나라를 여하히 운영하고 경쟁력을 확보할 방안은 무엇인지에 대한 진지한 성찰과 국가운영의 비전이 담긴 거대담론의 차원에서의 철학과 청사진은 실종된 지 오래다. 네거티브가 아무리 선거캠페인의 일환이라 할지라도 그것이 검증의 차원을 넘어선다면 정당성을 확보하기 어렵다.

정치공학과 선거공학만이 난무하고 선거전문가와 선거꾼들만이 대선을 주도한다면 한국의 정당들은 현대정당의 가장 큰 단점인 선거전문정당의 꼬리표를 떼기가 어려울 것이다. 대선정국을 주도할 의제(議題, agenda)가 실종되고 각종 이슈에 대한 각 정당과 후보의 입장은 그저 생색내기용일 뿐이며, 겉치레에 불과할 따름이다. 이에 대한 치열한 토론과 논쟁은 온데간데없다. 이러한 대선을 언제까지 국민들은 강 건너 불 보듯이 지켜보고만 있어야 할 것인가?

유권자들도 이에 대해 준엄한 심판을 내려야 한다. "선거는 그 나라 국민의 수준에 맞는 지도자밖에 뽑을 수 없다"는 정치적 금언이 시사하듯이 우리는 이제 세계 10위권의 경제수준에 걸맞은 지도자를 뽑을 때가 됐다. 각종 향우회가 선거를 앞두고 기승을 부리고 있다. 언제까지 우리 국민들은 지역주의의 볼모가 되어야 하는가? 지역에서의 몰 표가 너무도 당연하게 받아들여지는 현실에서 유권자들도 정치권을 질타할 아무런 정당성을 갖지 못한다.

선거가 사회에 내연하는 갈등을 노출시키고 이에 대한 합의를 도출 해 나가는 것이라는 원론적이고 고전적인 정의가 아니더라도 우리는 이제 보다 이성적이고 자존심을 잃지 않는 유권자로 돌아가야 한다. 그런 이후라야 정치권의 이합집산이나 국민의 뜻과 유리된 정치권의 오만방자함과 무책임, 무능력을 비판할 수 있을 것이며, 이것만이 바 로 우리의 삶과 직결되는 정치를 우리의 리그로 되찾아오는 출발점이 될 것이다.

우리가 아무리 정치에 대해 냉소적인 시각을 갖고, 불신과 혐오로 일관하더라도, 지금 이 순간에도 정치는 우리가 모르는 영역에서 우리 의 삶을 결정해가고 있다. 언제까지 우리는 우리의 권리에 대해 침묵 하고 있을 것인가?

03 이명박 대통령은 비상한 결단으로 국정쇄신에 임하라

· 2008. 6. 12

쇠고기 파동을 둘러싼 국론의 분열과 정부의 미온적인 대응에서 비롯된 최근의 사태에 대해 이명박 대통령과 정부여당은 상황을 엄중하게 받아들여야 한다. 인수위 때부터 비롯된 내각과 청와대 인사의 난맥과 정책혼선은 쇠고기 파동을 계기로 정부에 대한 불신으로 연결됐고, 급기야 취임 100일이 갓 지난 대통령의 국정운영에 대한 지지도가 20%대로 주저앉는 사상초유의 일이 발생한 것이다. 국민에 의해 선출된 당선자가 국정을 임기 동안 책임지고 운영하는 것이 대통령제이고, 이것이 바로 대표성과 책임성을 담보하는 것이다. 그래서 의회의 의석수와 관계없이 임기가 보장되는 것이 대통령제의 취지이다. 그렇다 해도 지나치게 낮은 국정운영과 정부에 대한 지지도는 권력의 추동력을 약하게 할 수밖에 없다. 지지도의 변화는 조변석개일 수 있으나, 지나치게 낮은 지지는 권력의 정당성의 기반을 약화시킬 수 있다. 따라서 지지도의 저하의 원인이 무엇인지 제로베이스에서 성찰할 필요가 있다.

이명박 정권이 출범한 이후 내각인사 파동과 쇠고기 파동으로 한 해가 다 저물 지경이다. 이를 광정(匡正)하기 위해서 국정쇄신은 근본적이고 과감해야 하며 국민과의 대화는 솔직해야 한다. 위기를 극복하고 새 출발의 계기로 삼기 위해서는 협상 잘못에 대해 과감하고 솔직하게 사과해야 하며, 일시적으로 국익에 손상이 가더라도 재협상도 감수할 각오를 보여야 한다. 그것이 국민의 요구이다. 무능하고 무책임한 장관들부터 바꿔야 하며, 인적 쇄신을 더 이상 늦춰서는 안 될 것이다. 그런 뒤에 국민들에 대한 솔직하고 용기 있는 설득에 나서야 할 것이다. 취임 초부터 불거졌던 내각과 청와대 인사의 난맥, 정책의 표류 등에 대해 국민들이 총체적인 책임을 묻고 있기 때문이다. 현재의 위기는 정권의 위기를 넘어 국가의 위기를 맞고 있는 국면이다. 현재의 위기국면을 다각도로 진단할 수 있겠으나, 본질적으로는 신뢰의 위기라고 할 수 있다. 정권이 국민에게 신뢰를 주지 못했기 때문이다. 미국산 쇠고기가 안전하다는 과학적 근거를 아무리 제시해도 국민이 믿지 못하는 것은 정권의 신뢰가 무너졌기 때문이다. 신뢰 위기의 중심에는 대통령이 있다. 내각이나 대통령실에 대한 국민의 불만과 불신도 크다. 쇠고기에 대한 내각적 차원에 대한 대책도 없었다. 협상을 잘못한 것은 주무부서인 농수산식품부지만, 국민을 설득하지 못한 것은 내각 전체의 책임이다. 대통령의 인식이 획기적으로 바뀌지 않는 한 어떠한 정책이나 쇄신책도 미봉책에 그칠 것이다. 인식의 전환은 국정운영은 기업의 CEO와는 달리 과정이나 절차가 중시되어야 한다는 사고에서 출발해야 한다. 행정적인 절차에 하자만 없으면 국민이 그대로 따라오리라고 생각한다는 자체가 산업화시대의 유물이다.

　대통령과 측근들의 오만과 독선은 정치에 대한 인식의 부재와 편견에서 출발하고 있다. 지난 정권 때 일반적인 관점에서 보면 정치과잉과 이념과잉이 비판의 대상이 되곤 했다. 그러나 기본적으로 정치는 소모적인 것이고, 효율과 생산성의 시각에서는 낭비적이라는 생각이 있다면 정치의 본령을 이해하지 못하는 것이다. 정치는 이해관계를 조정하고, 갈등을 중재하는 것이다. 그리고 가치의 배분이 정치이다. 그러나 이러한 것은 상의하달식의 위계적인 사고로는 도달할 수 없는 절차들이다. 민주주의는 토론과 논쟁을 필요로 하고, 의견의 합의로 나가는 과정은 일사불란한 과정과는 이항대립적인 관계를 가질 수밖에 없다.

　이러한 차원에서 중앙집권적 사고방식에 안주하여 총리에게 제대로 역할을 맡겨볼 생각도 하지 않는 것이 대표적인 권위주의적 발상이라고 할 수 있다. 이명박 정부의 100일은 실패한 100일이다. 국정쇄신책은 새 출발의 전환점이 되어야 한다. 책임져야 할 장관이나 청와대 수석의 범위도 중요하지만, 더욱 중요한 것은 도덕과 신의를 다시 세워야 할 정권의 정신과 국정운영의 시스템을 고치는 일이다. 국정쇄신책에는 진정으로 국민을 어려워하고, 섬김의 자세로 임하겠다는 감동의 메시지가 담겨 있어야 하는 것이다. 지금의 상황은 엄중하고 시간은 촉박하다.

이명박 정부 초기의 상황

이른바 '고소영 내각(고려대, 소망교회, 영남)'으로 국민들의 비판의 대상이 되었던 내각인사가 이명박 정부 출범부터 정권을 위기로 몰아넣었다. 게다가 미국산 쇠고기의 수입 허가로 빚어졌던 쇠고기 파동은 이명박 정부 출범 1년을 허송세월하게 만들었다. 이명박 정부는 인수위 시절부터 인수위원회 위원들의 민심을 거스르는 말실수로 이를 조장한 측면도 있었다. 출범 초기의 어려움은 소통의 부재라는 근본적인 정권의 문제를 제기했고, 이는 임기 내내 비판의 도마 위에 올랐다.

04 | 대통령의 지지율과
좌파 그리고 우파

• 2008. 9. 3

이명박 대통령은 48.7%의 지지율, 2위 후보와의 표차 530만 표, 역대 대통령선거 사상 가장 압도적인 표차로 당선됐다. 물론 투표율을 감안하면 30%대지만 국민들의 가장 큰 지지로 당선됐다는 점에는 이의를 달 수 없다. 그런데 정권이 출범하자마자 지지율은 20%대로 주저앉더니 급기야 정권 초에 10%대의 지지율이라는 참담한 성적을 나타내는 사상 유례없는 결과를 보여 주었다. 물론 원인은 청와대와 내각인사 실패, 미국산 쇠고기 파동, 경제위기, 정부산하기관의 낙하산 인사, 금강산 피격사건에 대한 섣부른 대응, 일본의 독도 영유권 주장 등 악재가 계속 터진 결과였다. 총체적인 정권의 위기였고, 정치에 대한 국민의 불신은 극에 달했다. 소통부재를 지적하는 목소리가 높아지면서 과연 이 정권이 임기를 다할 수 있을지에 대한 우려가 현실로 나타나는 것 같았다. 그러나 최근 이명박 대통령의 지지는 다시 30%대를 회복하고 있는 것으로 조사되고 있다. 정권도 자신감을 회복한 듯이 보인다.

지지율 회복은 한·미정상회담의 무난한 결과와 교육감선거에서의 우파인사의 당선, 미국지명위원회의 독도 표기 원상회복, 올림픽에서 우리 선수들의 선전(善戰) 등이 힘이 된 것으로 보인다. 이러한 변화의 추이에서 발견할 수 있는 것은 정권 초의 지지율 추락이 현 정권이 주장하는 것처럼 이른바 좌파의 이명박 정부 끌어내리기에서 연유한 것이 아니란 점이다. 촛불집회가 처음에는 순수하게 미국산 쇠고기 수입에서 나타난 협상력의 부재와 국민적 자존심의 손상 등에서 비롯되면서 정부가 실책을 인정하고 추가협상을 이끌어내는 데 큰 몫을 했지만, 시간이 흐르면서 국정 주요현안에 대한 반대를 위한 반대 등 정권의 분석대로 방향이 잘못 가고 있었던 것에는 많은 국민들도 공감하고 있다. 그러나 이명박 정부의 지지율 하락은 촛불집회의 사회 불만세력이나 좌파세력이 주도해서 나타난 것은 아니라는 사실을 직시할 필요가 있다.

국민들의 이념분포는 대체로 진보 30, 보수 30, 중도 40으로 나타나고 있다. 결국 진보와 보수의 이념성향은 크게 변하지 않지만, 중도 개혁세력이 어느 쪽의 손을 들어주느냐가 지지율 변화의 관건이다. 중도가 진보세력이 되는 순간, 현 정권이 보수우파 정권임을 감안한다면 지지율은 하락할 수밖에 없는 것이다. 그러나 진보를 좌파로 근거 없이 매도하는 것은 현실을 너무 안이하게 보는 것이다. 한국에서의 좌파란 서구적 의미에서의 경제에 대한 국가의 개입이나 복지예산의 증대 등 원천적 의미와는 거리가 멀다. 우파도 마찬가지다. 좌파는 무능한 것으로 인식되어 있고, 우파는 부패하고 비리덩어리라는 인식이 팽

배하고 있다. 이러한 상황에서 중도개혁세력을 좌파로 치부한다는 것
은 바로 이들을 냉전반공주의의 적대적 좌파로 매도하는 우를 범할 수
있고, 이는 현실에 대한 냉철한 분석에서 눈을 멀게 한다.

진정한 보수의 가치는 전통적으로 국가와 민족, 가족에 대한 애정,
성장에 대한 일관된 소신과 원칙, 공기업에 대한 철저하고 투명한 개
혁 등이다. 현 정권이 이를 멀리하고, 지지율의 상승을 현재 정부에 대
한 국민적 지지의 회복이라고 단정한다면, 언제 다시 국정운영에 대한
지지가 10%대로 추락할지 장담할 수 없다. 원래 이명박 후보를 지지
했던 전통적 보수층이 돌아왔을 뿐이다. 너무나 당연한 일 아닌가.

아직도 경제는 회복할 기미를 보이지 않는다. 80여 일 만에 겨우 원
(院) 구성을 성사시킨 것에서 보듯이 현재 여당의 정치력이나 협상력,
포용력 등은 후한 점수를 받기 어렵다. 그리고 여전히 정치를 폄하하
고, 집권세력의 탈여의도 정치의 인식은 도처에서 감지되고 있다. 여
야가 합의한 원 구성을 청와대가 뒤집고, 인사청문 없이 장관을 임명
한 것 등이 그 예이다.

이명박 대통령이 성공한 대통령이 되는 것, 집권세력의 개혁 드라이
브가 국민적 지지를 회복하는 것만이 진정한 사회통합의 초석을 쌓는
길이다. 정권의 자신감의 회복과 강공 드라이브는 결코 동의어가 아
닌 걸 명심해야 한다. 그리고 정치란 결국 국민적 합의를 이끌어내는
가능의 예술이라는 정치 본령에 대한 인식이 없는 한 지지율의 회복은
일시적일 수밖에 없을 것이다. 권력의 지출과 수입에 대한 경제학적
마인드가 절실하게 요구된다.

05 | 전직 대통령 문화

- 2009. 5. 6

민주화 이후 20년이 넘었다. 그리고 20년 동안 배출한 전직 대통령이 4명이다. 그러나 민주화 이전 전두환 전 대통령의 차남과 동생의 경우를 포함하여, 민주화 이후에도 전직 대통령들은 아들과 친인척 비리로 전직 대통령으로서의 품위와 명예를 저버렸다. 노무현 전 대통령의 경우도 예외가 아닌 것으로 드러나고 있다. 문제의 본질은 과연 언제까지 이러한 왜곡된 전직 대통령 문화가 반복되어야 하는가이다. 전직 대통령 문화에 관한 문제이기도 하고, 한국정치사회의 구조적 요인인 면도 있을 것이다.

해방 이후 산업화를 이루는 과정에서 불가피하게 요구되었던 국가와 자본의 결합, 국가, 관료, 기업의 동맹관계에서 파생된 정경유착은 아직도 사회 곳곳에 만연되어 있다. 정치권은 물론이고, 기업과 공무원 사회, 민간 사회에까지 폭넓고 뿌리 깊게 퍼져 있다. 이러한 구조적이고 역사적인 측면 외에 제도적 측면에서도 접근할 필요가 있다.

즉, 한국 대통령제가 안고 있는 권력집중이 보다 본질적 요인일 수 있다는 것이다. 민주화 이후에도 이른바 '제왕적 대통령'제의 폐해에 대한 지적이 있어 왔으며, 삼권분립을 채택하고는 있지만, 여전히 행정부가 의회나 사법부에 비해 권력의 우위에 있음은 부인할 수 없는 현실이다. 권위주의 시절 '제왕적 대통령'의 대척에는 야당의 '제왕적 총재'가 있었다. 정당하지 못하고 탈법적인 부당한 정권에 대한 투쟁이 야당의 존재 이유의 모든 것이었을 때였다. 정상적인 정치자금의 흐름은 차단되었고, 정치적 자원은 여당에 편중되었다. 야당 총재의 카리스마적 리더십이 아니면 거대여당에 대한 투쟁을 전개할 수 없었다. 여기에 강고한 지역패권주의가 결합되면서 공천에서의 절대적 영향력은 전형적인 일인지배정당의 형태를 띠게 된 것이다. 야당이 이럴진대 여당의 총재인 대통령의 경우야 더 이상 말해 무엇 하겠는가. 그러나 민주화 이후 13대부터 16대 국회에서 나타났던 여소야대 정부라 하더라도, 권력분산보다는 권력집중이 일상화되어 있는 정치현실에서 청와대는 권부의 상징이 되어 왔음도 엄연한 사실이다. 데자뷔(dejavu)처럼 반복되는 전직 대통령들의 비리 연루를 차단하고, 바람직한 전직 대통령 문화를 정착시키기 위해 몇 가지 조치가 필요하다.

첫째, 절차적 민주주의가 완성되고 나서, 민주주의가 정착되고 공고화되기 위해서는, 제도적인 뒷받침이 선행되어야 한다. 대통령에서 물러난 이후, 전직 대통령으로서의 품위 유지나 국가를 위한 활동에 드는 비용을, 사회적으로 타당한 선에서 정한 후, 이를 지급하고, 대신 비리나 부패에 연루됐을 때에는 엄벌에 처한다는 새로운 법 제정이 필요하다.

둘째, 이명박 정권 초기에도 논의되었던 사항이지만, 현재의 5년 단임의 대통령제에 대한 개헌 논의가 이루어져야 한다. 이는 보다 본질적인 문제로서 분권형 대통령제나 내각제 등을 포함해서 다양한 논의가 이루어지는 것이 바람직하다. 현재의 대통령제가 지나친 권력집중을 내포하고 있기 때문에, 대통령의 권한을 분산시키는 것이 요구된다고 하겠다.

셋째, 그동안 전직 대통령들에게 발생했던 긍정적 요인, 부정적 요인들을 종합하여, '전직 대통령 예우에 관한 법률'을 '전직 대통령에 관한 법률'로 개정하여, 보다 포괄적이면서도 구체적인 사안들을 담을 수 있는 논의가 필요하다. 전직 대통령은 비록 권좌에서는 물러났지만, 활동하기에 따라서는 현직에 못지않게 국민통합과 사회통합에 기여할 수 있음은 물론이고, 국가원로로서 살아 있는 권력이 할 수 없는 보다 의미 있는 활동을 할 수도 있다. 우리는 이러한 예를 선진국에서 보고 있다. 이제는 우리도 국민의 존경을 받는 '전직'을 가질 때가 됐다. 물론 진정한 '전직'문화를 가지려면, 제대로 된 '현직'문화가 더 절실함은 말할 필요도 없다.

제왕적 대통령(imperial presidency)

1973년 미국의 역사학자인 아서 슐레진저(Arthur M. Schlesinger)가 1973년에 펴낸 책, 『제국의 대통령직(The Imperial Presidency)』에서 닉슨 행정부의 막강한 힘을 의미하는 용어로 사용됐다. 일반적으로 대통령제 국가에서 견제와 균형(check and balance)의 원리로 입법부와 행정부, 사법부가 균형을 유지해야 하는데, 삼권분립 상황에서도 대통령의 권한이 왕조시대의 제왕에 비유될 정도로 막강한 경우를 일컫는 용어이다. 대통령으로의 권력집중을 비판하는 경우에 사용된다.

우리나라에서는 권위주의 시절 막강했던 대통령의 권한을 지칭할 때 많이 사용되지만, 민주화 이후에도 대통령의 권력집중을 비판할 때 자주 등장한다.

보다 정치학적으로 접근해보면 제왕적 대통령의 요건은,

첫째, 대통령이 여당의 총재를 겸임해야 한다.

둘째, 대통령이 공천권을 행사해야 한다.

셋째, 집권당이 국회의 과반을 획득해야 한다. 즉, 여대야소의 의석분포이어야 한다.

세 요인의 의미는 다음과 같다.

권위주의 정권 때 국회의 과반을 획득한 여당은 국회를 지배한다.

– 대통령이 여당의 총재이므로, 대통령이 여당을 지배한다.

– 공천권을 여당의 총재인 대통령이 가지고 있기 때문에, 대통령이 여당을 지배한다.

– 즉, 대통령은 청와대에서 국회를 지배하는 결과를 가져온다.

이것이 전형적인 한국형 '제왕적 대통령'이다.

현재는 대통령이 여당의 총재를 겸임하지 않고, 민주화 이후 여당이 국회의 과반을 획득하지 못하는 경우가 오히려 일반화되어 있고, 공천권을 대통령이 행사하지 않기 때문에 '제왕적 대통령'이라고 하기에는 무리가 따른다.

그러나 여전히 한국의 대통령은 입법부와 사법부보다 상대적으로 많은 권한을 가지고 있다. 대통령에게 너무 많은 권한과 책임이 부여되어 있다.

또한 1987년 5년 단임의 대통령제로 헌법을 개정한 9차 개헌 이후 한 번도 개헌이 없었다. 당시의 개헌은 장기집권 방지에 초점이 맞춰져 있었다. 그리고 현재의 5년 단임제가 레임덕(임기 말 권력누수현상, lame duck)이 조기에 초래되며, 권력집중의 문제가 제기됨으로써 개헌에 대한 논의가 자주 등장한다.

개헌 논의는 임기 초에 추진하지 않으면 안 된다. 임기 말이 가까워지고, 선거가 다가오면 각 정파나 정치세력의 정치적 이해관계에 대한 계산이 보다 명확해지기 때문에 이해관계의 충돌로 쉽지 않기 때문이다.

노무현 정부 때인 2007년에 노무현 전 대통령이 이른바 '원포인트 개헌'을 제안하였으나 성사되지 않은 것도 이 때문이며, 이명박 대통령과 정치권 및 시민사회도 개헌에 대한 공감대가 있었으나 성사되지 않은 것은 시기를 맞추지 못한 것이 요인이 될 수 있다.

분권형 대통령제, 이원집정부제

대통령의 권한을 분산한다는 의미에서 붙여진 이름으로, 학술적인 용어는 아니다. 대표적으로 이원집정부제가 있다. 즉, 국민에 의해 선출되는 대통령이 외교나 국방, 안보 등의 외치를 주로 담당하고, 의회의 다수당이나 연정 세력의 수장이 총리를 맡아 민생과 경제 등 내치를 분할해서 맡는 제도이다. 프랑스가 대표적인 나라다. 그러나 총리와 대통령의 정파가 다르거나 이념이 다르면 동거정부(cohabitation)가 나타날 수 있고, 정국이 교착상태에 빠질 수도 있다.

데자뷔(dejavu)

현재 일어나고 있는 일을 전에 경험한 적이 있는 것처럼 느끼는 현상. 사회과학적 용어로는 역사적으로 반복되는 일을 표현할 때 많이 사용한다.

06 | 대통령의 죽음

• 2009. 6. 15

민주화 이후의 대통령들은 예외 없이 임기 말에 자신이 속한 당을 탈당해야 했고, 퇴임 후 긍정적 평가를 받지 못했다. 그러나 시대를 반추할 수 있게 하는 제도적·상징적 의미를 남긴 측면도 간과해선 안 된다. 김영삼 정부는 금융실명제를 실시했고, 군의 사조직이었던 하나회를 척결하여 군의 정치적 중립의 기틀을 마련하였다. 김대중 정부는 IMF 위기를 극복하고, IT 분야의 성장을 견인하는 데 중요한 역할을 하였다. 그러나 신용카드 불량자 양산, 구조개혁의 미흡, 신뢰의 위기, 친인척과 측근 비리로 얼룩진 면도 지나칠 수 없는 부분이다. 정치인 노무현은 권위주의 불식과 지역주의 청산의 불씨를 꺼뜨리지 않았다. 기득권의 기회주의와 부도덕에 정면으로 문제를 제기했던 시대의 반항아였다. 그것이 그를 애도하는 시대적 정서다.

노무현 전 대통령의 죽음을 애도하는 조문 행렬과 언론에 보도되는 국민들의 반응은 상상을 뛰어넘는 것이었다. 김수환 추기경의 선종 시 보여 줬던 조문 행렬과는 비교가 안 되는 것이었다. 그래서 노무현 전 대통령은 생을 마감한 이후 영웅이 되었다. 국민의 입장에서 볼 때 한 인물의 죽음이 엄청난 국가적 손실로 와 닿거나, 또는 평생을 조국을 위해 희생하고 봉사하며 살고, 그에 대한 어떠한 보상도 받지 못한 인물이 타계했을 때 슬퍼하고 애도하는 도를 능가하는 것이었다. 그러나 엄밀히 말해 노 전 대통령은 재임 중의 자신과 가족, 측근들의 불법자금 문제로 조사를 받다 스스로 목숨을 끊은 것이다. 명예로운 죽음이 아닌 것은 물론이고, 대한민국의 국가원수를 5년 역임한 인물이 자신의 죽음 후에 닥칠 코리아라는 국가브랜드의 실추와 국민들의 상처는 아랑곳하지 않는 죽음이었다. 그러나 일국의 대통령을 지낸 정치인에 대한 국민들의 애도는 너무나 당연한 것이고, 또한 그의 죽음이 정상적이지 않았기에 더욱 애처롭게 가슴에 와 닿는 것도 인지상정(人之常情)이다.

역사에서 교훈을 얻기 위해서는 냉철한 현실 인식과 객관적이고 규범적인 평가가 전제되어야 한다. 감정에 휩쓸리거나 특정 사안을 대하는 태도가 천편일률적이어서는 안 된다. 균형 잡힌 평가와 비판이 승화되어 사회적 합의가 도출될 수 있을 때 그 사회는 건강성을 유지할 수 있으며, 사후(事後)에 교훈으로 다가올 수 있는 것이다. 그러나 노 전 대통령의 안타까운 서거를 정치적으로 이용하는 행위와 고인에 대한 지나친 미화(美化)는 역사에 대한 인식을 어둡게 할 뿐만 아니라, 진실을 왜곡할 위험을 내포하고 있다.

노 전 대통령의 죽음에 대한 극단적이고 지나치다고 느껴질 정도의 감성적 애도의 중심에는 검찰이 무리한 수사를 했다는 것과 전두환,

117

노태우 등 군부출신 대통령들의 부패액수에 비하면 너무나 적은 금액이기 때문에, 대한민국의 대통령이라면 국가 규모로 볼 때 그 정도의 돈은 받아도 큰 잘못이 아니라는 인식일 것이다. 게다가 지역주의에 저항한 정치인이라는 점과 인간적이고 소탈했었다는 지극히 추상적이고 검증되지 않은 점, 사실이야 어떻든지, 서민들의 한을 대변했다는 보상심리 등이 그의 죽음에 오열하는 국민들의 정서일 것이다. 그러나 이러한 사안들에 대한 가치판단은 별개로 하더라도, 대한민국이 법치국가인 이상 대통령이라도 불법에서 자유로울 수 없다는 인식이 지나치게 사상(捨象)되어 있는 것은 아닌지 되돌아볼 일이다.

노 전 대통령은 임기 말의 지지도가 역대 최저 수준인 10%대였고, 이러한 현실에 힘입어 야당 후보였던 현재의 이명박 대통령이 한국 대선 사상 최다(最多) 표차로 승리한 것이다. 지난 대선 때 민주당의 대선 전략 중 하나가 노무현 색깔의 탈색이었다. 그러한 민주당이 노 전 대통령의 죽음 앞에서 취하는 태도는 지나치게 정략적이고 정치적이다. 이는 고인을 추모하기는커녕 욕보이는 길임을 알아야 한다. 게다가 언론의 보도태도는 더욱 한심하고 개탄스러운 것이었다. 참여정부의 공과(功過)에 대한 평가는 찬양 일색이었다. 그리고 노 전 대통령의 죽음을 비판적으로 보는 시각과 목소리는 드러낼 수 없는 것이 한국적 현실이다. 이명박 정부의 노무현 전 대통령에 대한 수사의 방법과 강도 등은 정치현실을 고려할 때 비판의 대상이 될 요건을 완벽하게 구성하고 있다. 노무현 전 대통령의 죽음과 수사의 오버랩은 한국 민주주의의 위기라는 수사(修辭)의 타당성을 제고시킨다. 그러나 다른 관점에 대한 천착을 찾기 어렵다는 것이 한국 민주주의의 다양성을 잠식한다.

여야 정치권은 물론이고, 일반 국민들도 숨을 고르고 현실 앞에 보다 냉정하게 마주해야 한다. 자칫하면 모든 견해가 한 곳으로 쏠려 버릴 수 있는 광기(狂氣)에 노출되지 않아야 한다. 광기와 열정은 백지 한 장 차이다. 2002년도 월드컵 때 보여줬던 열광은 자칫 쇼비니즘 (chauvinism: 맹목적 애국심)으로 흐를 수 있는 것이며, 작년 쇠고기 파동의 촛불집회도 비이성적인 군중심리가 있었던 것을 부인할 수 없는 것 아닌가? 자유와 평등의 길항 속에서 자유주의와 민주주의가 변증법적인 발전을 통한 자유민주주의를 지향한다면 제반 영역에서의 다원주의가 보편화되어야 한다. 노 전 대통령의 죽음을 애도하면서 또 하나의 단상(斷想)에 직면한다.

07 | 대통령의
서거와 개헌

- 2009. 9. 3

　　김대중 전 대통령과 노무현 전 대통령의 서거는 국민을 충격과 슬픔으로 몰아넣었다. 물론 노무현 전 대통령과 김대중 전 대통령의 죽음의 의미가 다르고, 걸어온 길이 다르지만 두 전직 대통령의 죽음은 우리에게 전직 대통령이 국민에게 다가오는 존재 가치를 새삼 느끼게 하기에 충분했다. 전직 대통령들을 생각하면서 민주화 개헌 이후 정치사회적 토양의 변화와 민주주의의 공고화(consolidation)와 함께 개헌을 생각하는 것은 당연한 수순이다. 정치권과 시민사회, 학계에서 공감을 얻어가고 있는 헌법 개정은 여러 측면이 있겠으나, 핵심은 권력구조의 개편이다. 정부형태의 변화가 불가피한 권력구조의 개편은 이른바 '제왕적 대통령'의 폐해에서 오는 문제의식일 것이다.

　　김대중 전 대통령도 예외가 아니었다. 오랜 권위주의 정권에 저항하며 민주화를 위해 모든 정치적 자원을 쏟아 부은 그도 지역패권주의를 바탕으로 한 '제왕적 야당 총재'로 군림했고, 대통령 시절에도 예외가 아니었다. 이는 개인의 퍼스낼리티 측면에서 볼 문제가 아니라, 제도적 측면에서 살펴봐야 한다. 예산편성권을 정부가 가지고 있고, 감사원의 회계감사 기능도 행정부 소관이다. 게다가 대통령제에서는 찾기 어려운 법률안 제출권도 대통령(행정부)이 가지고 있을 뿐만 아니라, 법률안 거부권까지 가지고 있다.

권위주의 체제를 벗어난 민주화된 정부에서도 대통령의 막강한 권한은 필연적으로 부패를 불러왔고, 이는 승자독식(winner takes all)의 제로섬 게임의 정치행태를 야기시켰다. 게다가 5년 단임은 더욱 권력투쟁을 치열하게 한 측면도 강하다. 짧은 기간 동안 선거에서 공을 세운 사람들에게 전리품을 나눠줘야 하기 때문이다.

1987년 민주화를 달성하고 난 이후 벌써 22년이 흘렀다. 장기집권을 방지하고자 했던 현재의 헌법은 어떠한 형태로든가 손을 봐야 한다는 데에 정치권과 시민사회의 공감대가 형성되어 있고, 국회의장도 여러 차례 개헌의 필요성을 강조한 바 있다. 또한 지난 광복절 경축사에서 이명박 대통령은 지역주의 타파를 위한 선거제도 개편과 행정구역 개편을 천명하면서 정치개혁의 필요성을 역설했다. 그리고 국회의원선거와 대통령선거 등의 선거주기를 맞추는 것이 중요하다는 이야기를 함으로써 개헌에 대한 의지를 피력하였다.

개헌에 대한 공감대가 형성되고, 헌법개정자문위원회가 권력분산을 기본으로 하는 이원집정부제나 내각제 등의 대안을 제시하고 있는 등 제법 속도를 내는 듯이 보이나, 문제는 정파 간의 이해관계를 여하히 조절하고, 차기 대권주자들의 동의를 얻어내는 것이다. 현실적으로 여야의 차기대권주자들의 동의가 없이는 개헌이 동력을 발할 수 없기 때문이다. 더구나 정기국회가 시작되고, 10월의 재보궐선거와 내년도 지방선거 등을 앞두고 있는 상황에서 개헌이 추진력을 얻고, 시민사회와 정치권의 이견을 조율해낼 수 있을지도 의문이다. 미디어법 하나도 정치권이 약속을 지키지 못하고, 합의를 이루어내지 못하는 정치력으로 과연 이념적인 문제와 각종 첨예하게 이해가 엇갈리는 부분이 얽혀 있는 개헌을 이루어낼지 회의적인 게 사실이다.

분권형 대통령제, 즉 이원집정부제와 내각제가 대세인 것처럼 보이나, 여전히 4년 중임제를 바탕으로 하는 대통령제를 선호하는 의견도 만만치 않다. 최근 헌법자문위가 낸 안에 대해 벌써부터 정파 간에 다른 반응을 보이고, 대권주자들의 반발도 만만치 않다. 게다가 중대선거구제와 비례대표제 강화 등의 선거제도 개편도 지역에 따라, 여야에 따라 입장을 달리하고 있는 형국에서 개헌이 추동력을 발휘하고, 국민의 공감대 위에 의견을 모아간다는 것은 결코 쉬운 일이 아니다.

민주화의 상징이고, 우리 현대정치사의 한 축이었던 김대중 전 대통령의 서거는 시기적으로도 우리 사회에 한 획을 긋는 중대한 전환점이라는 사실을 상기시킨다. 화합과 통합이 구호로만 되는 것은 아닐 것이다. 개헌이 제기되고 있는 상황에서 과연 어떤 선택을 할 것인가는 전적으로 우리들의 몫이다. 그리고 무엇보다 중요한 것은 대통령의 리더십이다. 대통령제하에서 대통령이 점하는 위치는 여전히 버겁고, 크다. 권력의 분산은 그래서 필요하고, 개헌이 운위되는 소이(所以)다.

승자독식(Winner takes all)

문자 그대로 '이긴 자가 모든 것을 다 갖는다'는 의미이다. 로버트 플랭크와 필립 쿡의 저서인 『승자독식사회(The Winner Take All Society)』에 나오는 용어이다. 신자유주의 사회의 양극화를 나타내는 의미로 많이 쓰인다. 소수의 사람이나 계층이 모든 것을 가진다는 의미이다.

정치학적 의미로는 권력구조와 관련하여 대통령제를 의미할 때 사용되는 용어이다. 즉, 대통령을 배출한 정당이 의회에서 상임위원회 위원장을 모두 차지한다든지, 내각제처럼 연립정부에 의한 각료배분이 존재하지 않는 대통령제하에서의 권력 형태를 의미하기도 한다. 그러나 정치적인 맥락뿐만 아니라, 사용되는 문맥과 용도에 따라 폭넓게 사용된다.

08 | G-20 정상회의와 '소통' 그리고 리더십

- 2010. 10. 29

요즘만큼 '소통'이 화두가 된 적이 없었던 것 같다. 소통과 함께 CEO 리더십이란 개념과 민주적 리더십, 효율과 경쟁력 등이 분야에 무관하게, 기준과 방향성 없이 쓰이고 있다. 왜 소통이 중요한 건지, 소통의 방법은 어떠해야 하는지, 민주적 리더십이란 무엇인지에 대한 토론이나 의미 규정 없이 만병통치약인 양 쓰이고 있는 것이 현실이다. 진정한 소통은 타인의 의견을 경청하는 것에서부터 출발해야 할 것이다. 이것이 민주적 리더십과도 연결되고, 궁극적으로 조직의 생산성과 경쟁력, 효율을 제고하여, 사회나 국가의 구성원들의 행복으로 이어지고, 요즘 화두가 되고 있는 공정과 정의의 문제로 귀결되는 것이 '소통'의 바람직한 로드맵이다.

그러나 이것은 그리 간단하게 되는 것이 아니다. 의견의 다양성을 인정하고, 스스로 특정 분야에 전문가가 아니라면, 실무 분야의 전문성을 인정하는 관용과 애정의 성정(性情)이 뒷받침되어야 한다. 나아가 조직구성원들의 다양하고 결을 달리하는 견해와 주장들을 충분히 수렴해내고, 타협을 견인해낼 수 있는 조정의 리더십이 바탕이 되어야 한다. 조정은 민주적인 마인드가 전제되지 않으면 안 되는 것이다.

민주주의에 대한 수많은 정의(definition) 중에 'Agree to disagree', 즉 '의견이 다를 수 있다는 것을 인정하고 받아들인다'란 정의는 귀담아 들을 만하다. 바로 이것은 지도자의 입장에서 볼 때, 민주적 리더십이 되는 것이고, 다른 말로 표현하면 '섬기는 리더십(servant leadership)'이다. 이를 인식하고 있느냐, 아니냐는 결정적인 문제이다. 결국 철학의 문제로 귀결될 수밖에 없다.

조직의 정점에 있는 사람이 전문가적인 식견 없이, 그저 기본적인 추측과 예단으로, 조직 내에 실타래처럼 얽혀 있는 문제를 판단하려 해서는 안 된다. 나름대로의 이유와 문제가 불거진 소이(所以)를 충분히 검토하고, 토론한 연후에 결정을 내려야 한다. 결정 과정에는 충분한 토론과 대안을 모색하는 과정이 반드시 있어야 한다. 방향성이 정해지면 과감하게 결단을 내리고, 실행에 옮겨야 한다. 시기를 놓쳐서는 안 된다. 그리고 구체적으로 책임과 의무를 주고, 일의 실현 여부를 추적하며, 만일 실무진에서 실천이 안 될 때는 책임 추궁이 반드시 뒤따라야 한다. 그래야 영(令)이 서고, 리더십이 확립되는 것이다. 그러나 이러한 일련의 과정 속에서 반드시 견지되어야 할 것이 인내와 조직의 부하에 대한 애정이다. 막연한 편견과 선입관으로 구성원들을 대해서는 안 된다. 이러한 과정을 우리는 '소통'이라 한다. 소통은 그저 구호로만 되는 것은 아니다.

한국의 가부장적이고, 족벌과 가족 세습의 기업 문화에서 이러한 소통의 리더십을 발견하기는 쉽지 않다. 이명박 정부가 강조하고 있는 '소통'은 현재와 같이 민주주의에 대한 철학의 부재로 특징지어지는 정치환경과 정치문화 속에서는 연목구어(緣木求魚)다. 언제 '소통'이 말로만 되는 것이었던가. 부단한 자기교정과 고민의 절차탁마(切磋琢磨)의 과정 속에서 형성되는 것이 민주적 리더십과 소통이다.

G-20 정상회의를 눈앞에 두고 있다. 얼마 전 G-20 국가의 재무장관과 중앙은행 총재들의 회의에서 환율에 대해 한국이 중재역할을 했다고 자화자찬하는 정부와 언론의 발표와 보도에, 이른바 국민과의 '소통'은 온데간데없다. 선진국과 중국을 비롯한 신흥국의 중재에 성공했다고 '자랑'하는 내용인즉, 환율을 시장조정에 맡기겠다는 것이다. 시장경제의 기본이다. 단지 미국이나 중국, 일본 등 선진국들이 서로 자국의 입장만을 강압적으로 주장하지 않겠다는 선에서 타협한 것이다. 아니나 다를까, 재무장관 회의 이후 잠시 해빙 무드로 접어드는 듯했던 국제 외환시장에 다시 긴장감이 감돌고 있다. 일본의 엔화 값이 사상 최고치를 위협하는 수준으로 오르면서 일본 정부가 추가 개입할 움직임을 보이고 있는 것이다. 국제정치경제 환경은 그리 녹록지 않다.

한국은 우주의 밖에 존재하는 치외법권의 괴물인가. 필연적인 달러당 원화의 절상은 수출에 타격을 가져올 것이다. 수출에 절대적으로 의존하고 있는 한국의 입장에선 치명적이다. 그러면 내수를 살려야 한다. 그런데 내수를 살리려면 금리가 인하되어야 한다. 문제는 인플레이션 압력과 물가 인상에 직면해 있는 한국경제에서 금리인하는 쉬운 문제인가. 국민의 생각은 어디에 있는지에 대해서는 관심이 없다.

청년실업과 비정규직 문제에 대한 '정부 따로, 국민 따로'의 상황,

이것이 현실일진대, 웬 자화자찬(自畵自讚)이고, 웬 아전인수(我田引水)인가. 바로 이것이 '소통'의 부재이다. 그러면서 지금도 정부 인사들과 그 잘난 정치인들은 소통과 민주주의를 입에 달고 다닌다. 정치인들뿐만 아니라, 이 땅의 크고 작은 수없이 많은 조직의 지도자 연(然)하는 사람들이 귀담아듣고, 각성해야 될 대목이다.

09 | 소통과 카리스마

- 2010. 11. 17

북한의 김정은 3대 세습은 상식을 초월하는 것이다. 논평할 가치조차 없다. 그러나 인구 2,500만 북한의 엄연한 현실이다. 물론 권력의 이양이 순조롭게 진행될지 국내외 정세 등 많은 변수가 도사리고 있다. 그럼에도 북한 내부의 반란이나 저항이 제기되어 세습을 통한 권력 유지가 불가능할 것이라고 보는 견해는 많지 않은 것 같다. 이는 무엇을 의미하는 것인가. 민주혁명을 거쳐 저항권을 확보하고, 개인의 권리와 자유의 보장이라는 자유주의와 민주주의에 바탕하고 있는 정치공동체적 관점에서 보면 이해가 가지 않은 일이 북한에서는 벌어지고 있는 것이다. 해방 이후 극단적 전체주의와 개인숭배의 우상화 정책은 북한 주민들을 권력의 정통성과 정당성에 의문과 저항을 표출하지 못할 정도로 순치시켰음을 의미한다. 절대 왕조의 정통성의 근원은 바로 혈통이다. 세계사적인 대열에서 완전히 이탈해 있는 비정상국가 북한이 유지되는 것은 왕조시대의 논리가 아니고서는 설명될 수 없다.

11월 1일 국회의 정치 분야 대정부질문에서 기업 사장이 대통령 부인에게 사장 연임을 부탁했다는 터무니없는 내용이 제기되었다. 근거도 제시하지 못한 민주당 의원의 무책임한 폭로성 발언은 면책특권에 의해 실정법상으로는 처벌을 받지 않겠지만, 저급한 정치공세에 불과한 것으로 한국정치의 수준을 다시 한번 실감케 하였다. 그런데 이에 대한 대통령의 반응을 '격노', '진노'라는 용어로 기사화하는 신문들의 태도와 '국모'라고 대통령 부인을 표현한 한나라당 의원의 말에서 왕조시대의 섬뜩한 실루엣을 느낀다면 지나친 것인가.

연일 G-20 관련 기사를 토해내는 한국의 신문과 방송 등 언론의 저급함은 새삼 언급할 필요도 없다. 모든 국민이 1박 2일의 G-20을 위해 존재해야 하는 듯, 회의가 끝난 이후에는 어느 아이템으로 한국을 신데렐라 국가로 묘사하려는지 자못 궁금해진다. 대통령의 반응을 격노와 진노로 표현하는 것이 바로 저속한 국격이다. 정부와 언론이 입이 아프게 떠들어대는 국가 브랜드의 격상과 이른바 G-20 의장국가로서의 품격은 온데간데없다. G-20에 과도한 반응을 하는 한국을 비아냥거리는 외국 언론에 마냥 화만을 낼 수 없는 이유이다.

이 시대 최대의 화두인 '소통'은 요란한 구호로 되지 않는다. 소통이 자기 편의에 따라 자의적으로 사용돼서도 안 된다. 막스 베버(Max Weber)의 카리스마적 권위란 기실 책임을 동반한 권위가 전제될 때 온전하게 존재할 수 있을 것이다. 요즘 무분별하게 사용되는 천박한 의미의 카리스마는 아예 존재하지도 않았다. 소통은 쌍방향적인 것일진대, 권위는 일견 일방향인 것으로 보인다. 그러나 자발적인 동의와 지지를 바탕으로 한 카리스마와 권위는 진정한 지배와 소통의 근거가 될 수 있다는 점에서 소통과 카리스마는 상통한다. 희생과 봉사, 헌신이 없는 지도자는 진정한 카리스마를 확보할 수 없다. 그저 물신화(物神化)되고, 박제(剝製)된 왜소한 권력이 아무런 감동도 주지 못하고, 궁극적으로 조직과 구성원, 나아가 국가에 재앙이 되다가, 권력 스스로도 치부(恥部)를 온전히 드러내는 사례를 정치뿐만이 아니라, 재벌과 사학(私學)의 족벌체제와 세습 등 다른 분야에서도 빈번하게 목도(目睹)하고 있다.

북한에서 벌어지고 있는 기상천외의 권력 놀음, 남한에서 왜곡된 구조가 뿜어내는 몰정치(沒政治)의 자화상은 이데올로기를 달리할 뿐 동음이의어적인 속성을 가지고 있다. 어쩌면 대한민국을 의사(擬似, pseudo)선진국으로 점차적으로 인도하고 있는 것인지도 모른다. 3만 달러에 곧 진입할 것이란 기대 어린 낙관적 전망에, 2만 달러가 3만 달러로 오인되는 착시현상은 서서히 나타나고 있다. 아직도 미국에서 코리안이라고 하면 남한과 북한을 동시에 물어보는 엄연한 현실을 언제까지 외면만 하고, 회원국가가 교대로 맡는 의장국가역을 언제까지 치켜세우고 혹세무민(惑世誣民)하려 하는가.

이러고서는 진정한 소통이 될 수 없다. 사회통합과 공정, 도덕, 정의 등의 고상하지만, 한국사회와 썩 어울리지 않는 철학적 개념들을 현재화(顯在化)시키기 위한 진정성을 보이려면, 우선 소통의 개념부터 다시 학습해야 한다. 스마트폰의 보급과 트위터의 확산 등 정보통신기술의 발달이 소통을 담보하는 것은 아니라는 것은 최소한 알고 시작해야 한다.

진정한 소통은 희생과 헌신에서 나온다. 그것이 사회구성원에게, 조직의 구성원들에게 감동을 줄 때, 소통은 저절로 이루어진다. 그리고 사회구성원들을 애정과 관용으로 보듬고, 그들의 이유 있는 냉소와 이견(異見)을 이유 있다고 느낄 때, 그들의 말에 듣는 시늉이라고 할 때 소통은 마음을 녹이는 행복의 전도사로 우리 곁에 자리하게 될 것이다. 정권의 일방향적인 국가 홍보는 표피적으로는 소통의 모습을 보일지는 모르나, 오히려 이반(離反)의 역설을 낳는다는 사실을 여권(與圈)의 정치인과 관료들은 알아야 한다.

소통은 마음이 통하는 것이다. 마음이 통하려면 우선 자신을 돌아보고, 자신의 부족함부터 진실되게 느껴야 한다. 그것이 겸손의 출발이고, 교만의 추방이다. 이 평범하고 쉬운 진리를 지도자 행세를 하는 이 땅의 기득권층들만 모른다고 하면 이 또한 교만인가. 소통을 진정으로 이해할 때 카리스마는 보너스로 온다.

10 | 리더십의 위기

• 2011. 4. 15

　　권력의 측면에서 대통령제가 숙명적으로 피하기 어려운 부분이 레임덕(권력누수현상)이다. 특히 한국은 민주화 이후 직선제로 선출된 대통령들이 예외 없이 레임덕에 시달리고, 임기 말에는 탈당이라는 정치적 수모까지 감수해야 하는 전철을 밟아왔다. 노무현 전 대통령은 레임덕을 극복하기 위해 임기 마지막 해에 원포인트 개헌까지 제안하면서 정치의 중심에 서고자 했으나, 역시 예외가 아니었다.

　　이명박 대통령은 임기 4년 차를 맞고 있다. 이 대통령은 자신의 대선 공약이었던 동남권 신공항을 백지화했다. 그런데 신공항 백지화에 가장 반발한 사람들은 한나라당 소속이고, 그것도 한나라당의 지역 기반인 영남지역 의원들이다. 이들은 '대통령의 탈당과 퇴진'을 입에 올렸다. 물론 1년 앞으로 다가온 총선을 의식해서다. 정치인들은 그럴 수 있다. 아무리 정치일정과 정치인의 자아준거성을 받아들일지라도, 임기 초반이면 이런 일이 가능했을까 하는 의구심을 저버릴 수 없는 것이 솔직한 심정이다. 이명박 대통령은 기회가 있을 때마다 임기를 마치는 순간까지 대통령직 수행에 조금도 흐트러짐이 없을 것이라는 취지의 말을 해왔다. 그러나 임기 4년 차, 상황은 그리 간단해 보이지 않는다.

내년 대선까지 1년 반이 조금 더 남은 현재, 4·27재보선을 앞두고 있는 상황에서, 민심이 그리 좋은 것 같아 보이지 않는다. 전셋값은 천정부지로 치솟고 있고, 물가인상은 임계점을 향해 달리고 있는 형국이다. 기름 값의 고공행진과 청년들의 취업난은 여전하고, 보다 심각한 것은 양극화가 모든 부분에서 고질적으로 굳어지고 있다는 것이다. 정규직과 비정규직, 제조업과 비제조업, 수출과 내수 간의 불균형은 사회의 이중구조를 더욱 심화시키고 있다. 이는 상대적 박탈감의 증대로 나타나고 있다. 사회통합은 말로 되는 것이 아니다. 게다가 800조 원에 달하는 가계부채는 시한폭탄처럼 경제의 발목을 잡고 있다. 중동의 민주화 시위의 직접적인 원인도 밀 가격 폭등으로 인한 빵 값 폭등에 있었다. 이 대통령의 레임덕과 체감경기의 악화가 중첩적으로 작용한다면, 국민소득 2만 달러는 빛이 바랜다.

문제는 이러한 상황을 과연 정부가 인지하고 있느냐이다. 전·월세 대란에 대해 정부는 일시적 현상이라고 자위(自慰)하고 있고, 물가 오름세와 배추 파동도 환율과 원자재 가격의 추이를 보면 충분히 예상했던 상황이다. 정부가 사전에 이해를 구하고, 국민에게 호소하는 등 예방적 조치를 취했다면 서민들의 고통은 그만큼 덜했을 것이다. 수출 호조만 믿고, 내수 부진에 대해서는 눈을 감는 게 지금의 정부다. 국민들은 힘들다고 아우성인데, 소득 2만 달러와 경제지표의 순항만 자랑하는 정부가 서민들 눈에 미더워 보일 리 없다.

유가와 원자재 가격 인상은 우리 손으로 어떻게 할 수 있는 게 아니다. 이상 한파로 농산물 가격이 뛰고, 구제역 파동이 축산 농민의 가슴을 할퀴고 갔다. 국책사업을 둘러싼 정치권과 지역이기주의는 사람들을 허탈하게 한다. 국민소득 2만 달러 회복과 주가와 외환보유고의 사상 최고와 최대치 기록이 서민들을 행복하게 하는가. 정책집행자들과 서민 등 중산 층간의 괴리는 점점 벌어지고 있다. 일본 원전 방사성 누출은 막연한 불안을 부추긴다. 최근엔 백두산 화산 폭발과 중국 동남부와 내륙 지진 시 입게 될 원전사고에 대한 최악의 시나리오들이 본격적인 아노미로 다가온다.

총체적 난국이다. 어느 때보다도 설득과 소통의 리더십이 필요할 때이다. 위기 상황에서 리더십은 빛을 발한다. 진정한 소통으로 현실과 대화할 때 활로가 보일 수 있다. 가시적인 성과에 집착하는 산업화 시대의 구태의연한 논리로는 위기를 잠재울 수 없다. 다시 '정치'를 복원해야 한다. 정치의 복원은 신뢰의 구축이요, 소통의 진작이다. 말로만 진정성과 소통을 외쳐서 되는 것이 아니다. 올바른 통찰과 정확한 인식이 리더십의 요체다. 리더십이 지금처럼 절실한 때는 없었다.

레임덕(lame duck)

오리가 절름발이가 된 상태란 의미로 대통령제에서 임기 말에 나타나는 권력 누수현상을 이르는 용어이다. 대통령제의 특성상 대통령은 임기 동안 책임성(accountability)과 대표성(representativeness)을 가지고, 행정부의 수장과 국가를 대표하는 임무를 수행한다. 그러나 임기가 끝나가면서 다음 선거를 의식해서 의원들은 정치논리를 앞세워 국정운영에서 당정의 협조가 원활하지 않게 되는 측면이 있다.

또한 친인척과 측근들의 비리로 국정 장악력이 현저하게 떨어지는 경우가 보편적으로 나타난다. 이를 레임덕이라 한다. 내각제에서보다 대통령제에서 주로 사용되는 이유는 대통령제가 내각제보다 대통령에게 권한이 집중되어 있는 이유에서일 것이다.

11 | MB 정권과 소통

- 2011. 5. 12

소통은 시대의 화두다. 개인이나 조직을 막론하고, 사람과 사람 사이의 관계에서 가장 중요한 덕목으로 꼽히는 것이 소통이다. 그러나 소통은 말처럼 쉽게 이루어지지 않는다. 소통은 신뢰를 수반하는 것이며, 단순한 의사 교환이 아니라, 상대에게 이해를 구하고, 합의를 도출해나가는 행위로서 진정성과 상대에 대한 이해를 전제하지 않고는 성사될 수 없는 것이다. 따라서 소통은 대화와 단순한 만남만으로는 이루어지지 않으며, 적극적 개념으로서 사회과학적 인식의 존재를 필요로 한다.

이명박 정부의 공은 결코 적지 않다. 2008년 리먼 브라더스 사태로 야기된 금융위기를 성공적으로 극복했고, G-20 의장국가로의 국격도 선보였다. 비록 뒷말이 없는 건 아니지만 원전 수주도 적지 않은 공으로 평가되고 있다. 게다가 주가도 최고 수준을 유지하고 있고, 수출 실적도

호조를 보이고 있다. 적어도 경제지표상의 숫자는 집권 4년 차의 성적이 초라한 것은 아님을 말해주고 있다. 아닌 게 아니라 이명박 대통령의 국정 지지도는 40~50%대로 결코 낮은 것이 아니다. 그러나 MB 정권에 대한 평가는 실적에 비해 호의적이지 않다. 물가와 전·월셋값 인상으로 지친 서민들, 자신의 정체성에 대한 회의(懷疑)로 고통스러운 청년실업의 문제, 양극화의 심화 등이 정부에 대한 불신을 가중시킨다.

더욱 중요한 사실은 정치권이나 시민사회에서 이명박 정부의 문제점으로 '불통'을 드는 데 대체로 이견이 없는 듯하다. 이는 무엇을 말하는가. 일방통행식의 의사결정과 충분히 조율되지 않은 정책을 발표하는 것은 정책집행의 효율성이 입증된다 해도 반발을 불러오기 마련이다. 정운찬 전 총리로 하여금 발표하게 한 세종시 수정안이나 신공항 철회 등은 대표적인 예다. 신공항은 이미 대통령 공약으로 거의 기정사실로 굳어져 왔고, 밀양과 가덕도 중 어느 지역을 선정할 것인가의 입지선정만이 과제로 남아 있는 듯이 보였다. 그러나 이렇게 사태가 진전될 때까지 아무런 입장 발표나 조율의 과정을 거치지 않은 채, 어느 날 갑자기 '국익을 위한 외로운 결단'으로 공항 건설을 백지화했다. 설령 그 결정이 더 솔직하고, 정치인이 지지를 잃을 것을 각오하고 용기 있는 결단을 한 측면이 분명히 있지만, 이해당사자들이나 지역주민들에 대한 설득이 생략되고, 설명과 이해를 구하는 부분이 실종된 채 내려진 결정은 상처와 갈등의 씨앗만 잉태하고 말았다.

민주주의는 일견 소모적으로 비칠 수 있으며 논쟁적인 것이다. 그리고 과정이 결과 못지않게 중요한 차선의 정치체(polity)이다. 권력이 국민으로부터 나온다는 민주주의의 핵심은 바로 소통과 무관하지 않다. 절차적 측면에서만 국민의 선출로 권력을 뽑는 소극적 차원을 넘어, 보다 적극적 참여가 보장되고, 통치의 대상이 아닌 주체로서의 국민이라는 인식이 전제되어야 한다. 그래야 정치가 바로 서고, 민주주의가 후퇴하지 않는다.

현 정부 들어 집회나 표현의 자유의 측면에서 민주주의의 후퇴를 인식하게 된다. 참여는 토론과 논쟁으로 이루어지며, 이의 결과 설득이 이루어지고, 자발적인 동의와 복종으로 이어진다. 이것이 소통이다. 그래서 소통은 상당한 비용과 과정을 인내해야 얻어지는 결실이다. 그러나 이 시대는 누구나 소통을 강조하지만, 진정한 소통의 의미와 방법에 대해서는 성찰이 없다. 결과로 밀어붙이겠다는 발상은 산업화 시대의 논리다.

정치인이 갖춰야 할 덕목 중 마음으로부터의 자발적 동의를 이끌어내는 능력은 관련 당사자들로부터 공통분모를 찾아내는 작업으로 구체화된다. 정책과 가치가 상충되는 부분에 대한 끈질긴 설득과 충분한 토론이 실종된 결정은 불만으로 연결되고, 원심력만 키우게 된다. 당장은 일사불란한 행동으로 효율이 제고되는 것처럼 보일지 몰라도, 공동체의 이완만 가속화시킨다. 그러나 이러한 원칙은 비단 정치의 리더십에만 해당하지 않는다. 사적인 비공식조직이나 공공의 이익을 담보해야 하는 공적 조직을 막론하고, 토론과 설득의 실종은 공동체를 피폐화시키고, 분열과 갈등의 씨를 잉태시킨다. 통합은 멀어지고, 긍정적 시너지 효과는 빛을 잃게 된다. 임기 4년 차의 이명박 정부는 진정한 소통의 의미를 반추해야 한다. 그리고 지나온 3년여의 집권기간이 어떠한 궤적을 현 단계에서 남겨놓고 있는지 성찰해야 한다. 그것이 1987년 민주화 이후 들어선 정권들이 예외 없이 경험했던 임기 말 탈당과 정권의 급전직하를 막을 수 있는 길이다.

12 | 대통령의 블랙홀

· 2011. 10. 10

레임덕은 대통령제가 가지고 있는 구조적인 속성
이다. 그러나 한국 대통령들의 레임덕은 대통령제 일반에서 나타나는
양상과는 다르다. 기본적으로 대통령의 친인척이나 측근 비리에서 임
기 말 권력누수현상이 비롯된다는 것이다. 민주화 이전의 대통령들의
말로와 비극은 차치하고서라도, 민주화 이후 대통령들의 임기 말 식물
대통령화는 자녀를 비롯한 측근 비리에서 시작됐다. 김영삼 대통령이
2007년 들어 김영삼 대통령의 아들 김현철 씨와 한보비리로부터 레임
덕이 가속화됐고, 김대중 대통령도 아들들의 부패 스캔들이 걷잡을 수
없을 정도로 정권의 종말을 앞당겼다. 이명박 대통령도 예외가 아니
라는 조짐들이 속속 나타나고 있다. 정권 초기에 김윤옥 여사의 사촌
언니가 2008년 18대 총선거의 비례대표 공천을 빌미로 돈을 받았다가
구속된 적이 있다. 최근에도 대통령의 친인척임을 내세워 돈을 빌리거

나 가로채는 등, 친인척 관련 비리가 위험수위를 넘고 있다. 그만큼 청와대 관리의 허술함이 드러나고 있는 것이다.

또한 김두우 전 홍보수석이 로비스트 박태규 씨로부터 수천만 원 상당의 금품을 받은 혐의로 구속됐고, 이국철 SLS 회장이 이 대통령의 측근인 신재민 전 문화관광부 차관에게 금품을 건넸다고 폭로했다. 게다가 이국철 회장은 또 다른 대통령 측근들도 거명하고 있는 상황이다. 이러다간 친인척과 측근 비리가 과거 정권과 다를 것 없다는 차원을 넘어, 역대 최악의 측근 비리 정권이 되지 말란 보장이 없다.

지금이 어느 시점인가. 유럽발 재정위기는 금융위기를 넘어 실물경제로까지 확산되고 있는 상황이고, 물가는 서민들의 어깨를 짓누르고 있다. 정기국회가 개회 중이나, 정치권은 서울시장선거로 민생보다는 정쟁에 골몰하는 모습이다. 내년의 총선거와 대선의 전초전을 앞두고, 정치적 갈등과 대립은 도를 더해갈 것이다. 이러한 임기 말에 친인척과 측근의 비리는 국민을 허탈하게 하고, 민심의 이반을 앞당기게 될 것이다. 정권의 실패는 국가적 차원에서도 바람직하지 않다. 국민은 대통령의 친인척과 측근들이 검찰에 소환되고, 구속되는 모습을 언제까지 보아야 하나?

어느 정권이나 예외 없이 대통령의 임기 말에 친인척과 측근 비리가 불거진다는 것은 제도적 허점과 구조적 요인이 주된 원인임을 부인할 수 없다. 그러나 친인척을 관리하는 청와대의 기능이 제대로 가동된다면 비리를 최소화시킬 수 있을 것이다.

기왕에 드러난 비리와 불법의 전모를 철저히 파헤쳐, 한 점 의혹이 있어서는 안 된다. 또한 대통령의 친인척과 측근 비리의 원인을 밝혀내고, 청와대와 정치권은 이를 근절할 제도적 방지책을 내놓아야 한다.

정치 불신이 도를 넘고 있는 상황에서, 대통령 주변의 비리까지 가세한다면, 레임덕 현상은 빠르게 진행될 것이고, 이 나라 정치는 실종을 넘어, 재앙을 맞게 될 것이다.

　대통령제의 단점 중의 중요한 부분이 임기 말 레임덕 현상이라고 하지만, 한국의 제도화의 수준으로 볼 때, 이원집정부제나 분권형 대통령제로 개헌된다 하더라도, 본질적으로 대통령 주변의 비리와 부패 양상은 크게 달라질 것 같지 않다. 권력분산형의 정치시스템을 구축하는 것이 필요하다. 임기 말이 다가올수록 퇴임 후의 진로와 물질적 토대를 마련하고자, 비리의 사슬이 활개 치는 구조하에서는 효율적인 제도적 장치가 작동되기 어렵다. 검찰에 구속된다 하더라도 불명예로 생각하지 않는다. 오히려 실세임을 입증하는 것이고, 소환과 구속의 대가로 많은 치부를 할 수 있으면, 훨씬 남는 장사라는 계산이 작동하는 것은 아닌지 살펴볼 일이다. 비리와 불법에 대한 자극의 최대 임계점은 점점 높아지고 있다. 불법과 편법, 비리와 부패에 연루된 정권의 실세와 이들과 결탁한 추악한 로비스트들에게는 재활의 기회를 주지 않을 정도로 혹독한 대가가 따른다는 것을 보여 주어야 한다. 이는 실정법상의 문제가 아니고, 우리 사회의 건강한 상식이 작동하는 사회적 합의로 지탱되어야 한다. 대통령의 측근들의 비리는 국가 정체성의 차원에서 다루는 특단의 인식이 절실히 요구된다.

대한민국을 말한다

3부 · 세계화와 경제

01 | 한국과 세계화

- 2007. 11. 19

우리나라에 세계화가 소개되기 시작한 것은 1980년 대 초이다. 당시만 해도 세계화는 생소한 개념이었다. 그러나 이제 세계화는 누구도 거역할 수 없는 하나의 패러다임으로 굳어진 듯하다. 세계화에는 이른바 글로벌 스탠더드라고 하는 개념이 자리하고 있다. 글로벌 스탠더드란 정치와 경제, 사회, 환경 등 모든 면에서 우리의 삶을 규제하고 있지만, 특히 시장에서 지배적으로 관철되는 개념이다. 즉, 투명한 경영, 공정한 경쟁, 탈규제, 민영화 등이 세계화가 추구하는 가치들이다. 또한 세계화란 개념은 신자유주의라고 하는 새로운 시대적 사조와 맞물려 있다. 작은 정부와 국가의 최소한의 간섭, 시장원리 및 효율과 생산성의 중시 등 애덤 스미스의 '보이지 않는 손'에 의한 시장경영을 지향하는 것이 신자유주의이다.

세계화와 신자유주의는 동전의 양면이다. 1979년의 영국의 대처 정부와 1981년 미국의 레이건 정부의 등장은 신자유주의의 등극을 알리는 정치적 사건이었다. 우리나라는 김영삼 대통령 시절에 세계화추진위원회를 설치하고 세계화에 대처하는 듯했으나 세계화는 국가경쟁력 강화의 명분과 당위성을 홍보하는 데 동원됐다. 김영삼 정권의 철학적 기반으로 볼 때 어쩌면 당연한 귀결이다. 그리고 글로벌 스탠더드의 도입에는 소극적이었다. 재벌의 투명성 확보, 분식회계의 청산, 분배를 통한 성장 제고 등의 정책마인드나 구체적 실행을 기대할 수 없었다. 김대중 정부 들어 IMF 위기를 극복하는 과정에서 세계화는 IMF가 요구하는 글로벌 스탠더드의 준수를 강제당하면서 한국에도 거역할 수 없는 사조로 받아들여졌다. 이 과정에서 신자유주의는 한국에도 자연스럽게 기업과 시장을 지배하는 지배이데올로기로 정착되어 갔다. 그러나 IMF 위기극복 과정은 한국에 정치적 개혁의 토양으로 활용되지 못하고, 경제사이드의 논란만이 증폭되었다.

1997년 IMF 이전까지의 세계화는 한국에서 경쟁력 강화와 동의어로 사용됐고, 이는 당연히 친기업적·친재벌적 정책의 강조로 이어졌다. IMF는 한국에 세계화와 신자유주의가 본격적으로 확산되는 계기를 맞게 된다. 그러나 이는 이중적 구조를 가지고 있었다.

IMF 개혁은 경제사이드에 집중됐다. 국가의 규제완화, 시장경제논리, 기업친화적 정책, 투명한 재무구조, 노동의 유연성 제고 등이 그것이다. 그러나 IMF의 주문대로 우리가 준수할 사항들은 재벌을 개혁할 수 있는 좋은 기회와 노동자들에게 고통 감내를 요구하는 정책으로 이어질 수 있는 상반된 의미를 내포하고 있었다. 규제완화와 시장논리에 따른 보수적 논리와 오히려 재벌의 투명성 강화를 명분으로 한 본격적 개혁의 단초가 될 수 있었던 것이다. 그러나 재벌의 족벌체제와 문어발식 경영, 불법과 탈법세습의 관행화의 고리를 끊는 정책 등의 혁파를 이뤄내지 못했다. 외환위기를 극복했지만 IMF 위기를 본격적인 개혁의 기제로 활용하기에는 기득권은 버거운 존재였다. 그리고 정권도 그럴 만한 의지를 가지고 있지 않았고, 소수 정권의 한계를 안고 있었다.

신자유주의적 세계화의 필연적 속성인 소득분배구조의 악화, 빈부격차의 심화, 사회적 약자들의 퇴장, 강자의 승자독식 등은 한국에도 예외가 아니었으며, 오히려 중산층의 퇴조와 함께 빠르게 진행되었다. 이후 노무현 정권의 개혁적 정치는 국민에게는 이념 과잉과 정치 과잉으로 비쳐졌고, 진보적 성향의 지지 세력을 제외하고는 대체로 민심의 이반을 가져왔다.

교조적인 시장자유논리에 대한 신봉은 사회적 강자들의 논리만 강화시킨다. 성장과 효율의 논리로 무장한 시장자유주의는 분배를 악화시키고, 분배 악화는 성장의 동력마저 고갈시키는 부메랑으로 돌아온다. 그렇다고 신자유주의적 세계화를 마냥 거스를 수도 없는 것이 한국이 처한 정치경제적 현실이다. 어떻게 대응하느냐의 문제이다. 그러나 분명한 것은 시장과 기업이 모든 것을 해결해줄 수 있다는 발상은 국가개입의 강화를 신봉하는 국가만능주의보다 훨씬 더 위험하다는 사실이다. 경쟁지상주의는 보수주의자들이 자신들의 기득권을 지키고자 하는 명분일 뿐이다. 어차피 경쟁을 피할 수 없는 구조가 우리가 처한 세계이고, 현실이다. 경쟁을 죄악시할 필요가 없다는 논리로 분배와 사회적 약자에 대한 배려가 소홀히 되어서는 안 된다. 성장과 분배는 역설적으로 동전의 양면이다. 이제는 분배 없는 성장은 상상할 수 없다. 물론 분배를 이유로 마냥 큰 정부와 복지예산의 맹목적 증가가

합리화될 수는 없다. 오히려 국가의 군림과 관료들의 밥그릇 챙기기에
힘을 보태는 오류를 범해서는 안 된다. 그러나 분명한 것은 사회적 안
전망의 구축은 시급하다는 것이다. 정책적 철학이 필요하다.

분배를 중시하는 진보나 성장과 경쟁을 신봉하는 보수의 양쪽의 이
념적 논쟁이 무익한 것은 아니겠으나, 이념적 대척이 수렴되는 지점을
발견하는 노력이 중요하다. 이념이 정의가 아니라 국민들의 삶의 행복
이 정의이다. 17대 대선을 앞두고 삶의 철학에 근거한 진정한 진보와
보수의 논쟁을 기대하는 것은 연목구어(緣木求魚)인가?

세계화(globalization)

세계화는 지방들 상호 간의 사회적 관계가 세계적으로 확대 심화되어 어느 한 지
방에서 일어나는 일이 다른 지방에 영향을 주고, 국가 상호 간의 주권의 영역을 넘
어 상호 의존도가 깊어지고 서로 영향을 주고받는 현상으로 정의될 수 있다.

세계화의 정치적 특징은 초국적기업의 등장으로 인한 국가의 배타적 주권 개념과
대의제 민주주의의 변화이다. 인터넷 등 뉴미디어의 발달로 국민의 참여욕구의 증
대와 함께 직접민주주의적 요소인 참여민주주의의 도래 가능성을 앞당기고 있다.

세계화는 1990년의 독일의 통일과 동유럽 공산정권의 붕괴, 1991년 소련의 해체에
따른 탈냉전의 정치경제적 사건이 촉발시킨 측면이 강하다. 세계화는 냉전시대의
미국과 소련을 중심으로 했던 진영(陣營)논리가 아니라 국익(national interest)이
모든 가치에 우선하는 무한경쟁시대의 돌입을 의미하는 것이다. 이는 필연적으로
민주화 · 지방화 · 정보화 등과 깊은 연관을 갖게 된다.

세계화는 정치, 경제, 사회, 문화, 환경, 기술 등 여러 부문 중에서도 경제영역에서
국가의 개입보다는 시장원리의 존중, 성장과 효율성의 제고 등이 강조되는 개념이
다. 이는 과학기술의 발달로 인한 교통, 통신의 급속한 발전으로 가능하였으며 특
히 정보통신기술의 발달이 결정적인 역할을 하였다. 경제적 상호의존과 세계화의
심화는 오래전부터 진행되어 왔으나, 세계화의 심화는 1980년대 이후에 세계자본

주의 변화의 모습과 관련하여 특별한 관심을 갖게 되었다.

국제화(internationalization)가 단순히 교류에 초점을 맞추는 것이라면 세계화는 상호의존의 심화가 주된 개념이다. 한 지역에서의 정치경제적 · 정치사회적 변화가 다른 지역에 빠르고 깊게 영향을 주는 현상은 국제화로는 설명이 되지 않는다. 동아시아의 외환위기가 세계적으로 영향을 미치고, 중동의 혁명이 도미노처럼 퍼져나가는 것도 그 예라 할 수 있다. 물론 세계화 이전의 국제화시대도 이런 현상이 없는 것은 아니나, 1980년대 이후의 세계화는 훨씬 심각하게 영향을 미친다.

02 | 18대 총선과
세계화

- 2008. 4. 16

　　　　　우리는 세계화의 도전에 직면하여 사회통합형 구조
조정에 실패하고 있다. 기대한 만큼의 구조조정은 제대로 진행되지 못
했으며, 그 과정 중에 사회통합의 문제는 오히려 더 악화되었던 것으
로 보인다. 이러한 문제는 복합적인 진단과 처방을 필요로 하겠으나,
근원적인 것은 현재의 잘못된 정치제도에 있다고 볼 수 있다. 정당구
도, 선거제도, 권력구조 등의 정치제도는 정책의 수립 및 집행의 효율
성, 그리고 사회적 갈등의 조정과 해결능력을 포함한 민주주의 정부의
체제적 수행능력을 결정하는 중요한 구조적 원인이기 때문이다.

　　최근 치러진 18대 총선은 이러한 구조적 결함을 극명하게 보여 주었
다. 이번 선거의 투표율은 사상 최저인 46%를 기록했다. 투표율이 낮
다는 것은 국민들이 정치에 불신을 가지고 있다는 것을 의미한다. 정
치적 무관심을 단순히 현대 다원주의 사회의 특징 탓으로 돌릴 수는

없다. 이는 기성 정치권에 대한 무언의 경고이며, 기존 사회구조에 대한 비판으로 받아들여야 한다. 신문이나 방송 등의 전통적인 기성 매체에서가 아니라, 인터넷이나 그 밖의 미디어 등 뉴미디어의 수단을 통해 정보를 획득하고, 여론이 형성되어 가는 추세와 무관하지 않다. 특히 선거가 젊은 층의 투표율이 높으면 진보적 성향의 정치세력에 유리하고, 투표율이 낮으면 보수정파에게 유리하게 짜인 선거구도는 그만큼 젊은 계층의 사회비판적 시각을 반영하는 것으로 보아야 한다. 정치공학적으로 여야의 의석 분표가 국정 운영에 미치는 영향만을 분석하기보다, 선거의 내포적 함의에 유의해야 한다.

세계적으로 투표율이 낮아지는 추세이긴 하지만, 50%에도 못 미치는 투표율은 대의제 민주주의의 위기를 불러오기에 충분하다. 대체로 50% 안팎의 지지율로 당선된다고 볼 때 지역구에서 유권자의 25%에 해당하는 지지만을 받은 것이라고 볼 수 있다. 이러한 당선은 대표성에 문제를 가져오고, 민의의 왜곡을 초래할 개연성이 높다. 왜 이렇게 투표율이 저조한 것인가? 그 책임은 전적으로 정치권에 있다. 당내 권력투쟁으로 공천확정이 늦어지고, 원칙 없는 공천과 이른바 '친박연대'라는 해괴한 당명이 보여 주듯이 극단적인 정치의 희화화가 유권자들을 정치에서 멀어지게 만든 것이다. 실종된 정책대결, 부활한 듯한 지역할거주의는 낮은 투표율의 또 다른 원인이다.

이러한 정치공학적인 원인의 근저에는 근본적으로 한국정치가 해결해야 할 제도적 차원의 문제가 있다. 현재와 같은 단순다수대표제에 의한 소선거구하에서의 선거는 필연적으로 지역주의를 잉태할 수밖에 없고, 승자독식의 전부 아니면 전무(all or nothing)의 정치문화를 가져올 수밖에 없는 것이다. 줄서기 문화를 조장하고, 이념과 정책은 설

자리가 없게 된다. 지역주의가 실종된 정책적 논쟁의 빈 공간을 메울수밖에 없는 것이 오늘날 한국 정치의 현실이다. 이러한 정치제도로 세계화에 대처할 수 있다고 보는 것은 너무나 안일하며 순진한 발상이다. 사회통합을 효과적으로 수행해 내지 못하는 정치는 더 이상 존재할 가치가 없다. 과연 18대 국회는 통합을 이끌어낼 수 있는 것인가? 또다시 당내의 권력투쟁과 파벌다툼이 주된 업무이고, 정책수립과 갈등의 조정은 그저 장식품으로만 치부되는 그러한 구태를 되풀이 할 것인가?

국민은 이번 선거를 통해서 현재의 정치제도와 선거제도, 정당구도 등에 대한 문제를 개혁하라는 명령을 낮은 투표율로 엄중히 경고한 것이다. 또한 절묘한 의석분포로 타협과 협상의 선진정치문화를 요구하고 있다. 18대 총선의 국민의 표심은 타협과 협상이었다. 한나라당이 얻은 153석은 과반은 넘겼으나, 불안정한 과반으로서 전체 상임위에서 한나라당 자력으로 법안을 통과시킬 수 있는 168석에는 부족한 의석이다. 어느 정당도 독단으로 정책을 수립하거나 법안을 통과시킬 수 없는 의석분포이다. 17대 총선 때와 마찬가지로 여대야소 정국이 구성되었으나 야당의 협조를 얻지 않고는 국정을 원활히 유지해 나갈 수가 없는 형국이다. 현재의 정치제도를 개선해 나가는 데 있어서도 여야가 상생의 협조와 타협의 덕목을 발휘하지 않고서는 국민은 또 다른 선택을 강요할 것이다.

단순다수대표제

지역구 선거에서 한 표라도 많이 얻은 후보가 당선되는 제도이다. 이는 당선자를 결정하는 방식으로서, 소선거구나 중대선거구제와는 직접적인 관련이 없다. 그러나 단순다수대표제는 주로 소선거구와 결합하는 경우가 많다. 소선거구는 한 지역구에서 한 명의 당선자를 선출하는 제도이며, 중선거구는 2명, 대선거구는 3명 이상을 뽑는 제도이다. 대체로 소선거구와 단순다수대표제가 결합하면 사표(死票)가 발생할 가능성이 높다. 왜냐하면 단 한 표라도 많이 얻은 후보가 당선되는 제도이기 때문에 나머지 표는 정치적 의사가 반영되지 않은 '죽은 표'가 되는 것이다. 이의 보완책으로는 결선투표제를 생각할 수 있다. 우리나라에서는 결선투표제를 채택하고 있지 않으나, 후보를 뽑는 경선에서는 정당의 사정에 따라 채택하는 경우도 있다.

소선거구제가 돈이 많이 든다고 해서, 중대선거구로의 제도 개선이 논의되기도 하나, 중대선거구는 돈이 더 많이 들 수도 있다. 소선거구제가 돈이 더 많이 든다는 논거는 중대선거구에 비해 상대적으로 지역이 좁기 때문에 돈으로 후보자를 매수하거나, 직접 후보가 유권자를 접촉할 수 있는 가능성이 높아짐으로써 그만큼 돈이 더 든다는 것이다. 그러나 중대선거구라고 해서 그러한 노력을 포기한다는 것이 전제되기 어렵기 때문에, 단순히 선거제도만을 바꿔서는 '돈 안 드는 선거'를 정착시키기 어렵다.

돈이 안 드는 선거를 위해서 우리나라는 '선거공영제'를 채택하고 있다. 국가가 일정 부분 선거에 드는 비용을 보전해주는 것이다. 예를 들어 벽보와 공보물 등 기본적인 홍보물 비용을 국가가 지원한다. 그리고 일정한 득표를 하지 못할 경우 국가에 반환하는 제도이다. 이는 후보의 난립을 막기 위한 제도이다.

03 | 베이징 올림픽과 중화주의

- 2008. 5. 22

　　최근 베이징 올림픽 성화 봉송 과정에서 발생한 중국 유학생들의 폭력시위 사태는 중국이 진정 선진화된 사회로 갈 수 있는 가에 대한 회의를 느끼기에 충분한 사태였다. 중국은 이미 강대국이다. 핵을 보유하고 있고, 13억이 넘는 인구에 광활한 영토를 가진 대국이다. 게다가 GDP 규모로는 머지않은 기간 내에 미국을 능가할 것이라는 전망이 힘을 얻고 있다. 1980년대 덩샤오핑(鄧小平)의 실용주의와 시장경제 도입으로 중국은 매년 7% 이상의 경제성장률을 보이면서 세계의 자원을 빨아들이는 블랙홀의 무서운 저력을 보여 주고 있다. 중국은 올여름 열리는 올림픽을 통하여 서방세계에 중국의 힘과 저력을 보여 주고, 명실상부한 강대국으로 등극하려는 야심찬 계획을 가지고 있다.

　　중국은 '혁명의 나라'이다. 1920년대 국공합작 이래 국민혁명과 공산혁명, 문화대혁명 등 혁명을 통하여 끊임없이 대륙과 주변 소수민족들을 통합해왔다. 그리고 정치군사적인 대국뿐만 아니라 경제대국으로 발돋움하고 있는 것이다. 이제 중국은 혁명이 빠져 나간 공간을 민족주의와 애국주의로 대체해 나가려는 것 같다. 이의 저변에는 '중화'라는 허구의 이데올로기가 도사리고 있다. '중화'가 주변과의 공생이 아닌 자신의 이익만을 챙기는 무기로 전락하고 있는 것이다. 그러나 강대국이 자동적으로 선진국에의 진입을 보장하는 것은 아니다. 티베트의 독립요구를 무력으로 진압한 것이 중국으로서는 통일을 유지하기 위한 불가피한 면이 있다 할지라도 대처과정에서 보여 준 중국의 태도는 그들이 말하는 성숙한 '중화'의 모습은 아니었다. 19세기와 20세기에 서구 제국주의 열강들이 중국과 아시아, 아프리카, 중남미 여러 나라를 식민지로 지배하고 자유와 인권, 민주주의를 내세우면서 그들의 국익만을 챙겨온 것은 전형적인 이기적 민족주의이자 편협한 국수주의 그 자체였다. 서구로부터 시달림을 받아온 중국으로서는 별것도 아닌 문제를 가지고 서방이 자신들의 이해를 위해 중국을 압박한다고 생각하는 것은 당연하다. 여전히 중국이나 서방이나 모두 자신들의 국익만을 위한 극단적이고 배타적인 민족주의를, 다른 이데올로기로 포장하고 있는 것임에 틀림없다.

그러나 21세기의 글로벌 시대에는 과거의 제국주의와 혁명의 시대에 통용되던 논리에 집착해서는 안 된다. 중국에 대한 서구의 견제가 강자와 서구의 논리라고 하는 사고는 지구촌의 상호의존이 점차 강화되고 개별국가의 배타적 주권의 의미를 재정립해야 하는 세계화시대에는 명백히 시대착오적일 수밖에 없다. 더 이상 중국이 후발국가들의 이익을 대변하는 제3세계 국가의 리더국가일 수 없으며, 중국 역시 서구와 마찬가지로 자국의 이익만이 최선의 정의라고 생각하는 강대국의 하나일 뿐이다. 서구의 제국주의적 논리가 비판받아야 하듯이 중국의 오만함과 일방통행적인 행동양식은 견제되어야 마땅하다. 최근 서울의 한복판에서 벌어진 중국인들의 시위는 한국이라는 '소국'은 안중에도 없다는 인식의 전형적인 모습과 다르지 않다.

중국이 올림픽을 통하여 국가브랜드를 높이고 이를 통하여 국격을 업그레이드시키기를 원한다면 현재의 소아병적이고 이기적인 중화주의의 미망에서 깨어나야 한다. 50여 소수민족과 지구촌과 함께 번영하는 공존의 논리를 깨달아야 한다. 이웃을 배려하고 글로벌 기준에 맞는 인권과 자유, 민주주의의 가치를 추구해 나가는 것이 21세기 선진국이 지녀야 할 국격이다. 그러나 현재 중국은 이러한 모습과는 너무나 거리가 멀다. 진정으로 세계를 이끄는 중국이 되고자 한다면 다양성과 인권을 존중하고, 인간의 가치에 대해 성찰할 줄 아는 어른스러운 모습을 갖춰 나가야 한다. 탈북자 강제송환과 동북공정 등 한·중 간의 불편한 현안 등도 중국이 인격과 자유를 존중하는 가치를 보여 줄 때, 원만한 해결방안과 함께 바람직한 한·중관계로 발전되어 나갈 수 있을 것이다. 성화 봉송 과정에서 발생한 불법시위에 대한 중국 당국의 태도는 여전히 그런 기대를 갖게 하기엔 거리가 멀다. 선진국과 리더 격 국가로의 부상은 단순한 경제적 가치와 인구·영토 등의 물리적인 조건으로만 될 수 없다는 것을 중국은 역사에서 배워야 한다.

베이징 올림픽

2008년 8월 8일부터 24일까지 중국 베이징에서 열린 29번째 하계올림픽이다. 중국은 금메달의 수에서, 미국의 36개를 넘어서는 51개를 획득하여, 각국별 금메달 획득 수에서 처음으로 1위가 되었고, 24일에 무사히 폐막하였다. 한편으로는 개회식의 과도한 연출과 엄격한 경비태세 등이 논란을 불렀고, 또한 기자 폭행을 포함한 미디어 규제, 데모에 대한 과잉규제, 인권활동가의 구속, 티베트와 신장에서의 탄압 등이 문제되었다.

베이징 올림픽 성화 봉송

중국의 티베트 등 소수민족에 대한 인권탄압에 항의하는 우리나라 시민단체 회원들과 이를 저지하는 중국 유학생들의 충돌 사건이다. 중국의 탈북자 강제 북송을 규탄하는 탈북자들과 '티베트 자유'라고 쓴 미국과 캐나다인들이 중국의 유학생들에게 봉변을 당하고, 이를 취재하던 언론사 기자도 부상을 당하는 등 중국 유학생들의 과잉 시위로 성화 봉송이 불미스러운 충돌로 얼룩진 사건이다. G-2로 부상한 중국의 국력을 과장되게 세계에 선보인 올림픽과 마찬가지로 중국인들의 교만한 중화주의가 비판의 대상이 되기도 하였다.

중화주의(Sinocentrism)

중국이 세계의 중심이라는 사상으로 한국, 일본 등 유교문화권 국가에 영향을 주었다. 특히 중국의 달라진 국가 위상을 배경으로 새로운 중화주의와 패권주의가 대두되었다. 이를 신중화주의(Neo-sinocentrism)이라고 한다.

04 글로벌 금융위기와 한국정치

· 2008. 11. 5

　　미국발 금융위기의 쓰나미가 유럽을 거쳐 아시아, 남미 등 전 세계를 덮치고 있다. 우리나라도 예외가 아니며, 어느 나라보다도 세계적 금융위기에 취약한 모습을 보여 주고 있다. 경제의 펀더멘털(fundamental, 기초)이 튼튼하다고 하면서도 왜 이다지도 맥을 추지 못하는 것일까? 물론 취약한 경제구조 자체에 일차적 원인이 있겠지만, 경제 외적인 곳에서도 이유를 찾아내고 바른 처방으로 시장의 분위기를 반전(反轉)시켜야 한다.

　　우선 대통령의 리더십을 들 수 있다. 대통령이 라디오 방송을 통해서 대국민 호소를 하고, 국회 시정 연설을 통해 희망과 확신을 심어 주려고 무진 애를 쓰는데도 시장은 비웃기라도 하듯이 당일 주식 폭락과 환율 폭등을 기록했다. 이는 대통령의 언어가 시장과 국민에게 먹히지 않는다는 반증이다. 대통령이 국민에게 신뢰를 주고 있지 못하다는 애기이다. 대통령의 말이 미래에 대해 장밋빛 환상, 즉 "이 위기를 넘기면 국가 간 순위가 바뀐다"든지, "외환위기는 없다"와 같은 발언은 국민들에게 공허감마저 주고 있는 것이 현실이다. 대통령이 언급한 대로 되지 않고 있으니, 당연히 국민들은 국정의 최고책임자에게 신뢰를 갖고 있지 못하는 것이다. 대통령의 말은 신중해야 한다. 당장 국민을 안심시키는 것도 중요하지만, 있는 실상을 그대로 알려주고, 고통 분담에 동참할 것을 진솔한 언어로 전달할 때 국민들은 감동받을 수 있으며, 신뢰를 갖게 되는 것이다. 게다가 한술 더 떠 "10년 전의 외환위기 때와는 다르다"고 했다가, 며칠 후에는 "10년 전의 위기보다 더 위험할 수 있다"는 등 말을 번복하면 국민들은 어느 장단에 맞추어야 한단 말인가. 안심과 희망을 주는 것과 장밋빛 환상을 얘기하는 것은 다른 문제이며, 실상을 알리는 것과 국민들에게 불안과 공포를 조성하는 것 또한 별개의 사안이라는 것을 왜 모르는가.

둘째, 현재의 경제팀에 대한 불신도 위기를 깊게 만드는 주범이다. 야당은 물론 여권 내부에서조차도 교체를 원하는데 왜 이렇게 오기와 고집을 피우는지 알다가도 모를 일이다. 전쟁 중에는 장수를 바꾸지 않는다는 말은 일반적으로는 맞는 말이다. 그러나 심각할 정도로 계속 전투에 패하면 장수를 교체해야 한다. 청문회 일정을 감안한 야당의 정치공세와 일주일 이상, 경제팀의 수장을 공석으로 둘 수 없다는 청와대의 고충을 이해 못하는 바가 아니다. 또한 대통령과 호흡을 맞출 인물을 쉽게 구하기 어려울 것이란 것도 짐작할 수 있다. 그러나 문제는 시장이 현 경제팀 수장의 리더십에 신뢰를 주지 못하고, 경제팀 내부의 불협화음을 조정하고 합의를 도출해내는 능력에도 회의를 가지고 있기 때문에, 시장이 더 민감하게 반응하는 것이다.

셋째, 정치권의 방관도 경제위기의 심화에 한몫을 하고 있다. 국정 감사 기간 동안 보여 주었던 여야의 정쟁은 국민들에게 국감(國監)무 용론을 넘어 국회무용론까지 생각하게 하기에 충분하다. 여전한 지역 주의와 정파적 이해만을 내세우는 한국의 정당구도는 경제위기 돌파 에 아무런 도움을 주지 못하고 있다. 그러한 경제위기를 헤쳐 나가는 것도, 어떠한 전략과 어느 시기에 결단을 내리고, 어떤 정책수단을 선 택하느냐의 문제도 결국은 정치영역의 몫임을 감안할 때 정치가 국민 에게 신뢰를 주지 못하고, 실질적으로 아무런 역할을 하지 못하는 것 이 경제위기를 더 깊게 만드는 주범이다.

10년 전의 환란(換亂) 때 정치개혁을 할 좋은 기회를 놓치고 말았던 적이 있었다. 당시는 경제나 정치, 모두 개혁하기에 적절한 환경과 구 조가 형성되었음에도 불구하고 이를 모두 놓쳐 버렸다. 궁극적으로 이 번 경제위기를 극복하기 위해서는 정치개혁과 정치판의 새판을 짜는 국민적 합의가 필요하다. 국회에 헌법을 개정하기 위한 모임도 있다. 새로운 정치개혁과 쇄신을 위해 정치권과 사회가 나서야 한다. 정치가 국민에게 신뢰를 주고 리더십을 보여 줄 때 위기의 극복도 가능한 것이 다. 금융위기는 궁극적으로 정치위기임을 잊어서는 안 된다.

미국발 금융위기

2008년 가을에 미국의 월가(Wall Street)의 리먼 브라더스라는 저축은행의 부도가 세계적으로 경제위기를 가져온 사태를 의미한다. 이는 월가의 파생상품이 빚은 위 기로서 월가의 도덕적 해이(moral hazard)가 비난의 대상이 되었다. 우리나라도 세 계 금융위기의 여파로 주택가격과 주가가 곤두박질하고, 달러환율이 급등하는 등 1998년의 IMF가 재현되는 것이 아닌가 하는 불안과 공포가 엄습했다. 글로벌 경제 체제의 구조적인 요인과 미국의 서브프라임모기지 사태가 원인이다.

05 | 투자자 국가소송제(ISD)와 정치

- 2011. 11. 15

한 · 미 자유무역협정(FTA)이 미 의회에서 비준되고, 한국에서의 비준 절차만 남겨놓고 있다. 마지막 관문이 ISD(Investor State Dispute)이다. 투자자 국가소송제는 외국 기업이나, 투자자가 협정 대상국의 국가기관을 상대로 국제중재기구에 손해배상을 청구할 수 있도록 하는 분쟁 해결 절차다. 이에 대한 찬성과 반대쪽의 논리는 극명하게 갈린다. 국민들은 어느 쪽 논리가 맞는지 도대체 알 수가 없다. 신문도 보수지와 진보 성향에 따라 찬반이 분명하게 나뉜다.

찬성 쪽의 견해는 ISD가 국제협정에서 보편적으로 받아들여지는 제도로서 우리나라가 맺은 협정의 거의 대부분이 ISD를 맺고 있다는 점을 부각시킨다. 또한 이 제도는 국제적으로 표준화된 제도라는 점도 강조한다. 그리고 ISD의 남용 가능성은 대단히 낮고, 한국 기업도 미국 정책을 문제 삼을 수 있는 국제법상의 통상적 제도라고 설명한다.

ISD를 반대하는 논리는 분쟁해결기구의 관심은 정부 정책이 투자자에게 준 피해에만 초점을 맞출 뿐, 해당 정책이 공익에 필요한 것인가에 대해서는 관심을 기울이지 않는다는 것과 작년도 법무부가 펴낸 『한국의 투자협정 해설서』에 적시된 조항이다. 즉, 한·미 협정의 투자 관련 조항이 특수한 '미국식 모델'을 반영한 것이며, 우리나라가 맺은 투자협정과는 성격이 다르다는 점을 적시해놓았다는 것이다. 그러나 법무부의 공식 입장은 법무부가 발간한 책자는 ISD의 위험성을 경고한 것이 아니라, 불필요한 소송을 예방하는 차원에서 공무원 교육용으로 만들었다는 것이다. 또한 문제가 되고 있는 간접수용에 대해서도 행정절차가 투명하면 배상 가능성은 극히 희박하다는 입장과 국제중재재판은 제소국과 피제소국, 제3국의 3명이 재판부를 구성하기 때문에 공정성을 의심할 만한 제도가 아니라는 것이다.

그런가 하면 아예 한·미 자유무역협정 자체가 불필요하다는 의견도 만만치 않다. 장하준 케임브리지 대학 교수는 방송사와의 인터뷰에서 "유럽연합이 됐든, 미국이 됐든 우리보다 경제규모 수준이 높은 나라와 자유무역협정을 맺게 되면 장기적으로 우리나라가 손해"라고 지적하며, 체결 자체에 대한 반대 입장을 밝히기도 했다. 자동차나 조선, 전자 등 세계적인 수준에 있는 산업에는 어느 정도 효과가 있겠지만, 우리보다 2배 정도 되는 수준에 달한 나라들하고 자유무역을 하면, 첨단산업들은 개발을 못하게 된다는 입장이다. 그리고 현대자동차나 삼성전자와 같은 대기업이 1960~1970년대에 자유무역협정을 맺었으면 개발이 가능했겠느냐고 지적하고 있다.

한·미 자유무역협정은 노무현 정권 때 체결하고, 벌써 4년이 지났다. 게다가 이명박 대통령의 방미 때 미 의회의 비준을 얻어냈으니, 우리나라도 비준 절차를 마침으로써 내년 1월 1일부터 효력을 발생시켜야 한다는 것이 정부논리다. 또한 노무현 정권 때 체결된 협정을 현재의 야당이 반대하는 것은 자가당착적이라는 것도 정부여권의 중요한 논리로 등장하고 있다. 그러나 노무현 정권 때 체결된 것이라고 해서 지금 반대하면 안 된다는 논리는 설득력이 없다. 자유무역협정의 ISD 조항에 대해서 여권과 입장이 첨예하게 대립하고 있고, 국민들도 찬반이 극명하게 갈리고 있는 상황이다. 이러한 상황에서 한 · 미 자유무역협정을 이렇게 밀어붙여야 하는지에 대해서 냉철하고, 엄중한 성찰을 필요로 한다. 산업별로 명암이 교차하고, 희비가 엇갈리는 등 이 문제는 그야말로 국가백년지대계이다. 조금도 서두를 이유가 없다. 미국도 자동차 협상이 자국에 불리하다고 해서 우리와 재협상을 했고, 대통령은 물론 미 의회가 한 · 미 FTA에 대해 분명한 반대의 의견을 표시했다. 재협상 이후 미국의 협정 비준을 왜 그렇게 서두르는가를 생각하면, 그 반대논리로 어느 정도 해답을 얻을 수 있다. 게다가 국민들의 찬반 논의 등이 아직 충분히 이루어졌다고 보기도 어렵다. 그저 막연하게 '우리나라는 수출로 먹고살아야 하니까, 시장을 개방해야 한다'는 논리와 그 반대로 '자유무역협정은 가진 자나 대기업에만 유리하다'는 단순한 반대 논리 등의 초보적 수준의 지식만이 주종을 이루고 있는 것이 현실이다.

게다가 사안에 대한 정확한 사실 관계는 실종되고, 경제 논리가 정치와 이념 지향으로 탈바꿈되는 접점이 한 · 미 자유무역협정에 관한 찬반 논쟁이 되었다. 더욱이 청와대 정무수석이라는 사람이 여당 의원들에게 강행처리를 압박하는 듯한 서한을 보낸 것은 정치적 조율을 해야 할 위치에 있는 사람의 정무적 무개념과 정치적 무감각을 그대로 노출한 것이다. 이 사안은 다수결로 결정해야 할 사안이 아니다. 밀어붙이기로 처리할 사안은 더욱더 아니다. 여권 일각의 주장처럼 야당의 반대가 야권통합이란 정치적 변수 때문에 더욱 거세고, 정치논리에 의해 좌우되는 면이 있다 해도 합의를 이끌어내야 한다. 정책과 정치는 연계되어 있는 것이기 때문이다. 호주도 2004년 자유무역협정 때 ISD를 적용하지 않은 예가 있다. 또한 미국처럼 협정을 자국의 이익으로 파기한 적이 많은 나라도 드물다. 한·미 자유무역협정은 아무리 심사숙고해도 지나치지 않다.

163

06 | 오바마와 한국

- 2008. 11. 17

금융위기가 시작되고 난 이후 불과 한 달 남짓, 11월 4일 미국의 새 대통령 당선자가 정해졌다. 불과 40년 전에 미국의 흑인 지도자가 암살당했던 것을 돌이켜보면 흑인 대통령의 탄생은 격세지감(隔世之感)이요, 그 자체가 거대한 드라마다. 지난 부시 정권에 대한 실망과 새로운 미국에 대한 갈망이 오바마 승리의 원동력임에는 틀림없으나, 인종을 뛰어넘는 미국의 선택은 위대하다는 평가를 들어도 조금도 손색이 없다. 젊은 지도자, 미국사회의 주류가 아닌 흑인 대통령에게 글로벌 금융위기를 해소해줄 해결사로서의 역할을 기대하는 것은 그래서 하나도 이상할 게 없다. 미국 대통령선거의 승리자에게 보내는 세계 각국의 찬사는 일정 기간 당연한 것이고, 역대 미 대통령 선거 사상 늘 그래왔건만, 특히 이번 미국 대선의 승리자에게 보내는 세계적 찬사는 보다 각별할 수밖에 없다. 그러나 조금 냉정해질 필요가 있다.

우리나라의 경우를 보자. 여야 할 것 없이 '오바마 현상'이 주체할
수 없을 정도로 나타나고 있다. 오바마를 '미국의 386'이라고 하지를
않나, 이명박 대통령과 오바마를 대비시키고, 젊은 의원들이 서로 앞
다퉈 오바마와 이미지를 동일시하려고 하는 등 한국정치의 '참을 수
없는 가벼움'이 유감없이(?) 드러나고 있다. 그러나 오바마는 미국의
국익(national interest)에 철저할 뿐인, 미국의 대통령 당선자일 뿐
이다. 오바마는 이명박 대통령이 보수우파적 성향임에 반하여, 분명
진보적 성향의 정책을 선호할 진보적 정치인이다. 어쩌면 우리나라
로서는 부시에 비하여 더욱 위기가 다가올 수도 있다는 것을 잊어서
는 안 된다. 물론 위기가 기회라고는 하지만, 현재의 상황이 그다지 녹
록하지 않은 것만은 분명하다. 오히려 듬직한 행보와 발언을 비교하
지 않는다면 오바마 정권은 노무현 정권과 더 궁합이 맞을 수도 있다.
북핵문제도 그렇고, 햇볕정책에 대한 입장, 증세와 평등, 복지, 국가
의 규제 등의 면에서도 이명박 정부와는 오버랩되는 부분이 그렇게 많
지 않다는 사실을 인정해야 한다. 부시와 이명박 대통령이 찰떡궁합으
로 서로 소통되는 부분이 많게 느껴졌으나, 이제 두 정상 간의 관계는
한 · 미 관계에서 유의미하지 않다.

당장 미국의 제조업을 살리기 위해서 발 벗고 나선 오바마는 한 · 미
FTA의 자동차 부문에 대해 제동을 걸고 나오리라는 것을 어렵지 않게
예상할 수 있다. 또한 현 정부와 대북문제를 바라보는 시각에서도 온
도차가 느껴지고 있기 때문에, 보다 전략적으로 북핵문제나 대북문제
에 접근할 필요가 있다. 국내적으로도 금융위기가 해소될 조짐은 보이
지 않고, 금융위기가 실물경제위기로 옮겨가고 있는 시기이다. 아직도

우리를 옥죄어 오고 있는 위기의 징후들을 심각하게 느끼지 못하고, 그저 피상적으로만 바라보고 있는 이 땅의 정치인들이나 관료들은 오바마의 당선에서 기회보다는 위기임을 인식하는 것이 우선 필요하다. 위기임을 인식할 때 우리에게 새로운 기회가 찾아올 수 있는 것이다. 한가로이 오바마의 이미지를 감정이입시키려는 치기(稚氣) 어린 발상은 버려야 한다. 오바마의 진보적 성향을 확대해석해서 진보의 시대가 왔다고 보는 것도 미국을 너무 모르는 소치의 소산일 것이고, 오바마가 금융위기를 빠른 시일에 해소할 수 있다고 보는 것도 너무나 안일하게 사태를 보고 있는 것에 다름 아닐 것이다. 오바마의 미국은 한국에게 기회이지만 위기로 다가올 수 있다는 엄연한 현실을 외면해선 안 된다.

이명박 정부가 출범하고, 내각인사와 쇠고기 파동으로 어려움을 겪은 현실을 냉정하게 되돌아봐야 한다. 소통의 문제가 제기되고, 실용을 앞세운 정치철학의 부재는 이 정권 내내 정권의 발목을 잡을 것으로 보인다. 소통의 부재는 신뢰의 위기를 가져올 수밖에 없다. 정치를 복원하고, 어설픈 실용이 행여 공동체의 새로운 가치를 경시하는 쪽으로 오도되어서는 안 된다. 금융위기는 여전히 진행 중에 있고, 양극화는 빠른 속도로 확대되고 있다. 그것이 새 흑인 대통령의 탄생이 우리에게 주는 엄중한 메시지임을 잊어서는 안 될 것이다. 한·미 동맹의 중요함을 인식하기 이전에 국내 상황의 엄혹한 현실을 직시해야 한다. 복지에 대한 수요는 증대되고 있고, 당장 청년실업과 비정규직 문제가 발등의 불로 대두되고 있다. 갈등의 조정을 본령으로 하는 정치는 제 구실을 하지 못하고 있다. 우리 사회에 엄습하고 있는 여러 위기의 징후들을 제대로 포착하지 못하면 우리는 그저 외형적인 성과에 만족하고, 진정한 발전을 기약하기 어려울 것이다. 오바마의 당선에 필요 이상의 의미를 부여하는 것은 바로 우리 사회의 미성숙을 상징적으로 보여 준다. 미국의 새 흑인 대통령의 탄생이 우리에게 주는 엄중한 메시지이다.

07 | 금융위기 1년과 사회적 원심력

- 2009. 9. 16

작년 글로벌 금융위기를 촉발한 미국의 투자금융회사 리먼 브라더스가 파산한 지 1년이 지났다. 세계금융의 본산인 미국의 금융위기는 전 세계로 퍼져나갔고, 100년에 한 번 올까 말까 하는 미증유의 금융위기를 불러왔다. 금융경색은 곧바로 세계적인 경제침체를 가져왔고, 우리나라도 예외는 아니어서 주택가격이 떨어지고, 주가가 하락하는 등 11년 전의 IMF보다 더 심각한 경제위기가 올 것이라는 전망에 아무도 이의를 달지 않았다. 게다가 그러한 위기가 언제 극복될지 알 수 없다는 비관론이 확산되었다. 그러나 1년이 지난 지금 세계경제침체는 점점 회복의 양상을 보이고 있고, 한국은 어느 국가보다도 빠른 속도로 경제침체를 벗어나고 있고, 금융위기는 이미 벗어나 안정권에 들어서 있다는 평가가 힘을 얻고 있다. 이는 미국, 중국 등 세계 각국과 통화교환협정을 맺고, 세계 각국의 위기극복을 위한 공조가 주류경제학의 논리대로 나름의 효력을 발휘한 것으로 볼 수 있다. 금융회사와 각 기업들도 효율적이고 적절한 구조조정에 동참하고 한국정부도 과감한 재정지출과 정책을 폄으로써 이 위기를 벗어나고 있다는 사실에 동의한다. 이는 참으로 다행한 일이고, 한국의 펀더멘털 (fundamental)이 건실하다는 사실을 보여준 것이라는 평가에 인색할 필요는 없다. 세계적 금융위기 속에서 한국민이 보여준 저력이나, 적절한 정책수단의 동원은 한국이 선진국에 진입할 수 있는 낙관과 희망을 보여 주었다. 이러한 경제위기 극복에 힘입어 한때 10%대로 추락했던 이명박 정부의 국정운영지지도는 요즘 40%대에 육박하고 있다고 한다. 물론 최근의 정부의 중도실용정책이나 서민 위주 정책이 국민들에게 긍정적으로 받아들여지고 있고, 북한과의 관계도 긴장국면을 벗어나 유화상태를 회복했던 탓도 있을 것이다.

여기서 우리가 경계해야 할 것은 뚜렷한 경기회복세를 부인하지 않더라도, 지나치게 낙관론을 펴는 정부나 주류언론의 논조이다. 그러나 출구전략을 논하기에는 시기상조이다. 섣불리 낙관론에 매몰되어서는 안 된다. 아직도 서민들의 경기체감지수는 얼어붙어 있다는 게 시중이나 재래시장의 공통된 생각이다. 마치 모든 국민들에게 경기회복의 혜택이 모두 주어지는 것처럼 정책적 오류의 근거를 제공할 수도 있고, 복지나 서민정책에 소요되는 예산의 감소를 가져와도 된다는 착각을 불러올 수도 있다.

우리나라가 GDP 규모나 특정 기술에서 세계적인 수준에 있는 분야가 있지만 우리는 아직 사회의 각 분야에서 선진국이라고 하기엔 거리가 먼 후진적인 요소를 잔뜩 안고 있다. 전통적인 근대화 이론에서 얘기하는 전통 부문과 근대 부문의 이원화된 구조는 여전히 우리가 풀어야 할 숙제다. 확산이론과 낙수효과의 적용을 논하기에 우리는 이중적 구조를 가지고 있다. 사회 상류층의 수준은 선진국 수준일지 몰라도, 계층 간의 분배구조는 더욱 악화되고 있다. 바로 그것이 사회통합이 강조되고, 사회안전망 구축이 강조되는 이유일 것이다. 바로 이러한 부정적 요인들이 호도되면 사회의 진정한 문제가 베일에 가려지고, 실적 위주나 외형 위주의 정책적 오류가 빚어질 수 있다.

우리 사회는 여전히 이념적 갈등이나 노사 간의 대립 등이 불안의 불씨로 남아 있는 나라이다. 최근에 세계경제포럼(WEF)이 발표한 국가경쟁력도 전년에 비해 6단계나 떨어진 19위를 기록했다는 사실을 상기해야 한다.

이른바 보수정권이라는 이명박 정부는 현재의 한국의 상황을 호도하는 경향이 있다. 눈에 보이는 지표의 중요성을 과소평가해서도 안 되지만, 외형적·가시적 지표가 과대평가되어서도 안 된다. 현실의 내용을 정확히 반영하는 지표를 개발할 필요가 있다. 마치 선진국이 된 것인 양 과대하게 선전하는 것은 현실을 호도하여 사회의 사각지대에 무겁게 드리우고 있는 어둠의 잔영을 간과할 수 있다. 대기업 위주의 산업구조는 성장의 과실이 특정 계층으로 치우치게 할 수 있고, 성장과 고용의 선순환을 저해할 수 있다. 분배가 성장을 촉진한다는 새로운 인식의 전환이 요구되는 상황에서, 기득권에만 집착한다면 사회의 구심적 요인보다는 원심력이 작용할 수 있는 토양을 제공하게 된다. 이는 궁극적으로 대다수 국민대중의 삶의 질을 떨어뜨리게 된다. 승자독식과 패자부활이 소멸된 사회, 돈이 가치의 전부를 차지하는 천박한 상업자본주의를 결과하게 된다. 현대판 상업자본주의의 또 다른 표현인 탐욕스러운 금융자본주의와 이른바 엘리트들의 가치의 독식은 사회를 멍들게 하고, 젊은이들을 좌절과 실의에 빠지게 한다. 언제까지 젊은이들을 사회비판세력으로 방치할 것인가.

확산이론(diffusion theory)

1960~1970년대 사회과학의 주류(mainstream)를 형성했던 근대화이론의 주요 명제이다. 서구선진자본주의 국가의 발전이 세계적으로 확산되어 제2차 세계대전 이후에 독립한 아시아, 아프리카, 중남미 국가 등 제3세계 또는 개발도상국가, 저개발국가들도 선진화된 사회에 도달할 수 있다는 내용이다. 이는 냉전시대에 소련을 중심으로 한 사회주의적 발전이론과 서구를 중심으로 한 자본주의 발전이 경쟁할 때 서구식의 논리를 전파시킨 주요한 발전전략으로서 서구중심적 시각이다.

종속이론(dependency theory)

확산이론에 대응해서 1980년대 중남미를 중심으로 대두된 이론이다. 서구중심적 시각에 인식의 전환을 촉구한 이론으로서 제3세계의 성장과 발전은 진정한 발전이 아니고, 저발전을 심화시킨다는 이른바 '저발전의 발전(development of underdevelopment)'을 결과할 뿐이라는 의미를 담고 있다. 물론 종속이론은 여러 분파로 분화되었으나 기본적으로 반서구적 시각을 담고 있다. 우리나라도 1980년대 전두환 정권 때 지식인과 학생 운동권, 대학을 중심으로 사회과학계에 폭넓게 보급된 이론이다.

낙수효과(trickle down effect)

경제이론으로서 대기업이 성장하고, 사회의 부유층의 소득이 증대되면, 더 많은 투자가 이루어지고, GDP가 증가하여 중소기업과 저소득층에게도 혜택이 주어져서, 사회적 양극화와 빈부격차가 해소된다는 이론이다. 확산이론과 인식의 지평을 같이한다. 그러나 이는 분배와 복지, 사회적 형평성보다는 성장과 효율 위주의 신자유주의의 기초가 되는 이론이다.

GDP(Gross Domestic Product, 국내총생산)

국내에서 생산된 총생산을 의미한다. 이에는 국내에 거주하는 외국인이 창출한 부가가치도 포함된다. 주로 국가 간의 경제규모를 비교할 때 많이 인용되는 수치이다. 당연히 인구가 많을수록 유리하다. G-2에 등극한 중국은 경제성장의 빠른 속도와 함께 인구도 중요한 요인으로 작용했다. 우리나라는 현재 세계 15위이다. 11위를 기록한 적이 있으나, 브라질, 인도, 중국 등 이른바 브릭스(BRICs) 국가들의 추격에 추월당한 결과이다.

브릭스(BRICs)

Brazil(브라질), Russia(러시아), India(인도), China(중국)의 영문 머리글자를 따서 만든 말이다. 자원이 많고, 인구가 많은 국가들로서 새롭게 부상하는 신흥강대국들을 지칭한다.

08 | 아랍 재스민 혁명

• 2011. 3. 18

북아프리카와 중동 등 아랍권의 민주화 시위는 1987년 민주화의 모태가 됐던 광주 민주화항쟁을 연상시킨다. 작년 12월 튀니지에서 흥기(興期)한 이른바 재스민 혁명은 아직 진행 중이다. 알제리와 이집트, 리비아, 모로코 등 북아프리카와 중동의 아랍권의 이러한 혁명을 어떻게 설명해야 할까.

달도 차면 기우는 법이니까 당연히 그럴 수밖에 없는 필연이라는 역사적 통찰로만 치부하기에 아랍권의 독재 정권이 무너지는 역사가 주는 교훈은 훨씬 치명적이다. 제2차 세계대전 이후 민주화와 산업화를 성공적으로 수행한 한국은 이들 나라보다는 적어도 20여 년 앞선 셈이다. 이승만 정권과 박정희, 전두환으로 이어지는 권위주의 정권이 국민의 요구에 굴복하여, 이 땅의 민주화를 성취하는 데도 아랍의 경우처럼 40년에 가까운 인고(忍苦)의 나날들이 필요했다.

아랍권의 수십 년에 걸친 세습왕조를 무너뜨리고 있는 혁명은 뭐니 뭐니 해도 국민의 삶을 돌보지 않고, 생존을 짓밟는 정권의 오만함에서 비롯된 것이다. 리비아의 카다피는 지중해에서 물을 끌어들여 옥토를 만들겠다는 야심에서 대수로(大水路) 공사를 추진했으나, 외형적 치적에 치중한 대공사는 국민의 지지를 받지 못했다. 독재와 탄압으로 유지할 수밖에 없었던 세습정권과 일인지배의 정치를 개혁하고자 하는 국민의 목소리에 아랑곳하지 않고, 축재와 부패를 일삼았고, 배고픔과 빈부 격차와 실업에 생존권을 위협당하는 성난 민심이 폭발한 것이 현재 진행되고 있는 아랍의 변화와 혁명이다.

박정희 정권이 절대빈곤을 해결하며, 괄목할 경제성장의 성과를 보이고, 전두환 정권도 경제만은 후한 점수를 줄 수 있다고 하더라도, 사회의 부조리의 증가와 양극화의 심화는 저항적 지식인뿐만이 아니라, 이 땅의 장삼이사(張三李四)들마저 아스팔트로 나서게 하였다. 게다가 성장위주 정책의 필연적 결과로서 나타날 수밖에 없었던 재벌과 부패한 군부, 정치권들에 대한 분노가 기본권 보장의 정치개혁 요구와 맞물리면서, 민주화의 도도한 물결이 시민혁명의 성공으로 나타난 것이다. 이는 중동 등 아랍권도 예외가 아니다.

우리의 주변을 돌아보면 처해 있는 상황이 그렇게 녹록지만은 않다. 구제역의 후유증과 사상 유례가 없는 전세금의 상승, 서민들에겐 생존과 직결되는 월세로의 전환 움직임, 물가 급등과 청년실업 등은 빠르게 공동체의 해체를 부추기고 있다. 민주주의의 절차적 완수와 공고화(consolidation)되는 과정, 국내총생산의 규모가 세계 10위권이라는 자기도취에서 이제는 깨어날 때도 됐다.

우리 사회 내부에서 진행되고 있는 건강하지 못한 신드롬들은 얼마든지 많다. 자살률의 증가와 출산율의 저하 등은 우리 사회가 행복하게 삶을 영위하기 어렵다는 사회구성원들의 인식을 웅변으로 증명하고 있다. 그리고 아직도 우리는 1인당 GDP의 규모를 보면 갈 길이 멀다. 소득 2만 달러 시대에 복지와 평등에 대한 점증하는 요구를 억누를 수도 없다. 뭐니 뭐니 해도 상류층과 중산층, 서민들과의 삶의 격차는 점점 벌어지고 있다. 보다 정확하게 사회의 병리와 공동체의 모순에 대한 성찰과 진단이 있어야 한다. 내년엔 당장 총선거와 연말에 대선이 있다. 우리 사회가 직면하고 있는 의제는 결코 가벼운 것이 아니다. 토목 위주의 전시성 국책사업에 치중하는 정책방향과 성장에 치중하는 정책은 이제 조금 숨을 고르고, 주변을 돌아보는 철학적 성찰이 필요하다. 중동과 북아프리카가 주는 교훈은 우리에게도 유효하다.

재스민 혁명(Jasmine Revolution)

북아프리카의 튀니지 혁명을 일컫는 말이지만, 2010년에서 2011년까지 북아프리카와 중동에서 일어난 반정부 민주화 운동을 총칭해서 일컫는 말이다. 튀니지에서는 반정부 시위의 성공으로 1987년 이래 집권해온 벤 알리 대통령이 사퇴함으로써 독재 정권을 종식시켰다. 튀니지의 국화(國花)인 재스민에 비유하여 '재스민 혁명'이란 이름을 붙였다.

아랍의 봄(Arab Spring)

2010년 12월 이래 중동과 북아프리카의 아랍권에서 벌어진 반정부 민주화 시위들을 일컫는 말이다. 세습독재정권에 맞서 민주화와 경제개혁을 요구한 시위는 알제리, 바레인, 이집트, 이란, 요르단, 리비아, 튀니지, 예멘 등의 일부 지역에 연쇄적으로 번져 나갔다. 이라크, 쿠웨이트, 모리타니, 오만, 사우디아라비아, 소말리아,

수단, 시리아 등지에서도 규모가 크진 않지만, 예외 없이 반정부 시위가 발생하였다. 트위터나 뉴미디어 등의 SNS(Social Network Service)와 소셜미디어(Social Media)를 통한 의사소통과 연대가 연쇄적인 시위를 가능케 하였다. 튀니지와 이집트, 리비아 등지에서는 반정부 민주화 시위는 정권 교체로 이어졌다.

서울의 봄

'아랍의 봄'은 1980년 '서울의 봄'을 연상시킨다. 1979년 박정희 대통령이 김재규 당시 중앙정보부장에 의해 죽임을 당하고, 박정희 정권의 종식은 민주주의의 도래로 연결될 줄 알았다. 그것이 이른바 1980년의 '서울의 봄'이다. 그러나 전두환 등 신군부에 의한 1979년의 12·12하극상 쿠데타와 5·18광주민주화운동의 좌절로 '서울의 봄'은 민주화로 연결되지 못했다. 그리고 1987년의 민주화까지 7년의 세월이 필요했다.

대한민국을 말한다

4부 · 현상으로 본 한국사회의 자화상

01 | 교포학생의 반사회적 의식과 남겨진 과제

- 2007. 5. 1

　　버지니아 공대에서 교포학생이 벌인 살인극은 전 세계를 애도와 경악으로 몰고 갔다. 또한 한·미 양국에 엄청난 충격으로 다가왔다. 사회에서 소외됐다고 생각하는 편집형적인 정신분열증이 꽃다운 많은 학생들의 귀중한 생명을 앗아간 것이다. 그저 정신적으로 문제가 있는 한 개인이 저지른 일이라고 보기엔 사태가 너무 위중하다. 사건이 발생했을 당시 한·미 FTA와 비자면제협정에 영향을 주는 것이 아닌가 하는 다소 과민한 우려가 제기되기도 했으나 미국당국과 시민들은 이 문제를 국적이나 국가, 인종의 차원에서 접근하지 않고, 철저히 정신질환 환자의 개인행동이라는 데에 초점을 맞췄다. 그리고 총기 소지의 문제와 정신질환자 범죄에 사회적 논의가 집중된 양상이다. 역시 미국적인 성숙함이 보이는 대목이다. 그러나 시간이 지난 지금 우리는 여러 가지 시사하는 바를 발견할 수 있다.

미국언론이 사건을 개인차원에서 보도하고 있지만 일반국민들의 한국에 대한 나쁜 감정은 틀림없이 존재할 것이다. 백인이 일을 저질렀으면 '미친 놈'의 짓이지만 한국인이 저지르면 인종문제로 비화할 소지는 충분히 있는 것이다. 9·11테러 이후 공포와 불안이 미국사회를 지배해왔는데 이번에도 동양계에 의한 범죄라는 사실이 어떤 형태로든 교포사회와 유학생들에게 악영향을 끼칠 개연성은 너무나 많다. 이러한 일이 현실로 나타나면 한국 내에는 또 다른 형태의 반미감정이 나타날 수 있고 이것이 악순환이 된다면 한국과 미국은 국가적 차원이 아닌 국민적 차원에서 현명하게 대처해야 한다.

초등학교 때 이민 가서 영주권까지 취득하고 미국의 명문대인 버지니아 공대에 들어가서 나름대로 미국사회에서 건전한 시민으로 살아가는 데 큰 지장이 없는 젊은이가 왜 정신분열증이 되었는지에 대해서도 심각하게 생각해봐야 한다. 불특정 다수인에 대한 근거 없는 증오와 한이 그를 그렇게 만들었으며 동영상에 나타나 있는 독백에서 의식의 단면을 읽을 수 있다. 스스로 의식을 통제하지 못하고 자신의 어려움을 극복할 수 있는 성숙한 인식의 부재가 엄청난 참사를 불러온 장본인이다.

미국사회에서 아메리칸 드림을 성취하기란 말처럼 쉬운 일이 아니다. 미국이 개방된 사회라고 하지만 백인들 의식 속에 깊숙이 박혀 있는 백인우월주의와 인종적 차별을 극복하고 미국사회에서 자신의 꿈을 이루기 위해서는 부단한 자기연마가 필요하다. 물론 어느 사회나 공통되게 요구되는 것이기는 하지만 미국사회의 편견을 물리치고 사회의 주류로 등장하긴 그만큼 어려운 것이다.

그럼에도 많은 한국인 2세들이 미국사회에서 어려움을 딛고 주류로 등장하는 것을 우리는 목도할 수 있다. 그러나 이러한 문제를 개인의 노력의 여부나 능력 탓으로 환원해서 치부해 버리는 것은 교포문제를 해결하는 올바른 길이 아니다. 세계화 시대에는 더 많은 사람들이 해외로 나가서 국력의 외연을 확장할 필요가 있으며, 신자유주의에 걸맞게 개방된 사회에서 경쟁해야 하는 것이다. 관계당국은 국민들의 이민이나 해외 이주에 대해 그들이 현지에 가서 제대로 바로 설 수 있는 제도적 장치를 강구해 나가야 한다.

그리고 조기유학이나 맹목적인 해외유학에 대해서도 올바른 사회적 합의를 형성해 나가는 데 노력할 필요가 있다. 한국 입시제도의 문제점과 세계화의 복합적 작용으로 나타나는 외국, 특히 미국 편향적인 유학 등에 대해 사회 전체가 성찰할 때가 되었다. 영어 구사 능력이 권력화하는 사회경제적 분위기에 사는 한국은 사교육과 영어 능력 향상에 너무 많은 기회비용을 지불하고 있다. 물론 버지니아 공대 참사와 이러한 문제가 직접적 관련이 있는 것은 아니겠지만, 이를 계기로 유학 정책이나 지나치게 미국을 매뉴얼로 하는 듯한 경제, 교육, 문화 등 제반분야의 정책에 대해 객관적이고, 진지한 검토가 있어야 한다.

이번의 대참사에 미국 국민들에게 국가와 국민적 차원에서 애도를 보내되, 진의가 왜곡되지 않게 우리 국민의 진심을 전해야 할 것이다.

버지니아 공대 총기 난사 사건

미국 버지니아 주 블랙스버그(Blacksburg)에 위치한 버지니아 공대(Virginia Polytechnic Institute and State University, 약칭 Virginia Tech) 캠퍼스에서 2007년 4월 16일 오전 7시 15분에서 9시 45분 사이(미국 현지 시간, 잠정) 벌어진 총기 사고다. 교내 기숙사와 홀에서 두 차례에 걸쳐 발생했으며, 32명이 목숨을 잃었고, 29명이 부상을 당했다. 미국 역사상 최악의 총기 사고로 기록되고 있다.

범인은 재미 한국인 조승희 씨이고, 사건 당시 버지니아 공대 4학년이었으며. 사건 직후 자살했다. 그는 만 7세 때 이민 간 이민 1.5세대였다. 미국사회는 물론 한국사회에도 엄청난 충격을 안겼다. 그러나 이로 인해 한·미 관계에 특별한 변화는 없었던 사건이다.

02 | 한국사회의
노블레스 오블리주

- 2007. 5. 1

　　　　　　　　최근 구속된 재벌그룹 회장의 빗나간 자식사랑은 가
정의 달 5월에 많은 걸 생각하게 한다. 세상 모든 부모가 자식을 사랑
하는 마음은 같다고 하더라도 김 회장의 상식을 벗어난 행태는 사회적
으로 공분(公憤)을 일으키기에 충분하다. 그러나 단지 한 재벌회장의
행동을 탓하기에 앞서 이 사건은 우리에게 많은 것을 되돌아보게 한다.
　우선, 우리네 부모들의 자식에 대한 사랑과 훈육에 관한 문제다. 어
제오늘의 얘기는 아니지만, 공교육의 붕괴현장에 부모들의 책임은 없
는 것인지도 되돌아봐야 한다. 학교에서 약간의 체벌만 있어도 달려가
서 교사들에게 상식을 벗어난 정도로 항의하고 소란을 떠는 부모들이
늘어가고 있다. 사회적으로 명예나 부와 권력이 있는 이른바 사회지도
층 인사들일수록 자녀의 교육을 맡긴 학교를 경시하는 경향이 있다.
이는 단순히 부모 개개인의 문제가 아니다. 우리 사회에 만연해 있는

가족이기주의와 배타적 집단주의와 무관치 않다. 유달리 자식에 대한 교육열과 경쟁의식이 높은 것이 오늘의 한국을 일구는 데 긍정적 작용을 한 측면이 있는 것도 사실이지만, 이제는 이의 부작용에 대해 사회적으로 공론화를 이루어 나가야 할 때이다. 사회적인 부와 명예와 권력이 없어서이지 과연 이 사회의 필부필부(匹夫匹婦)들도 그렇지 않다고 자신 있게 대답할 수 있는지 묻지 않을 수 없다. 이제 우리는 사회적인 지위를 떠나 솔직하게 우리 자신에게 되물어야 한다.

그리고 우리 사회의 지도층의 의식의 문제이다. 새삼스럽게 거론하지 않더라도 영국의 상류층의 자제들이 다니는 명문 이튼스쿨 출신 중에서 제1차 세계대전과 제2차 세계대전 때 2천 명에 가까운 전사자가 나왔다는 것은 무엇을 의미하는가? 우리 사회의 자화상과는 너무나 많은 차이를 느끼게 하는 부분이다. 주지하다시피 우리는 대통령 선거의 네거티브 캠페인에는 거의 예외 없이 병역 관련 쟁점들이 빠지지 않고 등장하고 있다. 인구(人口)에 회자(膾炙)되는 노블레스 오블리주는 무엇을 의미하는가? 사회적으로 부와 명예와 권력이 많고 높고 셀수록 그에 상응하는 사회적 책무와 의무를 다하는 것을 의미한다. 따라서 일반국민들은 그들의 지위와 명예를 인정할 수 있고 그에 따른 사회적 차이에 대해서도 그 차이를 큰 거부감 없이 받아들인다. 우리는 민주화와 산업화를 성공적으로 성취했음에도 불구하고, 국가 주도의 산업화와 개발독재과정에서 불거졌던 특혜와 비리, 투기 등 사회적 부작용들이 국민들을 좌절시켰고 그 후유증은 능력의 차이와 노력의 대가로서의 타인의 성공을 인정하지 않는 왜곡된 평균주의를 가져온 것이다. 그러나 이러한 구조적인 문제보다는 사회지도층의 자성과 자기노력이 부족했던 탓이 가장 크다.

이번 재벌회장 아들 폭행사건을 우리 사회의 일그러진 자화상을 돌아보는 계기로 삼아야 하며, 사회지도층들은 스스로에 대해 보다 엄격하고 도덕적인 잣대를 적용하여 정치사회적·경제적 통합의 견인차가 되어야 한다. 선진국이 되기 위해 반드시 이뤄나가야 할 공동체는 그렇게 쉽게 다가오는 것이 아니다.

김승연 한화그룹 회장 폭행 사건

2007년 4월, 김승연 한화그룹 회장이 둘째아들이 폭행을 당한 데 격분해 그룹 경호원들을 동원해 보복성 폭행을 한 사건이다. 단순 폭행사건으로 보기에 사회적 파장이 컸다. 김 회장이 직접 그의 둘째아들과 술집에서 시비가 붙었던 사람들을 때렸고, 재벌 회장이 자신의 조직을 동원해 직접 보복을 했다는 점에서 한국사회의 이른바 지도층에 대한 도덕적 수준이 비판의 대상이 되었던 사건이다. 한국사회의 양극화 문제로까지 확대될 수 있는 미묘한 사안이란 점에서 언론과 국민의 관심이 집중되었던 사건이다.

또한 한국사회의 연고주의가 안고 있는 지나친 가족이기주의와 동전의 양면으로서의 배타주의 측면도 부각된 사건으로 볼 수 있다. 한편 한국의 재벌의 행태, 한국자본주의의 천박성 등 여러 가지 각도로 사회학적 분석이 시도될 수 있는 사건이었다.

한국사회에서 돈과 권력을 가진 계층의 사회적 의무감과 도덕적 책임이 도마 위에 올랐던 상징적인 사건이다. 이른바 노블레스 오블리주, 즉 사회적 지도층이 사회로부터 혜택받은 만큼 공동체에 봉사하고 헌신해야 한다는 지도층의 사회적 책무가 다시 한번 사회적 이슈로 떠오르게 한 사건이었다.

노블레스 오블리주(noblesse oblige)

사회적으로 지위를 가진 사람은 그에 걸맞게 도덕의식과 솔선수범하는 공공의식을 가져야 공동선(common good)의 향상에 이바지할 수 있다는 것이다. 원래 노블레스 오블리주는 프랑스어로서, 귀족들의 사회적 의무를 강조한다. 한국사회에서는 개발독재시대의 압축성장이 가져온 사회적 부조리의 응축으로 돈과 명예, 권력을 가진 상류층이 비도덕적이고, 반사회적인 인식으로, 권위를 인정받지 못하고 오히려 사회의 분열과 빈축을 가져오는 행태를 비판하면서 강조되는 용어이다. 서구의 경우 상류층의 자제가 전쟁에 자원한다든지, 사회적 헌신을 하는 경우가 많은데, 한국의 경우 인사청문회에서 자주 나타나듯이 세금탈루, 위장전입, 병역기피, 부동산투기 등이 이른바 인사청문회 후보들의 '필수과목'이라는 비아냥을 받을 정도로 일반화되어 있고, 이는 노블레스 오블리주와는 전혀 상반되는 행태들이다. 한국사회의 통합을 위해서도, 이른바 지도층이란 사람들의 역사의식과 사회적 문제의식, 공인의식 등이 제고되어야 한다.

03 | 허위학력 파문과 한국사회

• 2007. 9. 3

우리 사회에 허위학력 파문이 거세게 일고 있다. 동국대 신정아 교수, 단국대 김옥랑 교수로부터 불거지기 시작한 웃지 못할 비극의 가짜학력 시비는 방송인, 배우 등 나름대로는 공인이라고 자처하는 유명인들에게 파급되고 있다. 언론은 하루가 멀다 하고 기획탐사프로그램을 통해 진상을 파헤치는 열의(?)를 보였고, 세인들은 한심한 한국사회의 작태를 개탄하고 있다.

이 사태를 바라보는 시각은 서로 다를 수 있다. 우선 한국사회의 뿌리 깊은 학력중시 풍조를 비판하는 시각이 있다. 채용에 있어 능력보다는 출신배경이나 학벌, 지연 등이 깊게 작용하는 한국의 왜곡된 풍토를 질타하는 목소리이다. 한국의 학벌주의는 거슬러 올라가면 고려·조선조의 과거시험으로 인재를 발탁하는 제도로 거슬러 올라간다. 과거시험은 좋은 취지와 순기능에도 불구하고 사림(士林)을 낳았고, 이들이

나중엔 붕당(朋黨)을 만들어 파벌과 학벌 위주의 역기능적인 사회 시스템을 조성한 측면이 강하다. 그래서 다수의 여론은 학력을 속인 이들에 대해 그들의 허위의식을 비판하는 한편으로 학력 위주의 한국사회에 대한 반성에 더 무게를 싣는 분위기이다.

분명 학력 위주의 한국사회는 바뀌어야 하고, 학벌로 사람을 평가하는 고질적인 인식의 틀도 사라져야 한다. 그러나 한국사회의 비정상적이라고 할 수 있을 정도의 교육열과 높은 교육수준이 오늘의 한국의 번영과 성장을 가져온 측면도 간과할 수 없다. 조선의 과거제도가 학벌과 지연을 중시하는 폐단을 낳았지만 다른 관점에서 보면 능력 위주의 인재발탁으로 조선왕조를 유례없는 문치국가로 자리매김했다는 사실은 학벌과 능력본위라는 일견 상반되는 듯한 가치가 동전의 양면을 이루고 있는 것과 상통한다. 학력만이 평가의 모든 것이 되어서는 안되지만 학력이 정당하게 평가받는 것조차 백안시되어서는 안 된다.

두 번째 시각은 학력을 지나치게 숭상하는 사회의 분위기를 비판하는 한편, 학력을 속이거나 위조한 사람들에 대한 비난이다. 첫 번째의 관점은 학력을 속인 사실이 드러나 사회적으로 어려움에 처한 사람들이 학벌 위주의 한국사회의 희생양인 것처럼 동정하는 시각을 부정하지 않으나, 두 번째 관점은 이들이 정직하지 못하고 학벌을 출세의 발판으로 삼아 버젓이 행세한 것에 대한 위선적 행태를 고발하고 있다. 두 시각은 다 이유 있는 비판이다.

허위학력문제는 사교육과 조기유학의 문제점과 맞닿아 있으며, 전반적인 사회 시스템과 연계되어 있다. 이러한 시스템을 바꾸는 것은 단순히 제도적 개혁만으로는 이루어지지 않는다. 시스템의 혁파와 인식의 전환, 제도적 개혁 등이 동시에 이루어져야 하고 이에 대한 사회적 합의가 전제되어야 한다. 사회적 합의의 도달은 어렵지 않다. 이미 이루어진 거나 다름없다. 이러한 개혁이 일석이조에 되진 않겠지만 각종 자격요건과 채용을 세계화 시대에 맞는 글로벌 스탠더드(global standard)로 전환해야 하고, 노력하고 부단히 자기계발을 위해 성찰하는 사람을 존중하고 우대하는 풍토를 정착시켜 나가야 한다.

우선은 학위와 학력을 검증할 수 있는 시스템을 개발하여 허위학력으로 스스로를 속이는 사람들이 그런 유혹을 받지 않도록 해야 한다. 광범하게 퍼져 있는 가짜들을 솎아내야 한다. 구조적인 분석과 접근도 중요하지만 개인적 차원에서 학력을 속이는 것은 어떠한 이유로도 용납되어서는 안 된다. 어설프게 사회적 분위기와 학력중시 풍조 탓으로 돌리면서 허위학력자들의 위선을 변호해선 안 된다. 사회는 믿음과 존중으로 이루어지는 유기체이며, 이것이 깨질 때 사회전체가 붕괴될 수 있기 때문이다.

04 | 신정아 파문과 권력

- 2007. 9. 17

　　신정아 씨와 변양균 전 정책실장에 관한 보도와 관심이 화제다. 단순히 세인들의 관심을 넘어 국기를 흔들 수 있을 정도로 일파만파 사건이 확대되고 있다. 1999년 김대중 정부 시절 옷로비 사건으로 온통 6개월씩이나 전국을 강타했던 매머드급 사건을 연상케 한다. 이 사건은 애당초 가짜학력시비로 발단이 되었다. 학력시비가 각계로 퍼져나가는가 했더니, 단순히 학력위조가 아닌 권력과의 연계가 밝혀지고, 급기야 정권의 도덕성과 개혁성에 흠집을 낼 수 있는 사건으로 확대 재생산되고 있다.

　　우선 이 사건은 권력이 개입된 권력형 비리로 보아야 하며, 우리 사회에 만연된 게임의 룰의 실종에서 비롯된 사건으로 보아야 할 것이다. 사건의 당사자인 변양균 전 실장과 신정아 씨의 관계가 보도되기 시작하면서 개인차원의 관계를 떠나 권력이 개입되고, 지위를 남용한

청탁 건으로 발전하면서 또 다른 국면을 맞고 있다. 변 전 실장 말고 도, 사건의 배후에는 더 큰 권력의 실세와 막후세력이 있다는 소문이 광범하게 유포되고 있는 것이다.

이 사건을 변양균 전 실장과 신정아 씨의 개인차원의 남녀관계의 관점에서 보는 것은 사태의 본질을 벗어나는 것이다. 공직자로서의 도덕성의 차원에서 보면 당연히 비판받아 마땅한 일이고 물의를 빚었다면 공직에서 물러나면 그뿐이다. 문제는 권력과 돈이면 다 된다는 사고방식을 국가최고의 권력기관에서 2인자 자리에 있다는 사람이 가지고 있었다는 것이고, 실제로 권력을 남용하여 인사거래를 하고 흥정을 했다는 것이다. 실제인식의 수준이 그 정도라면 새삼 공직사회나 권부의 기풍을 진작하지 않고는 이 나라의 권력을 위임하고 있는 주권자들은 아무에게도 권력을 맡길 수 없다.

실력과 능력보다는 외형적인 학력이나 간판을 중시하는 이 사회의 고질적인 병폐도 병폐려니와 권력이나 소위 '끗발'이 있으면 안 되는 것이 없다고 판단하는 인식이 비단 권력을 가진 자들 이외에도 일반인들에게도 일상적으로 인식되고 있는 것이 현실이다.

이는 이념적으로 진보와 보수를 넘어서서 심각한 도덕적 해이로 우리 사회를 위협하고 있다. 진보적인 이념을 가진 정권의 실세들이 가진 사고의 수준이 이럴진대 더 이상 무엇을 운위할 수 있겠는가? 고속압축 성장을 거듭하여 오늘날의 경제성장과 번영을 이룩했다는 대한민국의 건강성을 다시 한번 뼈아프게 성찰하고 반성할 때가 되었다. 대다수의 선량한 시민들은 예외이겠으나 금전과 권력만능주의에 노출되어 있는 대한민국 사회를 생각할 때 누가 누구에게 돌을 던지고 할 때가 아니다.

산업화의 어두운 그늘이 아직도 사회 곳곳에 드리워져 있고, 이러한 후진적인 행태들이 대한민국의 선진국으로의 도약의 발목을 잡고 있다. 신자유주의와 세계화 시대에 글로벌 스탠더드로의 전환과 변화를 부르짖어도 가장 기본적인 인식의 틀이 변화하지 않는 한 한국의 미래를 낙관하기 어렵다. 세계에서 유학 비율로 따지면 둘째가라면 서러운 나라, 교육열로 인한 사교육비가 나라의 경제를 휘청하게 만드는 비정상적인 교육풍토, 모든 분야에서 상층으로 이동하고자 하는 이동욕구가 어느 국민보다 강한 다이내믹 코리아(?), 긍정과 부정이 교차하지만 보다 중요한 것은 이러한 모든 것들을 지탱해줄 도덕성의 제고와 자기실력만큼 인정받으려 하는 게임 룰의 복원만이 대한민국의 미래를 담보할 수 있다.

이번 사건은 국민들에게 허탈과 자조를 안겨줬지만 한편으로는 국민들과 유리된 '그들만의 리그'에 안주하는 권력층들의 인식에 뼈저린 성찰과 스스로를 돌아볼 수 있는 계기가 되어야 한다. 또한 임기 말 권력누수현상을 부채질하여 국정이 마비되는 사태만은 막고, 보다 슬기롭고 성숙하게 대처해 나가는 지혜를 발휘해줄 것을 사정당국과 정부에 당부하고 싶다.

05 | 숭례문은
우리에게
무엇을 남겼나?

• 2008. 3. 15

　　　　　숭례문 참극은 민주화와 산업화에 성공하여 제3세계 국가의 부러움과 세계의 이목을 집중시켰던 우리의 자긍심이 얼마나 허황되고 부끄러운 것이었나를 여실히 보여 주었다. 그리고 압축성장의 뒤안길에 도사려 있던 천박한 집단이기주의와 개인이기주의의 가면을 적나라하게 드러내 보였다. 또한 경제성장지상주의의 이데올로기가 문화적 가치와 역사인식을 어떻게 매몰시킬 수 있는가도 철저하게 입증시켜 주었다.

　우리의 문화와 유적 그리고 역사에 대한 의식이라는 것이 있기는 했던 것이었나에 대한 통절한 반성을 넘어, 군중 앞에서 온몸이 발가벗겨진 듯한 처참하고 무참한 수치와 수괴(羞愧)를 느낀다. 그동안 언론이나 전문가들에 의해 무수히 지적된 문화재 관리에 필요한 인원과 예산 부족, 관리체계의 비효율성과 일원화의 필요성, 문화재청과 소방당국, 그리고 지자체의 책임공방 등은 의례히 사건 후에 제기되는 사후약방문에 불과하다.

그보다 더 문화인식의 부재를 보여 주는 것은 광화문보다 먼저 숭례문을 복원하겠다는 서울시장의 발상이나 참사 후 불과 이삼일밖에 지나지 않아서 복구에 필요한 시간과 예산에 대해 즉흥적으로 발표하는 관료주의와 편의주의, 여전한 실적주의와 전시행정이다. 2006년 숭례문 개방도 문화재 관리나 보호에 대한 아무런 대책 없이 이루어져 전시행정의 전형을 보여 주었다. 또한 국보급 유적에 대한 최소한의 문화인식도 없이 그저 인기 있는 정책으로 정치적 지지를 획득하고자 하는 포퓰리즘으로 일관하던 몰염치가 원망스러웠다.

그런데 아직도 사태를 임기응변으로 봉합하고 책임을 모면하며 비판을 피해가려는 관계당국의 태도에서, 국보 1호를 잃었다는 통렬한 반성과 자괴심의 흔적을 찾을 수가 없다. 또한 화재가 난 다음 날, 숭례문 참사현장을 서둘러 감추려는 가림막 설치는 어찌 그리도 신속하게 진행되는지 그저 말문이 막힐 뿐이다. 그렇게도 치부를 가리고 싶었단 말인가? 부끄러운 줄을 알기는 아는 것인가?

우리 국민들은 참사 뒤에 단골메뉴로 등장하는 인재(人災) 타령과 시스템의 미비를 언제까지 듣고 있어야 한단 말인가? 그렇게도 시스템을 외치던 참여정부의 최고지도자는 왜 말이 없는 것인가? 더구나 참사 후 복구를 국민성금으로 하자는 대통령 당선자의 즉흥적인 언급은 이 땅의 민초들에게 분노를 사기에 충분하다. 최소한의 역사인식이라도 있었으면 나오기 어려운 말이다. 그리고는 바로 없던 일로 하는 그 편리주의에는 말문이 막힐 뿐이다.

남대문, 그 자리에 당연히 서 있어야 된다고 느껴왔던 우리의 숭례문의 가치는 이제 영원히 복원할 수 없다. 그저 복사본으로 우리의 감정을 위로하고 추스를 수 있을 뿐이다. 그러나 복원이 아닌 복구조차도 켜켜이 쌓인 우리 민족의 애환과 역사의 준엄함을 인식하고 문화라는 무형의 가치를 반추하면서 이루어져야 한다. 시민사회와 국민들의 합의와 혼이 담긴 복구가 절실하다. 수십 년이 걸렸다는 외국의 복구의 사례를 굳이 들먹일 것도 없다.

숭례문 참사가 주는 메시지는 분명하다. 더 이상 어설픈 실적주의와 전시행정, 행정편의주의를 방치해서는 안 된다. 또한 토지보상의 불만으로 감히 국보 1호를 태우는 이기주의는 우리 사회에 만연되어 있는 집단이기주의의 연장선상에 있다.

그리고 서둘러 참극의 현장을 가리려는 가림막은 안전을 위한 최소한의 설비만 남겨두고 즉시 철거되어야 한다. 현장을 보는 것도 역사의 교훈이다. 또한 그 자체가 비극의 역사를 체험하는 관광의 현장이 될 수도 있음을 왜 모르는가? 굳이 미국의 9·11테러로 무너진 '그라운드 제로(ground zero)'의 예를 들 필요도 없다. 역사에서 배우지 못하는 민족의 미래는 없다.

숭례문 방화사건

2008년 2월 10일 방화범에 의하여 숭례문이 소실된 사건, 온 국민이 충격과 경악을 금치 못했고, 국민들이 대한민국 문화에 대한 자긍심에 심대한 타격을 받은 사건이기도 했다. 문화재에 대한 관리의 문제와 실적 위주의 행정이 도마 위에 올랐다. 숭례문은 한국전쟁으로 인한 피해를 복원하고자 지난 1961년부터 1963년, 대규모 해체와 보수공사를 거친 바 있다. 현재 복원 중에 있다.

06 | 명절과 한국사회

- 2008. 9. 17

　　매년 우리는 두 번의 큰 명절을 치른다. 설과 추석이 다가올 때마다 언론은 항상 두 명절을 우리 민족 최대의 명절이라면서 과장된 호들갑을 떨곤 한다. 시청자들은 어김없이 손에 선물 꾸러미를 든 귀성객과 터미널이나 역에서 판에 박힌 질문과 판에 박힌 대답을 주고받는 것을 목격해야 한다. 그리고 별로 정확하지도, 도움도 되지 못하는 교통정보를 연휴 내내 듣고 있어야 한다. 한술 더 떠 연예인들의 신변잡기와 노래 등을 들으면서 그들의 시답지 않은 잔치에 별 대안 없이 동참해야 한다. 한때는 방송사들이 훈훈한 우리네 삶을 명절 분위기에 맞게 조망하던 기획드라마들도 은근 슬쩍 자취를 감추기 시작했다. 고민과 정성이 필요한 것이라 그런가. 아니면 사람들이 이 바쁜 정보사회에 정서를 나누기보다는 순간 웃고 마는 말초적인 것들을 원해서인가.

각자가 삶에 지친 몸과 마음을 추스르고, 가족의 품에 안겨 조상의 음덕을 기리고, 평소에는 삶에 찌들고 생활에 쫓겨 그동안 못 나눴던 소회와 가족 간의 안부를 확인하는 명절의 의미는 아무리 강조해도 지나치지 않다. 그러나 지적하지 않을 수 없는 것이 이러한 기쁨과 의미의 한편에 또 다른 갈등과 아픔들이 존재하는 것에 애써 외면하는 언론의 태도이며, 이에 대한 사회적 논의와 정제된 구성원 간의 합의가 보이지 않는다는 것이다.

임금체불 근로자들에게 다가오는 팍팍한 삶의 무게, 당장 명절 당일 오후부터 벌어지는 귀성에 이은 귀경 전쟁의 고단함 등이 아니더라도, 정말 명절이 이 시대를 살아가는 평균적 한국인에게 그렇게 마냥 즐겁기만 한 것인지에 대한 사회학적 성찰이 필요할 때이다. 가장 비근한 예를 하나 들어 보자. 부부가 손에 선물을 들고 어린 자식과 함께 기차를 기다리는 모습을 방송이나 신문은 '벌써 마음은 고향에 가 있다'고 한다. 여기서 고향은 부부의 고향이 같은 지역이 아닐 때 누구의 고향을 이르는 것인가. 남편인가, 아내인가?

기실 현대의 수평적 거버넌스(governance) 사회에서 아내가, 남편이 남자니까 당연히 남편 고향에는 가고, 아내의 고향에는 안 간다든지, 의례히 남편의 본가나 시댁을 먼저 들러야 한다든지 하는 것에 대해 얼마나 많은 아내들이 동의하는가. 그리고 지금은 그런대로 이 부분만은 사회적 관행 때문에 암묵적으로 받아들인다 해도, 언제까지 이 땅의 아내들이 이에 동의할 수 있다고 보는가.

사소하게 보이기도 하고, 별 의미 없는 쓸데없는 것을 문제 삼는다고 할지 모르지만, 바로 이러한 문제로 명절 이혼도 무시할 수 없는 하나의 사회적 병리 현상으로 나타나고 있다는 사실을 애써 무시해서는 안 된다. 기껏 보수언론이 다루는 것은 명절증후군이란 이름으로 남편들이 음식 만들기를 도와주고, 명절이 끝난 후 아내에게 안마를 해줄 것을 충고해주는 배려(?) 또는 무슨 대단한 처방이나 하는 것처럼 아내에 대한 립서비스를 종류별로 나열하는 유난을 떤다. 이는 지극히 표피적이고, 본질과는 관계가 없는 것들이다. 또한 다원적 자유민주주의를 보수의 마지막 보루인 양 신봉하는 듯한 보수 언론들은 이항대립적인 모순과 기본적인 남녀의 평등이 진정한 다원적 개인주의의 기초라는 가장 기본적인 정치철학의 부재를 여지없이 노출시킨다.

인구의 절반이 서울, 경기, 인천 등 수도권에 모여 사는 기형적인 나라, 대한민국의 압축성장의 사회경제적 현상이 명절 때는 적나라하게 드러난다. 수도권이 텅 비고, 온통 전국의 교통이 홍역을 치르는 이 현상을 더 이상, 고향에 대한 그리움이나 훈훈한 명절 인심 운운 따위의 비사회과학적 인식으로 호도해서는 안 된다. 명절에 대한 사회적 인식에 대한 논의, 사회변화에 따른 현실적 인식의 성찰이 필요할 때이다. 소외계층과, 명절로 가슴이 더 멍드는 자들도 이 땅의 민초들이다. 이들에 대한 사회적 배려 등에 보다 많은 지면과 전파를 할애해야 하는 것은 아닌지 모르겠다. 이러한 인식과 배려를, 명절이 편하게 느껴지는 노블레스 오블리주가 부재한 한국의 지도층에게 주문한다면, 대한민국의 현실인식에 대한 너무도 안일한 무식의 소치인가.

명절은 사회문화적 관계와 별도로 존재하지 않는다. 그리고 이는 사회적 관계와 분리되어서 생각할 수 없다. 명절을 앞두고 예외 없이 나타나는 교통체증을 평소 고마움을 느낀 분들에 대한 성의 표시 때문에 선물을 배달하는 고유의 미풍양속이라고 치부하기에 우리 사회의 양극화는 엄혹(嚴酷)한 수준에 와 있다. 경제적 차원의 계층적 위상에 관계없이 우리 국민 모두가 명절에 대한 문화적·경제적·사회적 성찰을 시작할 때이다. 명절에 사회적 통합과 자유주의적 개인주의를 생각하는 것은 지나친 논리의 비약인가.

07 인터넷 문화와 정의(正義)

• 2008. 10. 8

한국은 자타가 인정하는 인터넷 강국이다. 전국 어디를 가도 인터넷이 가능한 나라는 생각보다 많지 않다. 정보화 인프라에서도 선진국과 겨뤄도 전혀 손색이 없다. 정보사회에서 인터넷의 존재는 필수적이다. 인터넷은 소통을 가능하게 했고, 정보의 공유를 원활하게 함으로써 시민사회의 연대에 기여했고, 사회의 수평적 거버넌스에 결정적인 역할을 하고 있다. 산업사회에서 정보사회로의 변화는 사회의 모든 영역에서 엄청난 변화를 가져오고 있는 것이다.

그러나 정보사회는 우리에게 과학기술의 발달만큼이나 행복만을 가져다주는 것은 아니다. 모든 현상에는 어두운 그늘이 존재하듯이 정보화도 예외가 아니다. 정보화는 정보의 공유나 실시간으로 새로운 사실에 접근할 수 있는 이점과 함께 개인의 사생활이 그대로 노출되는 단점뿐만이 아니라, 사실이 아닌 허위사실의 빠르고, 광범한 유포라는 새로운 부작용을 야기시키고 있다. 특히 우리 사회의 빠른 정보화의 진전은 너무나 큰 사회적·개인적 손실을 감내할 것을 강요하기에 이르렀다.

최근 연이어 발생하고 있는 유명 탤런트나 연예인의 자살은 인터넷과 무관치 않다. 확인되지 않은 루머를 인터넷 공간에 유포시키고, 당사자들에 대한 근거 없는 무차별한 공격, 이른바 악플은 관련된 개인뿐만이 아니라 가족들에게도 심각한 정신적 공황사태를 일으키고, 급기야 자살이라는 극단적인 수단을 택할 수밖에 없을 정도로 몰아간다. 단순히 개인의 문제를 넘어 지난봄 몇 달 동안 전국을 휩쓸었던 광우병 괴담 등은 일파만파의 정치적·사회적 비용을 지불하게 만들었다.

인터넷의 익명성은 민초들도 자신들의 의견과 정치적 견해를 온라인상에서 표현할 수 있게 하는 데 큰 기여를 하였다. 바로 이것이 인터넷이 일반 국민들로 하여금 사회의 공론이나 건전한 여론 형성에 참여할 수 있게 하는 참여민주주의의 단초를 제공한 것도 사실이다. 그러나 긍정적인 현상의 한편에 무책임하고 비사회적인 익명성의 가면에 숨는 네티즌들의 존재는 인터넷의 부정적 현상만을 증폭시킬 뿐이다.

이제 더 이상 인터넷의 익명성을 마냥 표현의 자유란 이름으로 방치할 수 없는 때가 되었다. 최근 정치권에서 사이버 모욕죄법의 제정이 검토되고, 한편에서는 이를 표현의 자유를 제약한다는 이유로 반대하는 등 법을 둘러싼 공방이 있다. 또한 인터넷 실명제의 확대도 논의되고 있다. 사이버 모욕죄의 신설이 불필요하다는 측은 현행법으로도 부작용을 막을 수 있다는 논리이며 옥상옥에 불과하다는 것이다. 인터넷의 부작용을 막기 위해서라고 하지만 사이버모욕죄나 인터넷 실명제의 도입에는 신중할 필요가 있다. 인터넷의 근간을 저해할 수 있기 때문이다.

　인터넷의 기본은 익명성이다. 따라서 인터넷의 장점을 훼손하지 않는 범위 내에서 새로운 제도의 도입이나, 인터넷에 대한 국민적 교육은 절실하다. 표현의 자유를 손상하지 않으면서, 인터넷이 사람들에게 복지와 행복을 가져다주기 위한 사회적 합의를 위한 여러 방안이 강구되어야 한다. 포털들의 책임도 강화되어야 한다. 보이지 않는 곳에서 근거 없는 사실을 유포하는 것은 폭력이고 범죄다. 인터넷의 역기능을 해소하지 못하면 인터넷과 정보화는 인류에게 행복을 가져다주는 메신저가 아니라, 무서운 재앙으로 다가올 뿐이라는 사실을 명심해야 한다. 그러나 한편 주로 인터넷이나 새로운 미디어를 통해서 젊은 세대들의 소통이 이루어지는 현실은 무엇을 의미하는가에 대한 진지한 사회과학적 비판도 사회적 차원에서 제기되어야 한다. 이는 기성의 전통적인 미디어에 대한 불신이고, 나아가 기성문화와 윤리의식이 결여된 이 사회의 기득권에 대한 반발이기도 하다. 인터넷 문화의 정화는 우리 사회가 정의와 공평이라는 화두에 대해 열린 마음으로 다가갈 때 스스로 이루어질 것이다.

08 | 개천절과 글로벌 다문화시대

- 2008. 10. 15

        우리 민족은 반만년 유구한 역사를 가지고 있다는 말을 어릴 적부터 듣고 자랐다. 단기 4341년의 개천절을 며칠 전 맞이했다. 단군왕검이 고조선을 세운 날이다. 우리 민족은 다른 어느 민족보다 단일민족의 자부심을 가지고 있다. 이민국가인 미국이나 다민족사회로 이루어진 나라들에 비해 순수한 혈통으로 이루어진 민족이기 때문이다. 그러나 이미 국내에 거주하는 외국인이 100만 명을 넘었고, 재외국민도 700만을 넘는 다원적 문화에 노출되어 있는 것이 현실이다. 개천절이 더 이상 순수 혈통을 자랑하는 단일민족의 차원에서 글로벌 사회의 의미를 되새기는 날이 되어야 하는 이유이다. 우리 가슴 속에 부지불식간에 자리 잡고 있는 민족적 배타성이나 폐쇄주의는 더 이상 우리가 고수해야 할 가치가 아니다.

    외국계 결혼이주자가 빠른 속도로 늘어나고 있고, 외국인근로자의 수도 급증하고 있다. 그러나 우리는 이들에게 아직은 낯선 존재로 남아 있다. 이들이 한국사회에 적응하는 데 가장 큰 장애는 이들에 대한 사회적 편견이다. 결혼이주자들은 사회적·교육적 조건의 미비, 언어 문화적인 이질감을 극복하는 데 많은 어려움을 겪고 있다. 세계화의 논리를 굳이 거론하지 않아도 우리 사회는 이미 상당한 수준의 국제화와 다원화를 경험하고 있다. 그런데 아직도 순수혈통주의라는 시대에 뒤떨어진 의식에 대다수 국민이 머물러 있는 것이 현실이다.

정부 수립 후 불과 60년 만에 민주화와 산업화의 가치를 달성한 우리가 보다 선진화된 사회로 가기 위해서는 의식의 세계화와 다원화가 필수불가결한 전제 조건이다. 아직 산업화의 본격적 궤도에 오르기 전, 재외동포들이 외국에서 얼마나 많은 설움을 겪었는지는 새삼 거론할 필요도 없다. 이제 우리가 국내총생산 15위의 경제적 성과를 달성한 지금, 다시 역지사지(易地思之)하여 우리보다 열악한 조건에 있는 국내 외국인들에 대한 사회적·경제적·문화적·교육적 배려를 해야 하는 것은 너무나 당연하다. 우리나라는 국제사회의 당당한 일원으로서 이라크나 아프가니스탄에 군대를 파견하는 등 국제사회에 경제적 발전의 격에 맞는 기여를 하고 있다. 정치적 차원에서뿐만이 아니라, 개발도상국가들에 대한 경제적 지원이나 국내에 거주하는 외국인들에게 관용과 포용의 정신으로 그들을 따뜻하게 배려하고 보살필 책무가 우리에게 있다. 단순한 경제지표가 선진국과 비슷한 수준에 도달하는 것보다 더 어려운 것이 의식의 전환이다.

한때 동남아 등지에서 한국 관광객들이 볼썽사나운 모습으로 졸부의 위세를 과시(?)해 빈축을 샀던 때도 있었다. 국가의 품격이 단순한 경제지표의 상승만으로 이루어지는 것이 아니라는 사실을 웅변으로 보여준 예라 하겠다. 단순히 세계화시대에 글로벌 문화를 받아들이고, 경제적인 교류의 빈번함의 차원에서만 볼 문제가 아니다. 경제적 관계가 의식을 결정한다는 마르크스의 좌파적 관점이 제대로 관철되려면, 막스 베버의 의식과 동기의 중요성도 충분히 고려되어야 한다. 서구가 2, 3백 년에 걸쳐 이룩한 산업화와 민주화를 압축적으로 성취한 한국으로서는 상부의 의식구조가 경제적 토대를 따라가지 못하는 측면이 있다.

다문화가정에 대한 배려와 그들을 우리의 문화 속에 품는 것 못지않게 국내적으로도 기부와 나눔의 문화가 확산되고, 이것이 사회갈등을 지양하고, 계층 간 이해의 폭을 넓히는 방향으로 선순환이 이루어지도록 하기 위한 정책적 배려가 절실하다. 자유민주주의란 본래 자유와 평등의 긴장적 갈등 관계를 접합시킨 이데올로기이다. 이 땅의 우파적 자유민주주의가 순항하기 위해서라도 주변을 돌보지 않는 성장과 효율 위주의 가치지향으로는 자유와 평등의 조화를 견인할 수가 없다. 민주주의는 구호와 현란한 장밋빛 미래의 청사진으로 이룩되는 것이 아니다. 글로벌 문화를 정착시키고, 다원주의적 개인주의를 우리 사회의 가치로 승화시키기 위해서는 토대에 걸맞은 의식의 변화가 수반되어야 한다.

마르크스의 좌파적 관점

칼 마르크스(Karl Marx, 1818~1883)는 경제적 토대(하부구조라고도 한다)가 의식과 법적·제도적 상부구조를 결정한다고 하는 경제결정론적 관점을 제시하였다. 하부구조가 상부구조를 결정한다는 사회과학적 인식은 '인간의 사회적 존재가 의식을 결정한다'는 철학적 사유로 연결된다. 그리고 이는 인간을 둘러싸고 있는 환경이나 여건의 구조적 요인이 삶의 행태를 결정한다는 논리 전개로 치환될 수 있다. 다시 말해 정치와 경제의 관계에서 단순화한다면 경제가 정치를 결정한다고 보는 관점이다. 물론 마르크스주의는 궁극적으로 정치와 경제의 관계를 상호작용하고, 일방적으로 조응(照應)한다고 보지는 않으나, 기본적인 관점은 역시 경제적 생산 관계가 인간의 사회적 관계도 결정짓는다는 시각을 유지한다.

자유민주주의와 민주주의

소유적 개인주의를 기본 원리로 하는 자유주의(liberalism)와 평등의 가치를 지향하는 민주주의(democracy)의 19세기적 접합이 자유민주주의(liberal democracy)이다. 자유주의는 본래 '타인이나 국가의 간섭의 부재'를 의미하는 것이고, 인권과 기본권의 보장, 법치주의의 강조 등을 내용으로 하는 정치적 자유주의와 경제에 대한 국가 간섭의 배제, 민영화, 탈규제, 성장 등을 주요 가치로 하는 경제적 자유주의로 나눌 수 있다. 최근의 신자유주의는 경제적 자유주의를 의미한다.

민주주의는 인민주권사상으로 주권이 국민에게 있다는 내용으로서 주권재민의 사상이다. 따라서 자유주의와 반대 개념이라고 볼 수는 없으나, 자유주의가 자유를 강조하는 것에 비하여, 민주주의는 평등을 지향한다는 점에서, 자유주의와 민주주의는 긴장 관계라고 할 수 있다. 자유주의가 서구의 고전적 자유주의에서 출발하여 부르주아지의 정치적 권리와 경제적 이익을 주된 내용으로 발전해온 반면, 민주주의는 산업혁명이 진행되면서 부르주아지에게 선거권이 주어지고, 부르주아지의 이익이 관철되는 상황에서 노동자들이 자신들의 권리를 주장하기 위해서 선거권의 확대와 평등을 주장하면서 발전된 사상이다. 이 두 이데올로기의 타협과 접합의 결과 탄생한 것이 자유민주주의이다.

09 | 대중문화와
상업주의

- 2009. 4. 2

     과문한 탓이라서 남의 나라 사정은 잘 모르겠다. 이른바 막장 드라마가 이렇게 높은 시청률을 기록하고, 소위 예능프로그램이 각 방송에서 지칠 줄 모르는 인기와 생명력을 과시하는 나라가 또 있는지……. 열광하기 좋아하고, 한쪽으로 쏠리기 좋아하는 국민성 때문일까. 아니면 2002 월드컵에서 나타났던 열정을 분출할 곳이 없어서인가. 얼마 전 끝난 WBC 야구에서 보여준 한국선수들의 기량과 발군의 실력은 그나마 분출구가 없던 국민에게 좋은 카타르시스와 '할 수 있다'는 자신감을 심어주기에 충분했다. 그런데 여기서 하나 짚고 넘어갈 것이 있다. 베이징 올림픽 우승과 각종 세계대회에서 좋은 성적을 거두고 있는 한국야구는 분명 세계 수준급이다. 한국야구의 놀라운 비약과 분투에 응원을 보내고 열광하는 것은 한국인의 평균 에토스(ethos)로서 너무나 자연스럽고 당연한 일이다. 지난 베이징 올림픽 때 선전했던 핸드볼 대표팀도 국민적 찬사를 받기에 부족함이 없었다. 우리는 김연아, 박태환, 최민호 등 세계적 스포츠 스타들을 많이 배출하고 있다. 경제규모만 세계 10위권이 아니라 대중문화와 스포츠에서도 명실상부한 강대국 반열임을 부정하는 사람은 아무도 없다.

그러나 한국은 아직 선진국이 아니다. 최근 정부가 국가브랜드를 제고하기 위한 여러 가지 방안을 강구하고 있다고 한다. '코리아' 하면 떠오르는 이미지를 보다 긍정적으로 상향조정하겠다는 것이다. 1960~1970년대의 한국 하면 떠오르는 것이 전쟁, 폐허 등 부정적이던 어두운 시절이 있었다. 이제는 올림픽, 월드컵 축구는 물론이고 각 분야에서 세계 최고 수준의 것이 너무나 많다. 그러면 우리는 이미 국가이미지가 선진국 수준이라야 맞다. 그런데 그렇지 않다.

이미지라는 것은 어떤 특정한 분야에 국한되는 것이 아니라, 총체적이고 보다 포괄적인 것이다. 경제도 중요하고 한류 열풍과 같은 대중문화의 세계화도 중요하다. 그러나 보다 중요한 것은 소프트한 의식의 성숙함이다. 국민소득이 3만 달러가 되고 정보화를 비롯한 각종 사회적 인프라가 세계 10권이라고 해서 서구의 선진국가의 반열에 들지 못하는 이유는 무엇일까?

유난히 '국민'이라는 수식어를 많이 붙이는 요즘이다. 국민가수, 국민동생, 국민배우 등등. 그런데 여기에 누가 동의했는가. 사회구성원들의 암묵적 합의 같은 것이 존재했던가. 그리고 국제대회에서 발군의 실력을 발휘한 선수들에게 붙이는 '얼짱', '몸짱' 등은 얼마나 유치하고 천박한가. 상업주의와 결탁한 언론의 장난인지, 일부 호사가 네티즌들의 말장난인지, 두 가지가 결합된 것인지는 모르겠지만, 대중문화가 너무 가볍게 흐르는 것은 아닌지 되돌아볼 일이다. 우리 시민사회의 저력이나 용량으로 볼 때 충분히 감당할 수 있는 것을 가지고, 너무 민감하다고 반박할지 모르겠다. 그러나 분명한 것은 이러한 것들의 연원이 어찌됐든 우리는 다른 나라에서 찾아보기 어려운 것을 유난히 많이 가지고 있다는 점이다. 물론 긍정적이고 적극적으로 작용하는 면이 없는 것은 아니다.

그러나 강남 거리에 즐비한 성형외과들은 무엇을 말해주고 있는 것인가. 이러고도 우리가 선진국의 반열에 들 수 있다고 생각하면 그건 오만함이다. 경제적이고 가시적인 지표보다 중요한 것이, 겸손하고 남을 배려할 줄 아는 국민적 의식의 성숙함이다. 조금 살 만해졌다고 은연중에 우리보다 못한 나라들 국민들을 깔보는 의식 등도 경계할 일이다.

스포츠나 경제적 수준에서 자국을 지나치게 부풀리고, 과장해서 평가함으로써 공동체의 정체성을 함양할 수는 있을지 모르지만, 이는 자칫 소영웅주의나 국수주의(國粹主義)로 흐를 가능성을 배제할 수 없다. 선진국으로 가는 길은 가시적이고, 업적 위주의 효율성과 성장지상주의로만 해결할 수 있는 것이 아니다. 국격을 높이고, 국민의 품격을 업그레이드시킬 수 있는 정권적 차원의 철학이 요구되는 것이다. 이러한 이념적 철학이 뒷받침될 때 진정한 '코리아'의 브랜드는 저절로 상향 조정될 것이다. 차분함과 다양성이 조화를 이룰 때 선진국은 가능한 것이다. 모두 한쪽으로 흐르는 것은 성숙한 공동체의 모습이 아니다.

국수주의(國粹主義)

폐쇄적이고, 배타적인 맹목적 애국주의라고 볼 수 있다. 자기 나라의 역사 · 문화 · 전통의 우월성에 대한 몰가치적 맹신이다.
일종의 국가주의(nationalism), 쇼비니즘(chauvinism)과 상통하는 개념이다.

국가 브랜드 제고와 K-POP, 그리고 아이돌 그룹

2011년 대중의 아이콘은 단연 아이돌 그룹이라고 해도 과언이 아니다. 아이돌 그룹을 중심으로 K-POP이 일본과 동남아 등 아시아는 물론, 미국이나 프랑스와 영국 등 구미에서도 선풍적인 인기를 끌었다는 보도가 국내언론에 꾸준히 보도되었다. 경제적 성과뿐만 아니라, 대중문화적인 측면에서도 팝송의 본고장들을 공략할 정도로 성숙했다는 것이다. 한국의 저력과 문화 권력에 대한 과도한 평가가 아닐 수 없다. 물론 아이돌 그룹의 해외 진출과 현지에서의 예상하지 못했던 긍정적 반응을 애써 폄하할 필요는 없다. 그러나 아이돌 그룹을 국가브랜드와 연결시키는 것은 견강부회다.

K-POP을 다른 각도에서도 조망해보는 것이 현상에 대한 균형을 잃지 않는다는 면에서도 의미가 있다. 즉, 아이돌 그룹은 전형적인 엘리트 과정을 거친 기획되고 만들어진 결과물이다. 물론 이 또한 탓할 일이 아닐 수 있다. 그러나 이는 한탕주의의 또 다른 표현이며, 지극히 한국적 문화에서만이 가능한 일이다. 획일적인 훈련은 아직 자아의식이 정립되지 않은 학생 연령의 청소년들과 '뜨기 위한', '대박'을 꿈꾸는 연예기획사의 이해와 부합하여 다른 나라에서는 상상조차 하기 힘든 아이돌 그룹이라는 장르를 탄생시킨 것이다. 선정적이고, 외모지상주의적, 한국적 저급한 문화가 그대로 반영되어 있는 측면에 대해 성찰과 비판의 인식을 가지고 돌아보는 사회학적 인식은 온데간데없다. 천박하고, 예쁜 졸부의 나라 한국을 완성하기 위해 상업 언론과 연예계의 연합이라도 이루어진 것인가.

아이돌 그룹이 한국을 홍보하고, 한류의 확산에 기여하는 바는 부정되어서 안 된다. 그러나 그 이면에 내재되어 있는 사실들에 대한 비판이 수반될 때, 부작용을 예방할 수 있다. 그리고 진정한 한국적 아이돌의 성숙을 가져올 수 있다. 잊을 만하면 불거지는 연예인의 자살과 기획사의 비인간적인 노예계약 등은 어느 날 갑자기 생기는 기형적 현상들이 아니다.

10 | 한국사회의 위기불감증

- 2009. 4. 23

　　최근 언론을 장식하고 있는 대형 기사를 대별하면 크게 세 가지다. 단연 관심사가 북한의 광명 2호 로켓 발사다. 두 번째로 이른바 박연차 리스트며, 세 번째가 장자연 리스트다. 첫 번째 사안은 국가안위에 관련된 군사 안보 문제이며, 두 번째는 정경유착과 관련된 비리 부패 스캔들이다. 그러나 스캔들이라고 하기엔 상처의 깊이나 감염 정도가 깊고 광범위하다. 등장인물들의 면면으로 볼 때 거물급이라는 점과 전·현직에 걸쳐 있을 정도로 오염 정도가 심각하다. 세 번째, 여자 탤런트의 죽음이 몰고 온 구린내 나는 연예계의 추악함은 어제오늘의 일이 아니다. 외형적으로 보기에는 각각 영역이 다른 사안이지만 한국사회의 위기를 상징적으로 보여 주고 있는 사건들이다.

　　우선 안보 문제는 1993년 북핵 위기가 발생한 이후 6자회담이니 북미 양자 간의 대화니 다각도로 협상을 진행해오는 가운데 진전된 바가 전혀 없다. 햇볕정책과 포용정책으로 북한을 달래 보았으나 저들은 착실히 자신들의 목표를 향해 한발 한발 다가가고 있다. 이제 일본에게 재무장할 명분을 주고, 이는 중국을 자극시킬 것이 분명하다. 그러나 우리나라는 고작 300km의 사거리의 미사일을 어쩔 수 없이 고수하고 있는 나라이다. 이제 북한의 핵과 미사일은 우리에게는 재앙이다. 그러나 달리 조치를 취할 대안은 있어 보이지 않는다. 일본이 호들갑을 떨고 과장되게 사태를 부풀린다 해도, 미국이 본토에 위협을 느끼는지 여부와 관계없이 북한의 미사일과 핵의 가장 큰 피해자요, 제1당사자는 한국이다. 물론 한·미·일 공조가 중요하고, 중국과 러시아와의 관계 정립도 요긴하지만, 우리가 나름대로의 방향과 철학이 없이는 계속 북한의 놀음에 끌려다닐 수밖에 없다는 사실은, 부인하고 싶지만 명백한 현실이다. 그러나 정부는 이 문제에 대해 명확하고 확고한 의지의 부재와 동시에, 갈팡질팡하는 모습까지 보이고 있다. 지도자의 외로운 결단이 요구되는 대목이다. 그저 한가한 얘기나 늘어놓을 시점이 아닌 것은 분명하다.

국내적으로는 어떤가. 1998년 외환위기보다 더 큰 어려움으로 다가왔던 금융위기와 실물경기의 침체는 언제부턴가 슬며시 자취를 감추고, 그렇게 호들갑을 떨며 부르짖던 비정규직 문제와 소외계층과 청년층 실업대책 등의 복지적 측면의 정책에 대한 검토도 잘 보이지 않는다. 외형적으로 주가는 제자리를 찾아가고, 환율도 안정세를 보이는 것은 분명 다행한 일이다. 그러나 시중에 떠도는 엄청난 유동자금은 항시라도 고강도 인플레를 예비하고 있는데, 과연 이에 대한 대책은 있는 것인지? 향후 부작용과 집값 폭등에 대한 대비 없이 모든 규제를 풀면서 부동산 경기의 진작에 올인하는 이명박 정부의 정책은 이 정권

이 역시 가진 자의 정권이란 비판을 받아도 할 말이 없음을 입증하고
있다.

데자뷔(dejavu)를 보듯이 선명한 전직 대통령과 그 주변의 석연찮
은 비리 부패 연루, 여전히 위력을 발휘하고 있는 정계와 재계, 검찰
경찰 등 권력 실세들의 부도덕한 유착은 박연차 리스트에서 여지없이
그 건재를 과시하고 있다.

또한 TV의 연예계 소식에서 이른바 스타라며 공인의 반열에 들었다
는 것을 과시하는 그들의 주변 잡기에 귀 기울이는 이 땅의 민초들과,
막장 드라마도 좋으니 시청률만 올리면 된다는 상업주의 미디어와 한
탕을 잡겠다며 스타의 꿈을 키우는 이 땅의 예비스타들의 연합은 아직
꽃도 피우지 못한 귀한 생명을 담보로, 화려하지만 무모하며, 점점 피
폐화하는 쇼들을 지금 이 순간에도 화려하게 펼쳐놓고 있다.

이러고도 그저 펀더멘틀(fundamental)이 튼튼하니 한국경제는 물
론이요, 국격이 곧 높아질 것이며, G-20에도 참여했으니 한국은 이제
세계에서 영향력을 행사할 수 있는 메이저 그룹에 속했다고 안도할 것
인가.

진정성이 보이지 않는 이 나라의 파워엘리트들, 신분 상승과 가시적
인 돈과 업적의 성취에만 집착하는 상류층의 부도덕과 교만함의 끝은
어디인가? 이들에게 노블레스 오블리주(noblesse oblige)를 요구하는
것은 산에서 생선을 구하는 것과 같다.

박연차 리스트

박연차 태광실업 회장과 홍기옥 세종캐피탈 사장 사이의 세종증권 매각 사건을 조사하던 중 박연차가 정관계 인사들에게 뇌물을 주고, 로비를 벌인 사실이 나타나면서, 불거진 사건이다. 2008년 여름부터 2009년 여름까지 1년여 기간 동안 정계와 관계 등에 로비를 벌인 인사들의 명단이다. 정치권과 사회에 충격을 가지고 온 사건이었으며, 한국의 비리와 부패사슬을 적나라하게 보여준 사건으로 이른바 박연차 게이트이다. 게이트는 미국의 워터게이트에서 따온 용어로서, 뇌물수수, 부정에 관련된 사건을 지칭하는 용어로 통상 쓰인다. 게이트 사건은 대통령 임기 말에 노출되는 경향이 강하다.

장자연 리스트

탤런트 장자연이 드라마 「꽃보다 남자」에 출연하는 기간에 2009년 3월 경기도 분당에서 자살했다. 자살 이후 전 매니저에 의해 숨지기 직전에 쓴 자필문건이 공개되었다. 이 문건에는 기획사로부터 술 접대와 성상납 강요를 받는 등 폭행에 시달려 왔다는 내용이 담겨 있었다. 여기에는 언론사 대표, 방송사 PD, 기업체 대표 등의 실명이 적혀 있었고, 연예인 지망생들을 접대에 이용하는 기획사의 인권유린과 불법성 등이 사회적 이슈로 등장한 사건이다. 이 사건도 유력인사들에 대한 수사가 적극적으로 이루어지지 않는 등 한국사회의 치부를 드러낸 사건이다.

11 | 한국의 미래와
현실 인식

- 2009. 10. 22

요즘 신문지상에서 G-20이라는 용어를 자주 발견하게 된다. 이명박 대통령도 이 용어를 자주 언급하고 있다. 이는 내년에 한국에서 G-20 정상회의를 개최하게 된 것을 의미하는 것이다. 이로써 한국도 세계의 경제뿐만 아니라, 정치나 기후 등 세계적 공동 관심사에 우리의 영향력을 행사할 수 있음을 의미하며, 국익에 보탬이 될 수 있는 외교적 쾌거임은 말할 것도 없다. 또한 한국의 높아진 국력과 위상을 상징적으로 보여 주는 일이라는 데 인색한 평가를 내릴 필요도 없을 것이다. 우리는 1988년 올림픽, 2002년 월드컵 축구, 2000년 ASEM, 2005년 APEC을 개최하는 등 세계적인 행사들을 유치한 바 있다. 게다가 OECD 국가 중에서 가장 빠른 속도로 경기회복을 하고 있다는 소식과 국내적으로는 정부의 이른바 '중도실용', '친서민정책' 등이 여론의 호응을 얻는 것에 힘입어 이명박 정부의 지지율이 상승세를 보이고 있는 것 등이 정부의 자신감으로 나타나고 있는 것 같다.

그러나 IMF가 발표한 자료에 따르면 작년도 우리나라의 GDP 규모는 15위이다. 2000년대 초반 세계 11위까지 올라갔던 순위가 중국, 인도, 브라질 등 신흥개발국 등에 밀린 것이다. 프랑스의 사르코지 대통령이 G-14를 언급할 때 당연히 한국은 배제됐었다. 그리고 1995년에 달성한 1만 달러의 개인소득 수준이 아직 14년이 넘도록 2만 달러 고지를 넘지 못하고 있다. 일본 등 선진국들이 7, 8년 만에 1만 달러에서 2만 달러를 돌파한 것과는 대비되는 사실이다. 경제적으로도 아직도 갈 길이 멀고, 특히 중국이 미국과 함께 G-2로 등극하리라는 예측이 설득력을 얻고 있는 상황에서 우리는 이미 중국에 신기술 분야나 수출 경쟁력에서 추월당하고 있는 분야가 한두 개가 아니다.

선진국은 단순히 경제적·외형적 지표에 의해서만 결정되는 것은 아니다. 그 나라의 문화적 수준과 국민들의 의식 수준, 정치적 행정의 틀 등 정치, 경제, 문화, 법치, 복지, 환경, 행정 등 모든 면에서 국민들이 편안하게 느낄 수 있는 수준에 달해야 하는 것이다. 중국이나 인도가 강대국이긴 하지만 우리는 그들 나라를 선진국으로 부르지는 않는다. 과거 중상주의 정책에 의한 부국강병이 국민들의 행복지수를 높이는 충분조건은 아닌 것이다.

한국이 중진국 프레임(frame)에 갇혀 있는 이유는 여러 가지가 있을 것이다. 무엇보다도 사회 내에 존재하는 빈부의 간극과 통합의 문제가 큰 원인 중의 하나이다. 지역과 이념 간의 갈등을 치유하지 않고는 우리는 언감생심 선진국을 꿈꿀 수 없다. 주지하다시피 우리 주변엔 4대 초강대국들이 포진하고 있다. 국제정치적인 여건과 지경학(地經學)적인 여건도 녹록지 않다. 한반도 역사를 관통하는 거대 변수인 중국이란 존재는 버겁기 그지없다. 최근 논의되고 있는 선거제도와 행정구역 개편은 반드시 이루어야 할 과제이지만, 개헌과 함께 자칫 국론의 분열이나 이념적인 갈등을 불러올 수도 있는 민감하고도, 복잡한 논의구조를 거쳐야 하는 과제이다.

현 정부가 자신감에 도취한 나머지 하나도 해결하기 어려운 문제를 한꺼번에 성취하려 하는 과욕에 노출되어 있는 것은 아닌지 되돌아봐야 한다. 4대강 살리기 사업도 여전히 국민의 공감대를 얻지 못하고 있다. 지지율의 상승은 언제든지 급락할 수 있다. 더구나 실체가 뚜렷하지 않은 '중도'가 지지율 상승으로 연결되는 면이 있는 면을 고려할 때 자만해서는 안 된다. 남북문제에서 북한의 붕괴는 궁극적으로 뇌관으로 작용할 수 있다. '그랜드 바겐'이 아니라 통일에 대비하는 '그랜드 플랜'과 미·일·중·러의 4대 강대국과의 유연한 조화를 외교력으로 여하히 성사시켜 나갈지도 큰 과제다. 핵문제는 여전히 미해결로 남아 있다.

사교육문제, 노인문제, 도덕적 해이, 복지, 노사문제 등 넘어야 할 산이 너무 많은 상황에서 장밋빛 환상이 부각되는 것은 정말 중요한 문제를 덮어 버릴 수가 있다. 7% 경제성장, 4만 달러, 세계 7대 강국의 '747' 공약의 허구가 증명된 지 얼마나 된다고 또다시 정부의 홍보만으로 문제의 핵심을 비껴가려 하는가? 정확한 통찰과 냉철한 현실인식, 역사의식이 바탕이 될 때 유사(類似) 선진국이 아닌 삶의 질이 높은 사회, 인간의 가치를 추구하는 진보된 사회(advanced society)로의 꿈을 실현하는 데 한발 더 가까이 갈 수 있을 것이다.

G - 20(Group of twenty) 국가들

G-7 국가들(미국, 일본, 영국, 프랑스, 독일, 이탈리아, 캐나다)에, 아시아 4개국, 즉 한국 · 중국 · 인도 · 호주 · 인도네시아와 중남미의 아르헨티나 · 브라질 · 멕시코, 중동의 터키와 사우디아라비아, 유럽의 러시아와 EU 의장국, 아프리카의 남아프리카공화국을 포함한 20개국이다.

● 특징

아시아와 오세아니아에서 뉴질랜드가 빠지고, 인도네시아가 포함된 것에 주목할 필요가 있다. 그리고 유럽의 스웨덴이나 핀란드, 스위스, 스페인, 네덜란드 등의 국가가 제외되어 있는 것도 눈여겨보아야 한다. 단지 1인당 국민소득의 크기만이 결정 요인이 아니라는 것이다. 국가의 크기와 인구, GDP 등이 고려된 결과이다. 특히 인도네시아는 막연히 동남아의 후진국이라는 인식을 배제하는 사회과학적 인식이 필요하다. 인도네시아는 아시아에서 영향력이 있는 주요 국가이다.

● G-20 정상회의의 창설 연도

1997년 아시아 금융위기 이후 금융과 외환 등과 관련된 국제적 위기 대체 시스템의 부재가 문제로 부각되면서 1999년 9월 IMF(International Monetary Fund, 국제통화기금)의 연차총회에서 주요 신흥국이 참여하는 G-20 창설에 합의하였다. 이후 1999년 12월 독일 베를린에서 신흥국의 재무장관 및 중앙은행 총재가 함께 모여 국제사회의 주요 경제 금융 이슈를 논의하는 G-20 재무장관회의가 개최되었다. 이후 매년 정기적인 회의를 개최해오다가, 2008년 11월 미국의 경제위기와 글로벌 금융위기 발생 이후 선진국과 신흥국 간의 공조 필요성이 대두되어 정상급 회의로 격상되었다. 우리나라에서 2010년 G-20 정상회의가 개최되었다.

G-20 구성원들의 인구는 전 세계 인구의 3분의 2에 달한다. 또 이들 국가의 국내 총생산(GDP)은 세계의 85%에 해당하며, 세계 교역량의 80%를 차지하고 있다.

* G-2, G-20의 G는 Group의 약자이다.
* G-2는 미국과 중국이다.

12 | 한국인의 행복지수

• 2009. 11. 5

　　　　　　삶의 질이 높은 것이 좋은 인생이고, 행복할 거란 말
에 제동을 걸 사람은 없어 보인다. 행복하길 원하지 않는 사람은 없다.
돈과 명예와 건강, 권력 등 대체로 모든 인간이 좋아하는 가치는 그래
도 정도의 차이가 있고, 개인에 따라서는 어느 수준 이상에는 관심이
없는 사람도 많다. 그러나 행복하길 싫어하는 사람은 정말 없다. 그러
면 행복은 무엇인가. 어떻게 사는 것이 행복한 것인가. 위에서 열거한
조건들을 갖추면 행복한 건가. 아니면 세속적이고 보편적으로 사람들
이 추구하는 가치 중 몇 가지 이상, 일정 분량 이상의 수량화로 가늠할
수 있는 것이 행복인가. 이에 대한 대답은 지극히 원론적일 수밖에 없
다. 돈은 적지만 마음에 맞는 배우자와의 삶이 정말 행복일 수 있고,
배우자와는 그럭저럭 지내도 사회적인 권력과 금전의 힘에 더 많은 인
생의 가치와 행복을 느낄 수도 있다. 이것저것 다 없어도 유명해진 명

예 하나로 먹고살 수도 있다. 조기유학이다, 사교육이다 온통 나라가 난리인데, 자녀가 공부 잘하고, 사교육 걱정 없어서 다른 모든 사회적 상실과 박탈을 상쇄하고도 남는 효자, 효녀를 둔 덕에 행복에 겨워할 수도 있다. 이도 저도 아니지만, 건강 하나는 끝내줘서 그 자족으로 얼마든지 행복할 수도 있다. 삶의 질을 얘기하지만 그것이 지극히 상대적이고, 주관적일 수밖에 없는 이유다.

최근 대통령이 삶의 질과 행복을 언급했다. 아마 그 말속에는 우리 사회와 국가가 외형 위주의 양적인 성장을 뛰어넘는 진정한 발전에도 관심을 가짐으로써, 사회구성원들의 행복을 담보하는 질 높은 선진문화국가가 되자는 정치지도자의 비전과 철학이 녹아 있는 얘기일 거다. 좋은 얘기다. 빌딩 높이, GDP, 스포츠 랭킹, 인터넷 이용 숫자, 휴대전화 보유 대수, 자동차 생산 능력 등등, 열거하려면 종이 열 장 정도는 있어야 할 정도의 세계 랭킹을 따지는 현대사회의 세계화와 신자유주의의 천박함 속에서 오랜만에 듣는 그야말로 질 높은 말이다. 특히 짧은 시간에 성취한 산업화의 성과에 도취해 있는 나라에서는 실천과 구체적 정책 집행은 차치하고서라도 청량제 같은 말이다.

그런데 어떻게 해야 국민의 삶이 행복해질 수 있는 걸까. 신생 대한민국이 숙명적으로 짊어지고 있는 압축성장의 그늘에 똬리 틀고 있는 비리와 잘못된 관행, 부패의 사슬을 끊지 않고는 원천적으로 삶의 질 제고는 불가능하다. 여전히 가진 자들의 리그만이 점점 판을 칠 것이고, 사교육문제를 아무리 정치권에서 떠들고, 대통령이 언급해도, 자유와 평등의 조화로운 철학이 부재한 대한민국 사회에서 공염불에 그치기 십상이다.

예능프로그램이라 불리는 국적 미상의 텔레비전 프로와 막장 드라마의 전성시대는 이 사회의 천박함을 웅변으로 상징하고 있다고 해도 과언이 아니다. 특정 스타 운동선수의 승패가 공중파 주요 뉴스에 톱으로 나오는 나라는 대한민국밖에 없다. 강남에 즐비한 성형외과는 이 사회에 만연한 천박한 외모지상주의의 첨병이라 해도 할 말이 없을 게다. 서민들의 주택난 해소를 위한 정책은 예외 없이 돈이면 목숨까지 버릴 수 있는 이 땅의 비속한 투기꾼들의 장난으로 정책적 효과가 반감되기 일쑤다. 공론(public opinion)이 실종되고, 그 자리를 포퓰리즘이 여론(general opinion)의 가면을 쓰고, 국민의 뜻인 양 행세하는 후진적 정치문화 등에 대한 반성과 성찰 없이 '행복한 대한민국'은 언감생심(焉敢生心)이다. 아파트 단지에 내걸리는 재건축, 개발 관련 현수막들은 아파트 가격 상승을 위한 주민들의 이기주의에 다름 아니다.

요즘 인터넷에 떠도는 '직장인의 43계명'은 민초들의 좌절감과 냉소주의를 그대로 반영하고 있다. 씁쓸한 맛을 지울 수 없지만, "포기하면 편하다", "즐길 수 없으면 피하라", "일찍 일어나는 벌레는 죽는다", "일찍 일어나는 새가 더 피곤하다", "티끌 모아야 티끌" 등등……

우리 사회가 지향해야 할 공동가치에 대한 사회적 합의를 찾아야 한다. 대한민국이 지향하는 바가 동아시아의 패권 국가인지, 국민 개개인의 아름다운 삶에 더 치중하는 복지국가인지, 다 갖겠다는 것인지, 편의에 따라 중구난방(衆口難防)의 가치를 남발하는 정치지도자들은 국민의 행복에 해악이 될 뿐이다. 동북아 중심국가론이 공허하게 들리는 이유이다. 마치 노무현 정부 때 동북아 균형자론이 용도 폐기됐듯이 말이다.

막연한 실적 위주의 정책과 대중문화가 사람들을 좌절과 벼랑 끝으로 몰고 있다. 경쟁과 효율이라는 성장주의 철학을 보완할 수 있는 평등과 균형의 인본주의 정책이 조화를 이루어야 한다. 21세기 선진국가, 대한민국은 잘나가는 경제지표와 세계수준의 기업 몇 개로 이루어지는 것이 아니다. 문화적인 성숙함이 뒷받침되어야 한다. 그러기 위해서는 역시 정치가 사회의 청지기와 통합 역할을 해주어야 한다. 연목구어(緣木求魚)인가.

13 | 한국의
사회적 자본

- 2010. 3. 19

우리나라가 선진국의 문턱에 있음은 분명한 것 같다. GDP 규모나 외환보유고에서 10위권임은 물론이고, 작년도의 수출 규모와 무역흑자 등은 이미 선진국 수준이다. 게다가 올 11월에 G-20 정상회의가 서울에서 개최된다. 작년에 미국, 일본, 프랑스, 러시아 등의 원자력 강국들을 제치고 UAE에 원자력을 수주한 것도 한국의 과학기술 능력을 보여 주는 쾌거라고 할 수 있다. 가히 국운 상승의 기운을 맞고 있다는 얘기가 과장이 아닌 듯하다.

그러나 우리나라의 행복지수는 산업 분야나 외형적 경제지표와는 너무나 거리가 멀다. 인간의 행복이라는 것이 기본적으로 주관적이고 다분히 철학적인 면이 있다 하더라도 한국인이 느끼는 생활의 만족감의 수준은 결코 높지 않다는 것이다. 이에는 여러 원인이 있을 것이다. 서구선진국가들이 몇백 년에 걸쳐 이루었던 산업화나 민주주의를 우리는 짧은 시간에 성취했고, 이러한 압축성장의 그늘이 아직도 사회 곳곳에 드리워져 있다. 사회적 상승욕구가 어느 나라보다도 강한 나라, 좁은 국토와 빈약한 부존자원에서 이만큼 경제적 성과를 일궈내기까지 한국인들이 보여준 강인한 집념과 의지는 여전히 성장과 선진화의 동력이 되겠지만, 한편으로는 국민들 입장에서 한국사회에 존재한다는 것이 버겁게 느껴지게 하는 측면도 있음을 부인하기 어렵다. 부자나 가난한 자나 모두 사회에서 살아남기 위해서 지불해야 할 마음의 빚이 너무 큰 나라가 한국은 아닌지 되돌아볼 일이다. 물론 세계화의 거친 파고 속에서 냉혹하기 짝이 없는 신자유주의라는 이데올로기는 무한경쟁과 적자생존의 원칙을 요구하지만, 한국은 여타의 경제지표와는 걸맞지 않게 가진 자와 못 가진 자의 간극은 더 벌어지고 있고, OECD 국가들 중에서도 사회통합 지수는 대단히 낮다.

많은 사회구성원들이 우리의 저력을 인정하고, 전체적으로 한국의 미래를 낙관하는 한편, 사회에 대해 불편한 심기를 감추지 않는다. 그러나 승자독식은 점점 영역을 넓혀가고 있다. 빈부격차의 간극은 점점 벌어지고 있고, 사회통합의 정도는 OECD 30개 국가 중 25위 정도이다. 국민들이 정부가 낙관적 미래의 청사진을 제시하고, 이에 대한 납득할 만한 논거를 내밀 때 흔쾌히 동의하지 않고, 소극적으로 받아들일 수밖에 없는 이유이다.

산업화와 민주화를 일궈내는 데 우리는 서구의 전통적인 선진자본주의 국가 못지않게 피와 땀을 흘렸다. 그 눈물과 땀의 대가가 세계가 놀라고 우리 스스로 자부심의 근거로 내세우는 오늘의 한국이다. 잘 달려왔다. 이제 선진국의 문턱에서 숨을 고르고 있는 형국이다. 그러나 여기서 되돌아볼 일이다. 우리가 가는 길이 '격이 있는' 선진국으로의 터를 닦는 올바른 지향인가를……. 행여 개발도상국을 졸업하고, 돈 있고, 많은 분야에서 세계 수준임을 내세우지만, 서로를 인정하지 않고, 여전히 출세와 자기성취를 위해 남을 밟고 넘어야 하는, 천박하고 냉혹한 부자나라로 가고 있는 것은 아닌지를 되돌아봐야 한다.

우리가 지향하는 선진국은 외형적이고 가시적인 경제적 지표나 과학기술 등의 분야에서 괄목할 만한 업적을 냈다고 해서 가능한 것은 아닐 것이다. 정말로 지난(至難)한 과제가 무형의 가치에 대한 지향이 생활에 체화되어 있는 나라, 상류층의 사회적 책무와 의무가 실현되는 나라의 실현이며, 사회적 통합의 결과 부자와 지도층에 대한 시샘과 질투, 증오가 없는 나라여야 한다. 그래서 온 국민이 편안함과 행복을 느낄 가능성이 높은 나라여야 한다. 적어도 승자독식(勝者獨食)의 사회로 가서는 안 된다.

경제적인 국부의 창출보다 많은 시간과 사회구성원들의 노력이 필요한 것이 사회적 자본(social capital)의 확보다. 사회적 자본이란 무형의 가치들, 이를테면 관용, 배려, 신뢰 등에서 비롯되는 사회적 룰의 정립이다. 경쟁이 지나치게 치열한 사회의 장기적이고 궁극적인 발전은 이러한 사회적 자본의 탄탄한 뒷받침이 없이는 불가능하다. 이제 우리도 타인을 배려하고 아끼며, 공동체 정신에 대한 사회적 합의가 필요할 때가 되었다. 앞만 보고 달려온 우리 스스로가 주위를 돌아볼 줄 아는 시기가 온 것이다.

14 | 천안함 침몰 원인이 밝혀진 후

• 2010. 4. 16

바다에 가라앉은 천안함은 길어야 한두 달 안에 인양 될 것이다. 인양되고 나면 우선 배가 두 동강 난 원인이 적어도 내부 폭발인지, 외부 충격인지는 밝혀질 것이다. 현재로서는 어느 쪽이라고 쉽게 예단(豫斷)할 수 없고, 결정적 심증(心證)이 가더라도 추측한다는 것은 아무 의미가 없다. 청와대와 정부, 군, 국민들은 각자의 입장과 관점에 따라 제각기 다른 짐작을 할 뿐이다. 보도의 홍수 속에 어설프고 얕은 지식들이 혼란만 가중시키고 있다.

문제는 외부 충격으로 밝혀질 때 어떻게 대처하느냐이다. 외부 충격이라 할지라도 그것이 북한의 소행인지 입증하는 것도 쉬운 일은 아니다. 북한의 어뢰나 기뢰 파편이 발견되기도 어렵거니와, 설령 첨단과학의 힘으로 파편을 찾아내는 데 성공했다 하더라도, 북한이 의도적으로 도발한 것인지, 무기수출로 타국의 함정에 의해 발사된 것인지도

증명하기가 어려울 것이다. 물론 북한 말고 어느 나라가 이런 엄청난 짓을 했겠느냐고 생각하는 것과는 별개의 문제다. 그것은 우리 국민들 생각이다.

북의 도발로 군사적·경제적·정신적으로 우리가 입은 피해는 열거할 수도 없다. 그러나 북의 소행이 명백하게 밝혀지고 나서도 한국이 자율적으로 국가의 이성을 가지고 대처하는 데는 엄청난 제약이 따른다. 평시 작전권이 우리에게 있다고 하지만 이런 상황에서는 여전히 미국의 영향력 속에 묶여 있는 것이 현실이다.

대응의 종류에는 여러 가지가 있을 수 있다. 군사적 보복을 포함한 외교적 조치, 경제 제재, 미국에 반대급부를 요구하는 것 등이 그것이다. 1967년에 우리 구축함이 북의 해안포 사격으로 침몰했을 때도 우리는 별다른 대응을 하지 못했고, 68년 북의 무장공비가 청와대 뒷산까지 기습해왔을 때, 박정희 대통령이 상응하는 보복을 주장했지만, 미국의 만류로 M16 소총의 도입 등 다른 군사적 지원에 사건을 덮어야만 했다. 83년 한국의 대통령을 암살하고자 시도했던 미얀마 아웅산 폭발사건, 87년 KAL기 폭파 등 수백 명의 대한민국 국민이 억울하게 죽어갔어도, 미국의 국익 앞에서 우리는 정치적·군사적 자율성을 발휘할 수 없었다. 남북이 군사적으로 첨예하게 대립했던 냉전시대에도 이러했거늘, 현재 이러한 구도는 더 심화되어 있다. 당장 북핵 6자회담을 앞두고 있고, G-20 정상회의와 북에 군사적 대응을 했을 때 감당하기 어려운 전면전 가능성 등 어느 하나 녹록하게 취할 수 있는 조치가 없다. UN에 이 사건을 가지고 간다고 하더라도 그것이 한국민에게 무슨 의미가 있는 것인지 공허하긴 마찬가지다. 남북 간에 서로 다른 공방과 상호 비방만 되풀이되다가 덮어질 확률이 가장 높다. 그러면 이 사건도 영원한 미제 사건으로 남을 것인가?

전쟁 가능성은 모든 것을 덮어 버린다. 그러나 전쟁으로 인한 공포와 상상하기도 어려운 재앙 때문에 우리는 언제까지 국가이성을 저버려야 하는 것인지는 별개의 문제인 것이다. 아직 원인이 밝혀지지는 않았지만 우리는 원인에 따른 다각적인 대응을 준비해야 한다. 남한이 군사적으로 피해를 보고, 속절없이 당하고 난 뒤, 평화적으로만 대응했다고 재발하지 않은 것이 아니지 않는가.

국제정치적 변수와 실질적인 전쟁의 위협, 사회의 안녕, 어느 하나 가볍게 넘길 수 없는 문제들이다. 여기에 침몰 원인이 명백해졌을 때 지방선거를 앞두고, 국가안보를 이용한 정파 간의 정략적 계산과 이에 편승한 소위 진보와 보수의 진영 다툼 등, 문제는 천안함 침몰의 원인이 밝혀지고 난 후의 남한 사회의 반응과 이에 마주할 정부의 대응이다.

정부는 어떤 안보관과 철학을 가지고 있는지 성찰해야 한다. 이명박 대통령은 단호히 대처하겠다고 했다. 그러나 공개해서는 안 될 군사상의 정보와 기록 등을 여론에 떠밀려 쉽게 공개함으로써 북에게 우리의 군사탐지능력을 노출시키고, 한계도 함께 까발려졌다. 이러한 군대와 정부가 어떻게 단호히 대처하겠다는 건지 알 수가 없다.

분명한 것이 있다. 자국의 국민이나 군이 속수무책으로 당하고 나서도, 경제제재나 외교에만 의지하는 모습만을 보이는 것은 이성을 가진 국가가 아니다. 군대에 자식을 보내놓고 학교에 공부하러 간 정도로 생각하는 오늘의 한국 부모들, 자유주의적인 생각이 팽배하고 있는 시대조류 속에서 국방의 의무를 다하는 것은 너무나 억울하다는 사고가 지배하고 있는 것이 오늘의 한국이다.

고관들이 군대를 안 가고, 엘리트들의 희생과 봉사의 부재 속에 '노블레스 오블리주'는 공허하다 못해 초라하고 참담하다. 이 엄혹한 현실 앞에서 대통령과 정부는 무슨 철학과 어떤 각오와 태세로 단호히 대처할지 세계와 국민이 주시하고 있다. 그리고 입만 열면 국리민복을 잠꼬대처럼 외워대는 정치인들은 또 어떨지 지켜볼 일이다.

15 | '공정'과 공동체

- 2010. 9. 30

최근 '공정'이 화두가 되고 있다. 공정(fairness)은 정의(justice)와 연결될 수밖에 없다. 이는 자연스럽게 우리 사회의 평등(equality)과 만나게 된다. 1인당 GDP 2만 달러를 회복하고 선진국의 문턱에 도달해 있다는 주장이 그리 낯설게 느껴지지 않는 대한민국에서 이제는 정의와 평등의 문제를 숙의(熟議)할 때가 된 것이다. '공정'이라는 문제 제기가 설령 정치적 의도를 전혀 배제할 수는 없는 것이라고 하더라도, 분명 공정과 형평의 문제는 사회통합과 연관되어 사회의 주된 이슈로 등장할 수밖에 없는 것이 우리의 현실이다. 현대국가는 보수와 진보 중 한쪽에 무게중심이 기울더라도 복지국가적 경향을 띠는 것이 보편적이고, 신자유주의 경제가 지배적인 사조라 하지만, 분배와 균형의 문제를 간과할 수 없다.

우리 사회도 예외는 아니다. 그러나 한국사회에서의 분배와 정의의 논쟁은 그저 서구의 자유주의 발달사에 견주어 비교할 수 있는 것과는 다른 성격을 지니고 있다고 보아야 한다. 서구의 자유민주주의 발달이 시민혁명과 산업혁명을 거친 부르주아의 발달사가 기저에 깔려 있고, 개인의 자유와 권리가 지나치게 고양된 나머지, 공동체와의 상충이라는 문제의 발생으로 자유주의와 공동체주의의 충돌이 현재(顯在)화했다.

한국에서 제기되고 있는 불평등의 문제는 경제성장의 과실이 증대되면서 나타난 가진 자와 못 가진 자의 갈등이 근본 원인이다. 이는 개인의 이익과 공동체와의 긴장 관계를 야기시켰다. 한국의 경제적 불평등의 문제를 서구에서 진행된 자유주의와 공동체주의의 갈등과 동등한 영역에서 다룰 수 없는 이유이다. 즉, 한국에서는 자유주의의 출현과 자유주의의 과잉으로 공동체 구성원의 전체 이익을 해친다는 논리가 성립하지 않는다. 한국에서의 문제는 잘못된 공동체 주의가 오히려 개인의 자유도 침해하고, 공동체의 진정한 이익에도 봉사하지 못하는 측면이 있다.

비정상적이라고 할 수 있는 지나친 가족이기주의, 학연과 지연으로 이어지는 왜곡된 연고주의, 집단의 이름으로 개인을 미화하고, 조직에 편승하려는 간판의식 등은 자유주의의 논리로도, 공동체주의의 논리로도 미화될 수 없는 부분들이다. 개인적 자유주의와 집단적 공동체주의의 어느 쪽도 아닌 소속 불명의 이기주의는 이 사회 전체를 멍들게 하고 있다. 여기에 재산에 대한 천민자본주의적 탐욕이 더해져서 '만인에 의한 만인의 투쟁'이 우리 사회의 어두운 자화상이 된 것이다. 이러한 상황을 방치하고서는 이른바 '대한민국의 선진화'는 언감생심(焉敢生心)이다.

'공정'의 화두에 대해 비아냥거리는 목소리는 진작부터 예견된 바다. 맞다. 정부의 로드맵 없는 즉흥적인 '공정'은 생뚱맞다는 빈정거림을 들어도 할 말이 없게 됐다. 야당이나 진보세력으로부터는 진정성이 없다는 말을 듣기에 안성맞춤이다. 그러나 진정으로 한국사회의 전진과 선진국으로의 업그레이드를 원한다면, 어설픈 보수와 자유주의 논리로 현실을 호도하려 해서는 안 된다. 사회통합의 어젠다는 그냥 나온 것이 아니다. 정부가 친서민과 공정을 임기 후반에 꺼내든 것이 진보 진영의 상대방에 대한 단골 공격 수사(修辭)인 우파 포퓰리즘인지, 진정으로 이 사회를 걱정해서인지는 더 지켜볼 일이다. 그러나 설령 정치적 계산이 깔려 있어도, 역사는 그래서 발전하는 것이다. 서구에서의 자유주의의 발달도 부르주아들이 자신들의 정치적 권리와 경제적 이해관계를 반영하기 위한 것에 다름 아니었다.

한국의 정치사회적 · 경제적 정책의 수립은 이제 분배가 없는 성장은 더 이상 불가능하다는 것의 인식에서 출발해야 한다. 900만의 비정규직을 안고서 이 사회가 더 이상 전진한다는 것은 화약을 안고 불섶에 뛰어드는 것과 같다. 혁신(innovation)은 언론이 필요 이상으로 치켜세우는 CEO에서 나오는 것이 아님을 명심해야 한다. 창조적 아이디어와 개혁은 삶의 안정을 확보한 일반 국민으로 나옴을 직시해야 한다. 그것이 '공정'의 화두가 의미를 갖는 정치경제적 메시지이다.

16 한국사회의 주류(主流)

- 2010. 10. 15

현재 한국의 경제성장은 상당 부분 1970년대와 1980년대 다져진 것이다. 70년대는 박정희 대통령이 유신으로 종신 집권의 길을 열었고, 80년대는 전두환의 군부 독재가 민주주의를 질식하고 압박하던 시기였다. 그러나 1970년대의 중화학공업의 육성으로 산업구조가 고도화되고, 1972년에서 1976년까지의 경제개발 5개년 기간 동안 연평균 경제성장률은 10.1%에 달했다. 그리고 수출증가율은 47%에 달하는 급성장을 보였다. 1980년대에 들어 −4.7%에 달하던 경제성장률은 1986년의 저유가, 저금리, 저환율이라는 3저 현상에 힘입어 사상 유례없는 호황이 지속되었다. 1986년에서 1988년까지의 경제성장률은 12~13%에 달했을 정도였다. 그러나 민주화 이후 김영삼 대통령 이래 김대중, 노무현 대통령을 거치면서 한국 경제는 오히려 상당한 어려움에 처하게 된다.

현재 이명박 정부는 G-20 의장국을 강조하고, 국민소득 2만 달러 탈환을 홍보하지만, 비정규직 900만 시대와 청년실업, 양극화와 빈부 격차의 문제를 간과하고 있다. 현재진행형인 신자유주의의 속성상 양극화가 일정 부분 양해된다 해도, 한국의 양극화의 속도와 폭은 빠르고 넓다. 박정희의 유신 독재와 전두환의 군부 권위주의 정치가 민주화를 지연시키고, 정치적 지체를 가져왔으나, 현재의 빈부격차와 상대적 박탈감으로 이어지지는 않았다. 날로 심화되는 양극화는 김대중 정부의 신자유주의 정책과 노무현 정부의 건설, 토목 경제로 인한 부동산 투기로 더 심화된 것이다. 게다가 이명박 정부의 경쟁과 효율 위주의 시장근본주의는 이를 한층 더 가속화시키고 있다. 정부의 친서민과 복지 중시 정책이 나름대로 의미를 찾으려면 경제 운용의 기본철학의 변화가 수반되어야 한다.

현재 우리나라의 양극화는 OECD 국가들에 비해 심각하다. 중남미보다 정도가 덜한 것으로 위안을 삼아야 할 정도다. 그러나 현재의 시장구조와 전면적인 해외자본 개방 등으로 미루어볼 때, 한국은 언제든지 중남미형의 경제구조로 재편될 수 있는 개연성을 가지고 있다. 민주화 이후에 민주주의가 위기로 느껴지고, 이명박 정부 들어서 민주주의가 후퇴하고 있다는 인식은 그저 '좌파나 진보를 흉내 내고, 정부를 비판해야 지식인 흉내를 내는 저급한' 한국사회의 지적 풍토에서 비롯된 것이 아님을 알아야 한다. 다소 생뚱맞게 와 닿는 '정의(justice)'에 대한 갈구는 이러한 사회의 왜곡된 진화에 대한 경계임을 알아야 한다. 새삼스럽게 심연을 알 수 없는 탐욕으로 위장하고 있는 고위층과 도덕적 해이(moral hazard)로 철저히(?) 무장한 이 땅의 천박한 부자들에 대해서 경고하는 것이 아니다. 우리 사회의 진실을 얘기하고 있을 뿐이다. 노블레스 오블리주(nobless oblige)는 되뇔수록 우리에겐 맞지 않는 진보된(advanced) 사회의 양태이며, 자신의 앞날을 설계하기 어려운 젊은 층과 비정규직들에게 공허와 허탈만을 안길 뿐이다. 언제부턴가 '상류층'이라는 용어가 사회과학적 검증과 비록 묵시적이라도 사회적 합의가 부재한 상태에서 쓰이고 있다. 물질적 부와 유사(類似) 지식으로 치장한 삼류들의 싸구려 권력으로 따리 튼 일군(一群)의 무리를 지칭하는 것인가. 그리고 이들이 사회의 주류(mainstream)인 양 행세하는 것은 너무 역겹다.

민주화 이후 오히려 심화된 경제적 자유주의의 부정적 모습은 이제 민주주의의 위기로까지 확대되고 있다. 단지 피부에 와 닿지 않을 뿐이다. 우리의 공동체가 진정으로 사람 사는 세상으로 거듭 나고, 오매불망(寤寐不忘) 온 국민의 염원인 '선진국'이 되기 위해서는 철학과 사회적 정의에 대한 확고한 개념 정립이 절실하다. 1970년대와 80년대, '강남몽(江南夢)'으로 사회의 주류에 올라갈 수 있었던 시대는 이미 지났다. 스스로 '주류'라고 대견해 마지않는 인사들이 진정한 주류의 가치로 거듭 태어나기를 고대한다면 또 다른 '강남몽'일까.

17 | 포퓰리즘과 복지

• 2010. 11. 30

한국이 선진국으로 가는 길목에서 숨 고르기를 하고 있다고 한다면, 그래도 현실을 한참 긍정적으로 본 것이다. 선진국이 된다는 것은 어느 특정한 부문에만 국한되는 것은 아닐 것이다. 여러 기준이 있겠으나, 우선 경제적 측면으로 1인당 국민소득을 꼽을 수 있다. 국내총생산(GDP)도 주요 기준 중의 하나이다. 그러나 국내총생산은 총체적인 국력을 비교할 때 주로 이용된다. 국내총생산이 선진국이나 삶의 질이 높은 나라를 반드시 의미하는 것이 아님은 물론이다. 일치하지 않는 나라와 일치하는 나라가 있다. 강대국의 척도와 선진국의 척도가 꼭 같은 것은 아님을 의미한다. 한국은 소득 2만 달러를 회복하고, 선진국 진입이 머지않은 것으로 느껴질 때도 있다. 2만 달러 후반대나 3만 달러에 진입하면, 소득 수준으로는 선진국 행세를 해도 그다지 어색한 게 아닐 수 있기 때문이다. 그런데 서구나 북구형의 선진국과 영미형의 선진국이 문화나 사회경제적 의미가 다른 부문이 많다. 영미형이 시장에 많은 부분을 의존한다면, 북구나 서구는 상대적으로 사회민주주의적 복지의 개념을 도입한다.

최근 복지와 공정을 둘러싸고, 정파 간에 생각의 차이를 보이는 것을 발견한다. 예를 들면 지난 지방선거 때, 무상급식과 무상보육을 둘러싼 여야의 논쟁과 김황식 국무총리가 65세 이상 노인들의 지하철 무임승차에 대해 이견을 제시한 것 등이 그것이다. 논점은 이렇다. 중산층 이상 경제적 능력이 있는 계층이 충분히 부담할 수 있는 지하철 요금이나, 급식을 왜 혈세로 국가가 부담해야 하느냐이다. 논리적으로, 상식적으로 크게 흠잡을 데 없는 논리인 것처럼 보인다. 그러나 이는 복지에 대한 기초지식조차 없는 개념이다. 어떤 사안에 대해 견해를 밝힐 때는, 그 분야에 대해 최소한의 기초상식은 가지고, 스스로의 철학과 생각을 밝히는 것이 예의이다. 그러나 상식선의 생각을 가지고, 주요 위치에 있는 사람들이 견해를 밝히는 우를 범하고 있다. 다행히 김 총리의 무식(?)한 생각은 실현되지 않았다.

김 총리나 무상급식에 대한 한나라당의 생각대로라면, 현재 모두가 당연하게 받아들이고 있는 초등학교와 중학교 무상교육은 당장 폐지해야 마땅하다. 복지란 대다수 국민들이 거부감 없이 받아들일 수 있는 문화적·정서적 부분도 중요한 것이다. 무상급식 정도와 노인들의 지하철 무료승차를 감당할 능력은 되는 게 한국의 경제수준이다. 세계 10위권의 경제대국이라고, G-20 의장국가를 입에 달고 다니는 고위관료들의 논리와 지하철 무임승차와 무상급식에 대한 반대 견해는 앞뒤가 맞지 않는다. 4대강 사업에 대한 찬반 여부는 차치하고서라도, 예산의 완급과 복지와 선진화에 대한 기본 철학을 정립한 다음에 정책적 논쟁을 하는 것이 순서다. 이른바 보수나 우파 인사들의 단골메뉴인 무상급식 등의 논리는 포퓰리즘이기 때문에, 서구도 지금 복지의 개념을 수정하고, 시장주의로 돌아가고 있다는 것이다. 일정부분 맞다. 그러나 간과하고 있는 것이 있다. 서구는 복지국가의 최정점까지 가봤던 국가들이다. 복지가 일정 부분 근로 의욕과 성취동기를 저해하는 부분이 있어, 그 부분에 대한 완급 조절과 시정일 뿐이다.

한국은 아직 복지란 것을 시행해본 적이 없는 나라다. 소득 1만 달러일 때, 서구 국가가 복지예산을 평균 15% 배정한 반면, 소득 2만 달러인 한국은 현재 10% 수준이다. 한국은 미국식의 복지 개념에 경도되어 있다. 사회와 국가가 존재하는 이유는 경쟁에서 탈락한 사람들에 대해 능력 탓으로 돌리는 것이 아니고, 그들에 대해 인간으로서 존엄할 권리를 찾아줘야 하는 것이다. 이는 헌법 사항이기도 하다. 헌법 119조에는 엄연히 적정한 소득의 분배와 경제의 민주화 조항이 명문화되어 있다. 어설픈 논리로 함부로 우파니 좌파니, 포퓰리즘이니 하는 용어를 남발해선 안 된다. 이념의 문제가 아니라, 인간의 삶의 질의 문제로 귀착된다는 기본 철학의 정립조차 안 돼 있는 인사들의 천편일률적인 논리 전개는 식상하고도, 사리에 맞지 않는다. 진정한 선진의 의미와 복지의 의미부터 성찰하는 양식이 아쉽다.

포퓰리즘(populism)

populism이라는 단어는 19세기 후반의 농부나 노동자에게 필요한 문제를 제기하는 운동으로 시작되었다. 20세기 초 러시아 혁명기에 '대중의 이해를 반영하는 이념'이라는 개념으로 쓰였다. 국내에서는 대체로 '대중주의' 또는 '대중인기영합주의'의 의미로 쓰이며 실현 가능성이 적은 비현실적 선심성 정책으로 일반 대중을 호도하여 정치적 지지를 이끌어 내어 권력을 유지·획득하려는 정치나 정책이라는 부정적인 의미로 사용된다. 그러나 본래의 의미는 엘리트주의자들에 대하여 국민대중의 필요와 생각을 대변한다는 뜻이다. 따라서 최근 무분별하게 포퓰리즘이라는 단어를 정파적 이해를 대변하기 위하여 남용하는 관행은 지양되어야 한다.

18 | 졸업식 유감

- 2011. 3. 4

　　사회적으로 고교의 졸업식 뒤풀이가 문제가 되어, 경찰까지 동원되는 기현상이 벌어지는 특이한 졸업 풍속도가 낯설지 않은 졸업 시즌이 끝났다. 이해하기 어려운 졸업식 뒤풀이는 분명 개선되어야 한다. 그런데 졸업식 행사의 내용이나 형태 등을 획기적으로 바꿔보는 것은 어떨까? 올해 서울시내 수도여고 졸업식에서는 교장선생님의 배려로 이 학교 출신 디자이너가 고안한 자주색 벨벳 망토를 졸업생에게 입혀서 졸업식을 치르게 했다. 참으로 신선한 발상이다. 단순히 참신한 디자인의 옷을 입어서가 아니라, 교장선생님과 학교 측의 학생들에 대한 배려와 존중이 묻어나는 것 같아 신선하고, 흐뭇하게 느껴진다.

　　졸업식이면 으레 '빛나는 졸업장을 타신 언니께……'로 시작되는 근대화를 추진하던 시대의 졸업식은 차라리 낭만적이었다. 송사와 답사로 이어지는 졸업식장은 눈물바다가 되기 마련이었고, 나름대로 졸업식이라는 세리머니(ceremony)가 의미 있게 느껴지기도 했다. 그러나 인터넷과 휴대전화, 그것도 모자라 아이패드, 스마트폰으로 무장한 현대의 스마트몹(smart mob, 똑똑한 군중)들에게 농경시대의 진부한 콘텐츠가 어울릴 리 만무하다. 이제 졸업식의 순서와 내용을 좀 바꿔도 될 때가 된 듯하다.

특히 대학 졸업식은 대다수의 졸업생들이 식장에 가지 않는다. 이는 요즘만의 풍속도는 아니다. 식장에 들어가는 것은 어딘지 조직의 논리에 순치된 것 같고, 곧 사회에 나갈 지성인답지 못한 것 같은 느낌을 필자도 느껴봤던 기억이 난다. 권위주의 시절 대학생들은 그런 식으로 사회와 부도덕한 정권에 항거하는 조그만 몸짓이라도 보이고 싶었을 게다. 집단주의에서 벗어나려는 욕구, 권위와 전체주의에 맞서려는 유사(類似) 정의감 같은 것들이 대학의 문을 나서는 사회 초년병 예비생들에게 공통적으로 부합하는 심리였던 것 같다. 지금은 권위주의도 아니고, 아무도 개인에게 조직 전체의 논리를 적어도 명시적으로 강요할 수 없다. 그런데도 여전히 졸업식과 졸업식의 주인공들이 따로 노는 괴리는 무엇으로 설명해야 할까.

상을 받고, 내·외빈 소개하고, 학교장의 근엄하고, 판에 박힌 듯한 축사와 기념사, 격려사로 이어지는 졸업식은 21세기 정보화의 첨단을 걷는 지금도 왜 바뀌지 않는 것일까. 몇 개 대학의 총장 말씀이 일간지에 보도되는 촌스럽고, 구시대적 행태는 지금도 여전하다. 이러한 관행은 사회구성원들이나 졸업생들의 가슴에 와 닿지 않는다.

현대사회는 신자유주의의 무덤 속에서 경쟁과 효율, 승리만이 대우받는 시대이다. 그래서 수요자 중심이고, 고객만족 시대라고 한다.

이는 사람을 존중해서가 아니라, 이익을 극대화하기 위한 방법론적인 프로토콜(protocol)일 뿐이다. 비록 경쟁만능주의의 시대이지만, 그래도 겉으로는 수요자 중심을 가장한 고객우선이라는 이데올로기를 내세우는데, 왜 아직 졸업식만큼은 공급자 위주의 행태에 머물러 있는 것일까.

이제 각급 학교의 졸업식의 의미 부여와 행사의 진행과 내용을 획기적으로 전환할 때가 됐다. 발상을 전환하면 얼마든지 졸업생과 학교가 따로 놀지 않고, 의미를 확인하는 뜻 깊은 만남과 화합의 장이 될 수 있을 것이다. 조그만 배려와 존중이 사람들을 살맛나게 한다. 사소한 무시와 홀대가 사람을 어긋나게 하고, 원심력을 조장할 수 있다. 우리 사회는 이 간단하고 평범한 진리를 모른다. 그래서 겉으로 인간다운 사회와 정의, 공정을 외치지만 사람들 가슴에 와 닿지 않는 것이다.

졸업시즌이 끝나고, 다시 계절이 몇 번 바뀌면 또다시 졸업들이 다가올 것이다. 그때도 다시 경찰이 못된 뒤풀이를 막기 위하여 동원되어야 하는가. 졸업식에서부터 여전히 한국사회에 만연되어 있는 권위주의와 높은 사람 위주의 관행을 바꿔나가야 한다. 그것이 새로운 사회와 또 다른 교육현장에 투입되는 학생들을 대우하고, 그들에게 용기와 힘을 불어넣는 길이다. 그것이 무력해지는 우리네 청소년들에게 희망을 불어넣는 작은 손짓일 수 있다.

19 | 천안함 폭침 1주기와 공직자 재산공개 소회(所懷)

• 2011. 4. 1

3월 26일은 천안함이 북의 만행으로 폭침된 지 1년이 되는 날이다. 칼바람 이는 서해바다에 세상 무엇과도 바꿀 수 없는 막내 아들을 묻은 어머니는 아들의 사망보상금을 기관총 구입에 써 달라고 국가에 헌납했다. 그리고 아들의 소중한 목숨과 바꾼 국산 기관총이 초계함 아홉 척에 장착되었다. 그 어머니는 아들을 가슴에 묻은 지 1년이 되는 날, 자신이 국가에 바친 돈으로 마련한 그 기관총을 붙잡고 오열한다.

같은 날 이른바 이 땅의 '고위공직자'들의 재산공개가 있었다. 헌법재판소의 재판관, 간부의 평균재산은 38억 원이고, 중앙정부와 지방자치단체 고위공직자, 국회의원, 고위법관의 70%가 재산이 늘었다. 그리고 고위공직자의 평균재산은 15억이 넘는다. 원래 기업가 출신인 이명박 대통령은 주택가격 상승으로 재산이 작년보다 4억 이상이 늘어나 55억 원에 달했다. 전혀 상관성이 없는 두 가지 사실(fact)을 접하면서, 묘한 감정이 교차한다. 원래 나라를 지키는 계층은 민초다. 지금 일본의 원전 방사능을 막기 위한 사투도 하위공무원의 몫이다. 원래 역사란 그런 것이다.

한국이 경제규모에 비해 구성원들의 행복감이 낮은 이유는 무엇이겠는가. 상대적 박탈감의 증대이다. 절대적 수준에서 나아진 경제규모나 생활환경보다는 증폭되는 격차에 대한 불만족이 행복감을 상쇄한다. 어차피 신자유주의적 세계화에 보조를 맞추지 않을 수 없다면, 자본주의의 속성상, 게다가 상대적으로 천민적 경향을 보이고 있는 한국의 자본주의의 속성상, 빠르게 진행되고 있는 양극화와 빈부격차의 심화를 당연히 받아들여야 한다. 그러나 자유나 평화, 사회통합 등의 거대담론에 둔감한 이 땅의 어리석은 민초들만 이 평범한 진리를 인식하지 못하는 어리석음에서 벗어나지 못하고 있다. 눈높이를 좀 낮추면 될 것을, 그러면 국내총생산 세계 15위의 대한민국이 굶기진 않을 테니까 행복해질 수 있지 않을까.

그러나 이 땅의 순진한 백성들은 잊을 만하면 벌어지는 국회의 인사청문회 백태에서 좌절과 분노를 느낀다. 자식의 교육을 위한 것이라면, 위장전입 정도는 자식 키우는 입장에서 이해할 수 있다는 왜곡된 관용은 얼마나 역겨운가. 부동산 투기는 왜 지탄받아야 하나. 그것도 자식의 유학자금을 마련하기 위한 것이라면 양해가 되는가.

언제부턴가 사람들은 '상류층'이라는 말을 자연스럽게 입에 올린다. 점점 벌어지는 빈부격차를 일부 학자나 지식인들을 제외하곤 당연하게 받아들인다. 빈부격차가 현대자본주의의 구조적 요인에 기인하니까 당연하다는 비사회과학적 인식의 만연은, 급기야 OECD 국가 중 양극화가 가장 빠른 속도로 진행되고 있는 한국의 심각성을 애써 외면하는 데 일조하고 있다. 존재하지도 않는 '명문'을 가장 많은 부수를 자랑하고, 차기 대선의 유력주자에 줄을 서왔던 영민함으로 사세를 확장시켜 온 이 땅의 신문들이 너무도 태연하고, 무비판적으로 보도한다. 고위직에 어느 고교, 어느 대학이 가장 많은지 서열화시키는 데 익숙한 이 땅의 언론은 '노블레스 오블리주' 따위엔 관심이 없다. 그저 어쩌다가 구색 맞추기로 언급할 뿐이다.

이래 가지고서는 한국의 미래는 없다. 선진국은 언감생심(焉敢生心)이다. 소득의 수치가 선진국을 보장하는 것은 절대로 아니라는 사실을 이 땅의 이른바 '상류층'들만 모른다. 부끄러운 줄 알아야 한다. 공직자란 부류의 인간들이 그렇게 많은 재산을 가지고, 사회적 통합을 얘기하고, 선진국을 운위하니까, 개도 웃고 소도 웃는 것이다. 자본주의 사회에서 재산이 많은 것이 왜 나쁜 것이냐, 맞는 말이다. 정확하게 맞는 말이다. 그렇게 갖지 못한 부류가 무능력하다는 얘기를 하고 싶을 게다. 그러나 사회가 용인한 공직자의 길을 올바로 걸어왔다면 절대로 그렇게 많은 돈을 벌지 못한다는 데, 상류층의 부도덕이 자리하고 있다. 더구나 공직자들이기에…….

더욱 천민화하고 있는 대한민국 사회는 이제 홉스(Hobbes)의 '만인에 대한 만인의 투쟁'으로 전락하고 있다. 사회통합이라는 정치인들의 구호는 그래서 더 위악(僞惡)적이다. 약육강식과 정글의 법칙을 사회의 기본 법칙으로 만천하에 공표하는 게 차라리, 공직자들의 위선에서 느끼는 역겨움이 초래하는 병리현상을 조금이라도 치유할 수도 있을 것 같다. 천안함 폭침 1주기와 고위공직자 재산 공개는 이래서 묘하게 오버랩한다. 이런 관점을 편견이라고 보는 사람은 스스로가 부끄러운 줄 알면 된다. 그것이 오늘 대한민국 사회가 주는 교훈이다.

20 | 가정의 달과 세대간극

• 2011. 5. 27

공동체의 통합을 얘기할 때 빠지지 않고 등장하는 것이 지역, 계층, 이념, 세대 간의 갈등이다. 거의 화석처럼 굳어진 수사(修辭)들이다. 민주화 이후 1987년 12월의 13대 대통령 선거에서 지역주의는 극한으로 치달았다. 그 이후 선거에서 지역에 호소하는 정치행태는 고착화되는 현상을 보였다. 민주화 이전에 반독재 민주화 투쟁에서 지역주의는 정치에서 차지하는 비중이 제한적이었으나, 민주화를 달성하고 난 이후 독재 대 반독재의 정치구도를 대체한 것이 지역주의였던 것이다. 지역주의가 좀 완화되고, 이념적 갈등 구도가 그 자리를 메우는 것은 바람직한 현상일 수 있다. 계층과 세대 간의 간극은 이념적인 부분과 중첩된다.

세대 간의 문화와 이념의 차이는 단순히 세대차라고 부를 수 있는 정도를 넘고 있다. 지난 4·27재보궐선거에서도 세대 간의 지지 성향은 확연히 갈렸다. 특정 사안을 두고, 좌와 우의 생각의 차이는 당연한 것이다. 보는 관점에 따라 이중적인 면을 다 가지고 있는 것이 세상 이치기 때문이다. 그래서 좌와 우의 조화와 보완이 특정한 쪽으로의 편중을 막을 수 있는 문화적·사회과학적 처방이다. 그러나 나이에 따라 보는 시각과 생각의 차이가 소통할 수 있는 정도를 넘는다면, 이는 다양성의 긍정적 측면으로 보기에 너무 심각하다.

제2차 세계대전 이후 독립한 국가 중 민주화와 산업화를 성공적으로 수행한 나라는 한국이 거의 유일하다. 유럽 등 서구가 수백 년에 걸쳐 이룩한 과업을 우리는 불과 몇십 년 만에 성취한 셈이다. 이렇듯 너무나 빠른 변화는 세대가 공유할 수 있는 최소한의 가치와 교집합을 실종시키고 있다. 지금의 50대 전후의 기성세대와 베이비부머들이 겪었던 1960~1970년대 모습은 50대 전후의 세대와 그들의 부모 세대가 공유했던 근대화의 추억들이었다. 가치적으로 민주화라는 시대정신을 공유할 수도 있었다. 그러나 지금의 청년세대와 기성세대는 서로를 이해하고, 보듬을 최소한의 목표와 문화를 발견하지 못한다. 급기야 취업을 둘러싸고 아버지 세대와 자식 세대가 한바탕 전쟁을 치러야 할 상황으로까지 내몰리고 있다.

어느 시대나 존재하는 사회학적인 세대차라고 진단하기에 한국의 세대 간 차이는 중증(重症)으로 치닫고 있다. 언어에서 느끼는 이질감도 위험 수위를 넘어서고 있다. 의미와 가치의 소통 이전에 물리적인 소통 자체가 벽에 부딪히고 있다. 아날로그의 소통 단절은 급기야 디지털까지도 연장된다. 사회정치적 현상에 대한 관점도 극명하게 엇갈린다. 가정에서 나이가 서열의 중요한 잣대였던 모습도 의미를 상실해 가고 있다. 아버지는 그저 돈을 벌어다 주는 기구에 불과하다. 자식과

의 대화는 실종된 지 오래다. 부모와 자녀 세대의 단절을 현대의 탈물질 사회의 당연한 현상으로 치부하고, 자신만의 현상이 아닌 우리 시대의 자화상으로 해석함으로써, 조금의 위안을 느끼고 싶은 심정이 베이비붐 세대에게 잠재적으로 자리하고 있다면 너무 아픈 지적인가.

해방 후 좌우익의 대립과 냉전의 희생양으로서의 참혹한 전쟁, 독재와 쿠데타와 권위주의, 그러나 그 아픔을 딛고 민주화와 성공적인 경제성장을 이룩한 저력, 이것이 우리 국민의 아픔이자 자랑이다. 경제적 양극화뿐만이 아니라, 근대화 과정의 극단적 이중성은 한국사회를 가치의 딜레마에 빠뜨렸다. 좌·우와 보수·진보의 증오와 대립은 이 과정의 반영에 다름 아닐 것이다.

양극화와 질시, 분열, 관치, 독선, 아집, 관용과 배려의 실종 등이 한국사회를 해석하고 분석하기 난해한 요지경의 나라로 몰아가고 있다. 이러한 부정적 현상들을 세대 간의 대화의 복원으로 해결할 수는 없을까. 우선 자녀들과의 대화의 시도부터 시작해보자. 가정의 달, 5월은 대화의 복원이라는 사소하지만 긴요한 작업부터 시작되어야 한다. 각종 이벤트 행사는 오히려 가족의 원심력만 가중시킬 뿐이다. 계절의 여왕, 5월을 보내는 마음은 그래서 씁쓸하다.

21 | 공정사회와 전관예우

- 2011. 6. 15

한국사회에 '공정'이 화두로 떠오르고, 이는 정부가 공식적으로 내세우는 정치 이데올로기가 되었다. 공정이 정부의 정책 철학으로 채택된다는 것은 역설적으로 우리 사회가 그만큼 공정하지 않다는 반증이다. 마이클 샌델(Michael J. Sandel)의 『정의란 무엇인가』는 왜 그렇게 오랜 기간 동안 베스트셀러의 자리를 지키고 있는가? 이 사회가 정의롭지 못하다고 생각하는 시민들의 인식과 정의에 대한 갈구의 다른 표현이 아니던가? 소설도 아니고, 읽어 내려가기가 결코 녹록지 않은 정치철학서를 부동의 베스트셀러로 만든 것은 한국사회의 정의에 대한 갈증을 그대로 보여 주고 있다. 한국사회에서의 정의는 윤리적이고, 당위적 규범으로서의 정의(正義)가 아니고, 분배와 자격의 차원에서의 정의가 문제되고 있는 것이다.

최근 부산저축은행 사건으로 불거진 전관예우에 관한 문제는 오래전부터 제기되어 왔다. 국회에 전관예우금지법이 시행되면 이 문제가 좀 나아질 수 있겠으나, 현재 개정된 전관예우금지법은 처벌 조항이 없기 때문에 공수표가 될 공산이 크다는 지적이 지배적이다. 전관예우는 기득권 계층이 자신들의 이익을 위하여 상호 유리한 메커니즘을 유지하고자 하는 발상에서 비롯된다. 지연과 학연으로 얽혀 있는 강고한 기득권 구조는 좀처럼 깨지지 않고, 더욱 견고하게 그들만의 성(城)을 구축해 나가고 있다. 점점 심화되는 양극화는 이 사회에 자연스럽게 상류층이라는 용어를 탄생시켰다. 생활세계 자체가 상이한 계급이 형성된 것이다. 단순한 소득의 차이를 넘어 이미 서로 다른 문화를 형성한다.

전관예우는 공직의 의미를 여지없이 훼손시킨다. 소유적 개인주의와 이기주의가 여과 없이 관철되는 신자유주의의 논리 속에서 공공의 이익과 공동체의 안녕을 위한 봉사만이 강조되는 것이 비현실적이라 해도, 최소한의 신뢰는 기능해야 그 공동체가 유지될 수 있다. 판검사들의 전관예우는 이미 로펌에서 월봉 1억도 모자란 현실이 실체를 설명하고 있다. 로펌뿐만이 아니다. 변호사를 개업한 이후의 삶은 판검사 때와 어찌 그리 다를 수 있는가. 전관예우는 변호사들만의 생선덩어리가 아니다. 장차관을 지낸 사람과 고위공직자들의 퇴임 후의 생활은 현직 때보다 더 화려하다. 그들은 메이저 리그에서 사회에서 선택받은 프리미엄을 마음껏 향유한다. 그리고 또 다른 삶을 예비한다. 이미 메이저리그와 마이너리그로 나뉜 한국사회의 특권을 제도화하는 그들만의 리그에서, 그들에게 한국사회는 정의가 강물처럼 넘치는 나라다.

600만에 육박하는 비정규직, 청년실업, 퇴출로 불안한 50대, 가계

빚, 등록금을 마련하기 위해 열악한 노동 조건의 알바 현장으로 내몰리는 우리네 대학생들의 문제 등, 이래서는 대한민국 공동체가 유지될 수 없다. 우리 사회의 문제는 인사청문회의 장관 후보자들의 부동산 투기와 위장전입, 병역 기피, 세금 탈루 등과 묘하게 오버랩된다. 글로벌 브랜드에 족보를 올린 한국 몇몇 대기업들의 고수익과 매출액 증가, 활황인 주식시장 등 외형적인 거시지표의 파란불은 일반 국민들의 체감과는 너무나 거리가 멀다.

장차관과 고위공무원, 판검사와 변호사, 대기업의 고위간부들의 배타적 울타리는 전관예우라는 한국적 특권의 전통 속에서 견고한 성을 쌓아 나가고 있다. 1970년대 김지하의 「오적(五賊)」이 누구던가. 장차관, 고위공무원, 군 장성, 재벌, 국회의원 아니던가. 그때와 지금은 비교할 수 없을 정도로 민주화되었고, 투명해졌다. 그러나 본질은 바뀌지 않았다. 아니 오히려 질적으로 더 심화되었고, 양적으로 외연을 확장해가고 있다. 이명박 정부의 '공정사회'는 그래서 더 공허하다. 세계전쟁의 종전 이후 신생국 중에서 세계적으로 유례가 없는 고성장과 민주화의 정착이 선진국으로의 자동적인 진입을 보장하는 것이 아님을 알아야 한다. 성장의 그늘을 걷어내고, 아랫목의 온기가 방 전체를 따뜻하게 할 수 있는 제도적·철학적 성찰이 없이는 우리는 절대로 행복을 담보하는 선진국으로 진입할 수 없음도 통절하게 깨달아야 한다.

공정은 그저 말로 되는 것이 아니다. '자유'와 '공정'의 선순환적인 보완이 절실하다. 그러나 지금의 사회 시스템과 인식이 지속된다면 한국은 그저 이류 국가를 대물림하는 동아시아의 작은 나라에 불과할 것이다. 이번 부산저축은행 사태는 이를 여실히 보여 주고 있다. 이러한 상황의 지속은 이른바 한국사회의 '잘나가는' 이들의 쾌락도 담보되지 않는다. 한국사회는 대학진학률 80%를 자랑(?)하는 사회다. 이 사회의 메이저들이 이마저도 탓하면서 반값등록금을 비웃고 폄하하지만, 바로 그 82%가 언제까지나 그들 메이저리그만의 파티를 지켜보지만은 않을 것임을 한국사회는 부단히 경고하고 있다.

마이클 샌델(Michael J. Sandel)의 『정의란 무엇인가 (JUSTICE, What's the Right Thing to Do?)』

샌델은 정치철학을 전공하는 하버드대 정치학과 교수다. 그의 저서 『정의란 무엇인가』는 한국에서 베스트셀러를 기록한 책이다. 아리스토텔레스와 칸트의 정의의 개념과 공리주의, 존 롤스(John Rawls)의 자유주의 등 분배와 정의에 대해 논하고 있다. 1970년대 존 롤스의 『정의론(A Theory of Justice)』은 자유주의와 공동체주의의 논쟁을 불러일으킨 저서이다. 샌델은 공동체주의자로 알려져 있다.

한국에서 샌델의 저서가 대중적인 공감을 불러일으킨 것은 한국사회가 정의라는 화두에 목말라하고 있다는 반증이라고 하겠다. 가진 자와 못 가진 자의 격차의 심화, 비정규직과 청년실업, 노후에 대한 불안 등으로 공동체의 80% 이상이 삶의 불안을 느끼고 있는 한국적 상황은 경제지표의 호전과 정부가 제시하는 장밋빛 환상에 대해 확신을 못 가지게 하는 주요 원인이다. 이러한 사회경제적 배경은 분배와 복지의 문제에 대해 보수와 진보의 이념적 갈등을 증폭시키는 원인이 되고 있다.

5

대한민국을 말한다

5부·대학, 어떻게 변해야 하나?

01 | 대학폭력과 한국사회

• 2007. 4. 16

　　　　최근 지방의 모 대학에서 선배들이 후배들의 군기를 잡는다고 가혹한 폭력을 행사한 것이 물의를 빚어 언론에 보도된 바가 있다. 결론부터 말하면 있을 수 없는 일이 벌어진 것이다. 보도가 이제 돼서 그렇지 오래전부터 내려오던 관행처럼 굳어진 전통이라고 한다. 그런데 이러한 잘못된 관행은 생각보다 폭넓게 대학가에 자리 잡고 있는 것 같다. 상상하기 어려운 일이지만 그게 현실이다. 물론 모든 대학에서 그런 일이 벌어지는 것도 아니고, 폭력과 이른바 군기잡기가 나타나고 있는 대학도 모든 과에서 발생하는 일은 아니다. 특정대학과 특정학과에서 나타나는 극히 예외적인 현상이라는 것도 안다.

　　그러나 예외적이고 일부에서 나타나는 일이라 하더라도 폭력과 군기잡기는 대학에서 절대 있어서는 안 되는 일이다. 대학뿐만이 아니라 인간의 삶의 존엄성이란 측면에서 어떠한 경우라도 폭력은 용납되어서는 안 된다. 군에서도 사병에 대한 구타나 가혹한 기합이 사회문제가 되고, 물의를 빚는 경우가 자주 발생하지만 이에 대한 군 당국의 입장은 단호하다. 군은 사기를 먹고사는 집단이고, 군기가 해이해지고, 명령계통이 서지 않으면 그 군대는 아무리 첨단장비로 무장되어 있다 해도 오합지졸에 불과할 뿐이다. 그럼에도 불구하고 군에서조차 구타나 폭력을 용납하지 않고 그러한 폭력을 저지른 장병에 대해 엄한 처벌을 내리고 있다. 하물며 학문을 연구하고 지성의 요람이라는 대학에서 폭력이 벌어진다는 것은 상상조차 하기 어려운 일이다.

폭력의 당사자들은 군기를 잡는 것이 과의 전통이라고 하지만, 군기는 문자 그대로 군에서 합법적인 일정한 기준에 따라 사병들의 기강을 잡는 것을 말한다. 왜 학문의 요람에서 기강이 필요한 것인가? 물론 과의 성격이나 특성에 따라 정신이 해이해지는 것을 막기 위하여 일정한 정도의 정신교육이 필요한 건 인정한다. 그러나 그것이 과도하게 폭력으로 나타나는 것은 어떠한 이유로도 합리화될 수 없다. 체육관련 학과에서 최소한의 기강잡기가 필요하더라도 폭력이 행사되어서는 안 되고, 신교육 차원의 방법을 개발할 수 있을 것이다. 그리고 이것을 전통으로 정착시켜 나가면 된다. 폭력의 피해자들은 이것이 외부나 대학당국에 알려지면 후환이 두려워서 아무 얘기도 못한다니 기가 막힌 노릇이다. 세계는 빠른 속도로 변화하고 있고, 우리는 정보화가 21세기를 주도하는 정보사회에 살고 있다. 이러한 시대에 폭력으로 학생들의 정신이 바로잡아진다고 생각하면 이는 큰 오산이다.

폭력의 피해자의 부모들은 대학을 믿고 자녀들을 학교에 보내는데 이게 무슨 청천벽력과 같은 얘긴가? 대학당국들도 이러한 현실을 직시하고 대학차원의 대책을 시급히 세워야 하며 폭력과 가혹행위를 한 사람에 대해서는 대학에서 추방하는 특단의 조치를 취해야 한다. 대학에서 폭력을 영원히 추방하고 바람직한 대학문화를 만들어 나가는 것은 모든 대학의 공동책임이다. 자유와 지성, 창의적이고 유연성을 바탕으로 하는 미래지향적인 대학문화를 창조해 나가는 것은 대학인들의 공동과제요, 책임이다.

대학의 폭력은 비단 상아탑의 문제만은 아니다. 오랜 기간 동안의 군부 권위주의를 경험하면서 강제력과 억압에 의한 지배가 일상화되었다. 이는 군이나 권력기관만의 문제가 아니라, 온 사회를 병영화하는 군사문화와 경직된 수직적 위계질서에 익숙한 사회로의 변화를 야기하였다. 지배와 피지배의 일상화는 대기업과 중소기업의 먹이사슬화를 초래하였고, 가진 자와 못 가진 자의 양극화의 대립과 증오를 심화시키는 요인으로 작용하고 있다. 일방적 지시에 의한 복종이 입신의 조건으로 미화되는 불합리를 당연시하게 되었다. 권위는 실종되고, 권위주의가 권위로 탈바꿈하는 야만의 세계에서는 부조리가 은폐되고, 은폐의 사회학은 불의의 보편화를 초래하였다. 글로벌 스탠더드를 외치는 고상한 세계화 속에 약자와 빈자들은 덩달아 불의에 편승하고, 강자와 약자 모두가 이기와 편법에 몸을 싣고, 사회적 부조리의 공범이 된다. 이것이 폭력에 깃든 한국사회의 자화상이다. 산업화의 그늘 속에 버려진 성장의 명암은 '일그러진 영웅'들을 양산했고, 그들이 사회의 리더로 변신했다. 변신의 뒤안길에 내깔겨진 음모는 대기업의 편법 세습과 권력자들의 승자독식(勝者獨食)을 상습화하고 있다. 물리적 폭력, 언어적 폭력, 심리적 폭력, 성폭력, 가정폭력 모두 이 시대가 잉태한 모순의 동의어이다. 이러한 폭력을 제거하지 않고, 한국사회의 진전을 운위하는 것 자체가 위선의 극치를 보여 주는 작태들이다. 그러나 지금도 말과 행동의 이중성은 현재진행형이다. 대학의 폭력을 보면서 느끼는 불편한 진실들이다.

대학폭력

대학에서 폭력이 상존해왔음이 속속 밝혀지고 있다. 물론 일부 체육 계열이나 음악, 미술 등 예술 분야에 국한되어 있다고는 하지만, 대학 전체에 은밀하게 내재화되어 있는 한국사회의 야만성을 드러내는 사실들이 언론을 통하여, 뉴미디어를 통하여 노출되고 있다. 이는 현재의 문제가 아니라, 과거부터 존재했던 관행들이 소통의 활성화로 나타나고 있는 것이다. 단지 권위주의 시대에 은폐되어 있던 것들일 뿐이다. 일부 전공 분야에서의 학생 간의 폭력을 넘어, 교수가 학생에게 행하는 여러 형태의 폭력은 사회문제로 대두되고 있다. 교수의 폭력은 교수와 제자, 특히 도제관계로 합리화되는 관계에서 교수의 우월한 지위를 이용하여 학생의 약점을 이용하는 저급한 행태로서 반드시 추방되어야 할 것이다. 교수로서의 자질을 논한다는 것 자체가 자괴감을 불러올 정도의 군상(群像)들은 최소한 대학으로부터라도 추방되어야 한다.

02 | 인문학과
교양학 과목의 중요성

• 2007. 10. 22

대학은 학문을 연구하는 곳이다. 그러나 동시에 사회에 배출할 동량(棟梁)을 양성하는 곳이기도 하다. 더 이상 대학을 학문의 전당이라는 차원에서 상아탑의 개념에만 머물게 할 수 없는 이유이기도 하다. 장차 고등학교 졸업생에 비해서 대학의 수용 인원이 더 늘어나게 되면 전국적으로 입학정원을 채우지 못하는 대학이 늘어날 것이다. 지금도 지방에선 정원을 채우는 문제가 심각하게 대두되고 있는 실정이다. 이러다 보니 각 대학은 경쟁력을 강화하고 생존하기 위해서 특정분야를 양성하고 이를 학교의 브랜드로 삼아 특성화사업에 주력하고 있다. 이는 바람직한 일이며, 학생들의 사회진출과 대학의 다양화란 측면에서도 계속 연구하고 추진해야 할 과제이다.

그런데 이러한 특성화와 전문화는 교양과목과 인문학 경시라는 심각한 사태를 초래하고 있다. 인문학이나 각종 교양과목은 전공과 동떨어져 있으며 별로 사회진출이나 각종 시험에 도움이 안 된다는 근시안적인 사고가 초래한 결과이다. 물론 단기적으로 인문학에 대한 투자는 성과가 가시적이지 않다. 교양과목도 마찬가지다. 그냥 적당히 학점만 채우면 된다는 생각이 대다수의 학생들의 사고를 지배하고 있는 것 같다. 그러나 이는 참으로 위험하고 잘못된 생각이다.

우선 국가적으로 보면 인문학에 대한 경시는 중장기적으로 국가경쟁력 저하로 이어질 것이다. 흔히 무한경쟁시대의 국가경쟁력이란 경제와 경영, 기업의 측면에서만 생각하기 쉬우나 문화콘텐츠나 서비스산업, 지식정보산업이 날로 중요성을 더해가고 있기 때문에 인문학의 바탕이나 기반이 없으면 이러한 지식산업들을 결코 발전시킬 수 없다. 예를 들어 한글의 우수성, 동양적 고전인 사서삼경 전문가의 배출, 성리학의 현대적 정립 등 인문학이 할 분야는 너무도 많다. 한국적인 것이 바로 세계적인 것이다.

둘째, 21세기의 지식정보사회는 과거 산업사회의 추진력이나 돌파력보다 유연함과 세련됨이 보다 강조되는 사회이다. 이러한 사회에서는 유능한 CEO일수록 전문적인 스페셜리스트(specialist)보다 제너럴리스트(generalist)의 소양이 요구된다. 즉, 보편적 소양이 없이는 조직을 원활히 관리하고 다양한 의견을 통합하여 비전을 제시할 수 없다.

셋째, 정치, 경제, 문화, 환경, 안보, 국방, 외교, 보건 등 다양한 분야 중 어느 분야나 체계적이고 논리적인 사고와 상상력의 훈련 없이는 각 부문과 시대가 요구하는 적확한 답을 도출해낼 수 없다. 이러한 지식과 소양의 원천은 대학 재학 중에 다양한 학문에 대한 기초적인 지식에서 나온다. 당장은 시간이 아깝고 필요하지 않은 것 같은 학문에 대한 접근에 대해 훈련을 쌓는다면 어느덧 체계적이고 인류에 보편적인 통합의 사고를 견인해낼 수가 있을 것이다.

따라서 대학당국들도 인문학에 대한 보다 세심한 배려와 다양한 교양학 과목 개설을 통해 학생들이 자신들의 기호와 취미에 맞춰 폭넓은 학문의 세계를 접할 수 있는 기회를 확대할 수 있게 해야 한다. 이것이 21세기를 헤쳐 나갈 수 있는 원천이 될 것이며, 진정한 국가경쟁력 강화를 도모하고, 조화로운 지식과 교양을 갖춘 현대인이 될 수 있는 길이다.

지금 한국의 대학들이 특성화 못지않게 인문학과 교양과목의 질적 향상과 양적인 확대에 예산과 인력을 투자해야 할 절실한 이유이다. 인문학의 위기라는 명제는 그냥 지나칠 화두가 아니다. 인문학의 경시는 자연과학에서 수학과 물리학의 경시로 긴 안목에서 과학기술 발전의 퇴행을 경험하고 있는 것과 같은 전철을 밟아나갈 것이며, 장차 비싼 대가를 치르게 될 것이다. 지금이라도 늦지 않았다.

특성화가 대학을 취업교육기관화하는 수단으로 미화되어서는 안 된다. 기초학문이나 순수학문에 대한 경시와 지극히 실용적인 전공이라는 이유로 국적 불명의 토대가 없는 잡학(雜學)적인 성격의 전공들이 우후죽순처럼 생기는 것은 진정한 실용이 될 수 없다. 오히려 특성화란 이름으로 왜곡된 수업을 들은 학생들의 진로만 어지럽게 할 수 있다는 사실을 명심해야 한다. 취업학원이나 전문학교에서도 능히 감당할 수 있고, 오히려 더 효율적인 교육이 가능할 수도 있는 성격의 취업전문기술은 가급적 신설을 자제하는 것이 대학의 장기적인 발전과 학생들의 취업을 위해서도 바람직하다.

취업난이 대학의 진로와 학문에 대한 진정성을 왜곡하게 해선 안

된다. 사회가 요구하는 인재를 양성하는 것이 대학을 취업기관화하는
분위기와 동일시되어서는 한국의 미래가 없다. 대학과 사회가 같이 고
민해야 할 부분이다.

03 | 대학평가 유감

• 2009. 5. 22

　　　　　　대학의 여러 기능 중 가장 중요한 두 가지 기능은 학
문 연구와 지식을 전수하는 기능이다. 대학평가도 이러한 두 가지 업
적이 적절히 조화되어 반영될 때, 평가로서의 순기능을 발휘할 수 있
을 것이다. 세계화와 신자유주의가 사회의 전 영역에 걸쳐 경쟁과 생
산성을 강조하면서 대학도 예외가 아님은 너무도 당연한 일이다. 대학
교수라는 직업이 철밥통이라는 사회의 인식은 대학으로 하여금 경쟁
을 더욱 강조하게 하는 단초를 제공한 면도 있을 것이다. 문제는 대학
교수에 대한 재임용과 진급 등의 평가에서 연구 실적만이 지나치게 강
조되는 풍토가 과연 바람직한 것인가 하는 것이다. 교수뿐만이 아니
라, 개별대학에 대한 평가 요소 중 교수들의 연구 업적에 대한 평가가
그 대학의 모든 것인 양 치부되는 것은 바람직하지 못하다. 물론 대학
이나 교수를 평가하는 데 있어 연구업적에 대한 평가가 중요하다는 데

이의를 다는 사람은 아무도 없다. 단지 경계하고자 하는 것은 대학은 연구 기능과 교원의 확충 비율 등도 중요하지만 학생을 가르치는 기능도 연구 기능 못지않게 중요하다는 것을 강조하고자 하는 것이다. 그리고 모든 대학에 동일하게 같은 잣대를 들이대는 것, 또한 획일적인 대학평가로 흐를 수 있다는 것을 잊으면 안 된다.

연구 실적의 지나친 강조는 교수들로 하여금 강의에 소홀하게 할 수 있는 유인을 제공할 수도 있다. 연구 실적을 쌓으면 진급은 물론, 연구비와 명예가 주어지는데 굳이 빛도 안 나고, 생색도 나지 않는 강의에 전념할 필요가 없다는 인식을 할 수도 있다. 사실 사회적으로 명망이 있고, 학자로서 실적을 쌓은 교수가 실상 학생들의 강의에 대한 평가와 인식에서는 낮은 수준에 있는 사실은 이른바 유명 대학에서도 어렵지 않게 발견할 수 있다. 게다가 부교수, 정교수로서의 정년 보장뿐만이 아니라, 연구논문의 양이나 질에서 일정 기준에 미달하면 재임용에서 탈락할 수 있는 상황에서, 교수들이 강의에 소홀해질 수 있는 것은 어쩌면 인지상정일 수도 있다. 또한 학술진흥재단(이하 학진)에 등재된 학술지가 제한된 상태에서 교수들의 학진 등록 학술지에 논문을 발표하기 위한 경쟁은 학문 발전의 기초가 되는 긍정적인 요인 이외에 질보다 양 위주로 경도되는 부정적인 현상도 발견할 수 있는 것이 현실이다.

학자와 대학에게 연구가 중요한 것은 아무리 강조해도 지나치지 않는다. 그러나 강의 또한 이에 못지않게 중요한 것이다. 강의와 연구가 병행되지 않고, 자신의 학문적 성취와 이기심 때문에 학생들에 대한 보살핌에 소홀하고, 강의를 경시하는 풍조는 대학과 학문 발전에 독약이 됨을 잊어서는 안 된다.

강의와 연구가 같은 비중으로 중시되는 풍토를 조성하기 위해서는 우선, 언론의 지나친 대학 경쟁에 대한 획일적인 인식의 교정이 전제되어야 한다. 일간지들의 자체적인 대학평가가 대학사회에 대한 경종과 선의의 경쟁을 촉발하는 면에서는 순기능이 있으나, 분야별로 특성화되고 경쟁력이 있는 대학들이 전체적인 대학의 종합순위에 밀려 그 대학 관계자와 학생들의 사기를 꺾는 것은 결코 바람직하지 못하다. 또한 학과별·전공별 평가가 아닌, 전체 순위에 안주하여 자격도 없는 '명문'의 평가에 안주하고 편승하는 것은 전형적인 산업화시대의 구태에 다름 아니다. '명문'이라 함은 그 대학 출신들이 명실상부하게 노블레스 오블리주(noblesse oblige)를 실천할 때 들을 수 있는 영광된 찬사인 것이다. 우리나라에 그런 인사들이 있는가? 이른바 명문이라는 몇 개의 대학 외에 얼마나 많은 대학들이 전공이나 분야에서 그들 '명문'을 능가하고 있는가는 더 이상 설명을 요하지 않는다. 더 이상 언론도 그 천박함을 벗어나는 성찰의 기회를 가져야 한다. 편견과 사회적 인식에 안주하는 이른바 '주류언론'은 더 이상 주류가 아님을 명심해야 할 것이다.

둘째, 대학이나 교수 평가에서 학생들의 강의에 대한 평가를 적극 반영할 수 있는 기법이 도입되어야 한다. 학부 학생들에게는 기본 개념과 학문에 대한 전체적인 윤곽을 적절하고, 알기 쉽게 알려주는 것이 무엇보다 중요하다. 보다 깊은 학문적 수준은 대학원 이상에 요구되는 것이다. 따라서 이러한 내용을 반영할 수 있는 교수강의 평가 기법을 개발하는 데 학계와 사회가 노력해야 한다.

셋째, 연구 중심 교수와 강의 중심 교수에 대한 분명한 구분도 중장기적으로 필요하다. 지금의 강의 전담 교수가 아닌, 같은 급의 대우를 받는 연구 중심과 강의 중심의 두 분야가 정립될 필요가 있다. 이는 사회적 인식의 문제이며, 학계와 사회가 다 같이 고민할 부분이다.

  강의와 연구가 같은 비중으로 강조될 때 한국대학의 발전이 가능할 것이다. 외형적이고, 획일적인 평가 기준은 당장은 외형적 발전을 기할 수 있을지 모르나, 내실 있는 발전을 기하기 어렵다. 그리고 많은 대학들이 자신들의 전공이나 특성화된 분야에서 피나는 노력을 경주하고 있는 것도 강조되어야 한다. 대학은 더 이상 이 사회의 천박한 인식의 노리개도 아니며, 나아가 피상적인 대학에 대한 평가나 인식의 틀도 바뀌어야 한다. 그것이 군사와 경제면에선 세계 10위권이지만, 여전히 후진국적 행태를 보이고 있는 한국이 산업화와 민주화를 넘어 진전된 사회(advanced country)로 가는 단초(端初)가 됨을 잊어서는 안 된다.

04 | 대학의 교육 기능은
연구 못지않게 중요하다

• 2010. 3. 19

교육과학부는 전국 대학 중 '잘 가르치는 대학' 10개 교를 선정해 '학부 중심 선도 대학'이라 명명하고 대학당 한 해 30억 원씩 4년간 120억 원을 지원하겠다고 밝혔다. 적지 않은 금액도 금액 이려니와 대학 교육의 패러다임의 변화를 예고하는 것이어서, 우리 대학으로서도 관심을 가지고 변화에 적극적으로 대처할 것이 요망된다고 하겠다. 구체적인 안이 나와 봐야 알겠지만, 강의평가 공개, 강의평가 점수의 업적평가 반영, 강의에 대한 학생 의견 반영 여부, 새로운 교수법 개발 등이 주요 지표가 될 것으로 보인다. 이러한 내용은 학생 교육의 질을 향상시키고, 양질의 교육서비스를 제공하기 위한 것으로 요약된다. 이제까지 우리나라 대학은 교육보다 연구 실적에 치중했다. 각 대학은 BK21, NURI사업 등 정부의 막대한 지원을 외면할 수 없었고, 언론기관이 발표하는 대학평가에서 자유로울 수 없었다. 대학이든, 교수든 연구 업적이 평가의 주요 지표가 되면서 당연히 학생 교육에 대한 열의는 관심 밖으로 멀어질 수밖에 없었다. 교수들은 강의에 쏟는 열정을 연구 업적을 올리는 데 쓰는 것이 훨씬 효율적이라 생각하게 된 것이다.

학문의 발전과 대학의 질적 향상을 위해 연구기능은 아무리 강조해도 지나치지 않다. 연구 업적의 축적이 궁극적으로 학문 발전으로 이어지고, 학생들에게 새로운 학문적 인식과 관점을 익히게 하는 순기능에 대해서는 아무도 이의를 제기하지 않을 것이다. 그러나 대학의 존재가치는 연구 이외에 교육이라는, 연구 못지않게 중요한 기능이 있음을 간과해서는 안 된다. 모든 대학이 교육보다 연구에만 치중한다면 학생들에 대한 교육 서비스는 뒷전에 밀릴 수밖에 없다. 대학은 '대학원 중심 대학'만도 아니고, 엄연히 학부 학생들의 등록금에 대부분 의존하면서도 그들에 대한 세심한 배려가 없었다. 교수들의 연구 성과가 당해 연도 학생들에게 바로 전수되는 것도 아니고 적지 않은 시간이 걸림에도 불구하고 연구업적만 중시해 온 대학 당국의 성과 위주 평가 방식에도 문제가 없지 않았다.

따라서 교육당국에서는 일률적이고 획일적으로 연구나 교육의 일방만 강조할 것이 아니라, 각 대학의 특성과 환경을 고려하여 연구와 강의의 중요성을 적절히 안배하는 세심한 노력이 필요하다. 대학 자체적으로도 교수별로 연구에 치중할 것인지, 강의 기법 개발과 교육에 더 많은 노력을 투자할 것인지를 분배하는 정책적 노력도 필요할 것이다. 최근 몇몇 대학에서 강의평가 점수를 공개하는 조치를 취하고, 어떤 대학에서는 일부 교수들의 나태하고 비교육적인 강의 실태를 고발하는 등, 교육 내적 문제에 대해 고민하기 시작했다. 이는 대학들이 그동안의 안일한 강의 방식을 인정한 것으로 보아야 한다. 늦은 감은 없지 않으나, 이번 기회를 통해 교육의 질적 제고 방안에 대한 심도 있는 논의와 적용이 함께 이뤄지기를 바란다.

그러나 강의평가가 제대로 이루어지기 위해서는 면밀한 검토가 있어야 한다. 모든 대학에 공통된 현상이지만, 강의평가를 시행한 지 10여 년이 흘렀으나, 강의평가에 대한 적합성은 충분히 검토되지 않은 것으로 보인다. 강의평가의 설문 내용과 질문 방식에 대한 타당성 여부, 실제와 부합하는지에 대한 검토 등도 이루어져야 한다. 또 하나 기술적으로 해결해야 할 문제는 제대로 교육을 하려는 교수들이 위축되지 않도록 세심한 배려가 있어야 한다는 것이다. 학점이 후하지 않은 교수나 학생들을 나무라는 교수에게 강의평가가 부정적으로 나타나는 현상들은 지양되어야 한다. 이를 위한 과학적인 평가 기법이 개발되어야 한다. 아울러 강의 평가에 임하는 학생들의 양식과 성찰도 함께 이루어져야 한다. 교육 기능을 강화하기 위한 제도적 보완을 같이 고민해야 할 때이다.

05 | 대학구조조정의
바람직한 방향

- 2010. 4. 16

두산그룹이 중앙대를 인수한 이후 이 대학의 구조개편이 대학가와 사회의 많은 관심을 불러일으켰다. 박용성 회장이 '백화점'식의 학과를 전면 개편해서 사회가 요구하는 인재를 양성하겠다는 방침을 밝히고 나서였다. 그러나 결과는 생각보다 파격적인 것이 아니었다. 인문학 관련 학과들의 반발도 만만치 않았을 것이고, 교수들의 자기 몫 챙기기 등도 한몫 거들었을 것이다. 대학들의 살아남기 경쟁은 사회의 다른 분야 못지않게 점점 치열해지고 있으며, 이에 부응하는 대학의 구조조정은 기업 못지않게 대단히 어려운 작업이다.

실용을 바탕으로 한 특성화와 융합을 강조하는 입장과 기초학문을 중시하는 입장은 상호보완적이어야 함에도 불구하고 충돌하는 것이 현실이다. 이러한 현상은 서울의 큰 대학보다는 규모가 크지 않은 대학에겐 더욱 고민거리이다. 융합과 실용의 강조가 인문학의 홀대를 의미하는 것은 아님은 분명하다. 그러나 현실적으로 경쟁력이 있는 대학들조차 순수학문 전공의 존폐를 고민하는 마당에, 그렇지 않은 대학이 철학과 역사, 문학 관련 학과들을 존치시키거나 신설하는 것은 쉬운 문제가 아니다. 한편 창조적이고 비판적인 생각과 비전을 가지고, 사회에 대한 책임감을 키우기 위해서는 인문사회과학적 사고가 바탕이 되지 않고는 어렵다는 것도 공감하는 부분이다. 예술이나 연극 등의 분야도 인문학적 소양이 전제되지 않고는, 시너지 효과를 내기 어렵다는 말이 설득력이 있음을 누구도 부인하지 않는다.

인문사회과학적 인식과 사회가 요구하는 특성화된 전문지식을 겸비하면 금상첨화다. 이를 위해 반드시 인문학 관련학과를 전공으로 선택하란 말은 아니다. 더구나 현실적으로 대학의 격차가 존재하는 환경에서 문학·역사·철학을 고집하기는 버거운 일이다. 결국은 조화와 균형에서 해답을 찾아야 한다. 학생들에게 인문학적 소양을 키워주면서 전문지식의 함양을 통한 맞춤형 인재로 키우기 위해서는 인문학 관련 과목을 교양학부를 통해 폭넓게 전수하는 것이다. 인문학과 예술, 자연과학을 아우르는 학제(學際)적인 융합이 시도될 수 있을 것이다. 철학과 역사, 문학과 사회현상에 대한 이해를 증진시킴으로써 좁은 전공의 테두리에서 벗어나 균형 잡힌 인재로 길러내는 것이 대학의 목적이 되어야 한다.

대학의 구조조정은 필연적으로 기존의 학생 선발 방식의 개선과 학과의 벽 허물기를 수반할 수밖에 없다. 그리고 취업과 경쟁력에서 뒤처진 학과는 과감히 체질개선과 함께 기득권을 양보해야 한다. 더 이상 교수들이 자기 밥그릇 챙기기라는 구태에 머물러서는 안 된다.

대학의 발전과 학생들의 진로를 열어 주기 위해서 대학은 뼈를 깎는 고통을 감내해야 할 것이다. 시대의 변화를 깨닫지 못하고, 고고한 학문만을 강조하는 것도 구태의연한 것이고, 신자유주의적 세계관에 매몰되어 지나치게 실용학문만을 주장하는 것도 근시안적이다. 대학이 지향해야 할 바는 기업이 요구하는 인재를 양성하는 것이 아니고, 사회가 요구하는 인재를 길러내는 것이다.

06 | 대학평가와
한국사회

· 2010. 10. 29

　　9월에 서울 8개 대학(경희대, 고려대, 서울대, 숙명
여대, 서강대, 연세대, 이화여대, 한양대) 교수협의회(평의회) 협의체
가 언론사의 대학평가를 비판하는 성명을 발표했다. 획일적 잣대로 대
학을 서열화하고, 광고수익과 연계된 상업주의와 권력화되고 있는 현
행의 대학평가는 순기능보다 역기능으로 작용하고 있다는 것이 주된
비판의 내용이다. 따라서 인증받은 민간기관이 평가를 맡는 것이 바람
직하다는 것이다. 대학 당국은 언론사 눈치를 보느라, 직접적인 비판
을 하기 어려웠을 것이다. 따라서 대학의 야당 격인 교수모임이 나선
것으로 보인다.

　　경쟁을 통한 효율성의 제고라는 신자유주의 이데올로기가 지배하
고 있는 현대사회에서는 분야에 관계없이 모든 걸 평가하고 이에 따라
성적을 매기고 서열화하는 것이 기본 매뉴얼이 되었다. 따라서 대학평

가 자체를 부정할 수는 없다. 문제는 공정하며 대학의 특성을 반영한 객관적인 평가지표에 의한 평가냐의 문제일 것이다. 게다가 수익과 관련된다면 더욱더 평가의 객관성을 담보하기가 어렵다고 보아야 할 것이다. 미국과 영국의 기관이 평가하는 순위가 다르고, 중앙일보와 조선일보가 평가한 결과도 다르다. 그리고 같은 대학평가도 분야에 따라 서열이 다르다. 그런데도 뭉뚱그려 대학을 총체적으로 단순 순위를 매겨 도표화하는 것은 아무리 경쟁을 받아들인다 해도 납득하기 어려운 점이 많다.

특정 분야에 타 대학보다 상대적으로 경쟁력 있는 대학의 특성을 고려한 대학평가를 반영하는 것이 어렵다면 대학교 명칭으로 대학을 비교하고 서열화하는 단세포적인 발상은 이제 고칠 때가 되었다. 그리고 대학평가의 실익은 있는 것인지도 냉철하게 돌아보아야 한다. 현행의 대학평가는 저급한 대학의 줄 세우기와 갈등, 분열로 인한 사회통합의 저해요인으로 작용하고 있는 측면이 강하다. 며칠에 걸쳐 많은 면을 할애하는 조선일보와 중앙일보의 그 저급한 상업성은 눈살을 찌푸리게 한다. 예를 들어 '기업의 호감도는 어느 어느 대학'이란 식으로 순위를 매긴다. 같은 대학 출신도 천차만별이고, 각자의 개성과 능력이 모두 다르다. 아무리 경향성(trend)과 정향(propensity)을 감안하여 평가했다고 하더라도, 개인의 소속대학에 따라 호감도의 차이라니…… 이것이 그렇게도 정부가 부르짖고 있는 공정(fairness)게임과 부합하는가.

현행의 대학평가는 방법이나 부여하는 의미, 발표 방식 등 모든 것을 새롭게 검토해야 한다. 학과의 특성화도 고려해야 하고, 그 부문에 대해 경쟁력을 높여주고, 상생하는 대학문화가 되어야 한다. 대학조차 승자독식(winner takes all)의 문화에 지배되어서는 안 된다.

미국의 대학이나 중세 때부터 있었던 유럽의 대학들은 확고한 전통에 있어서도 한국과 다르다. 게다가 졸업생들도 사회구성원 중, 차지하는 비중이 한국과는 비교가 안 될 정도로 적다. 고등학교 졸업생의 80%가 대학에 진학하는 한국의 현실에서의 대학의 줄 세우기는 전 국민의 줄 세우기에 다름 아니다. 대학의 발전을 촉진하고, 경쟁의식을 고취하여 실력을 향상시키는 측면보다 의미 없는 교만과 불필요한 비하(卑下)를 부추기는 면이 더 강하다.

한국의 속류(俗流, vulgar) 자본주의를 대학에까지 확장시키는 면의 절정은 이른바 'SKY'라는 입에 올리기도 부끄러운 신조어다. 이 용어가 생긴 지는 얼마 되지 않았다. 아마도 신자유주의라는 못된 괴물의 탄생에 맞춰 생긴 듯하다. 주거지역, 같은 주거지역에서도 특정 구역(이를테면 '타워팰리스'), 먹는 음식, 타고 다니는 승용차에 따라서 사람을 등급화하려는 저급함이, 신성한 대학에조차 이렇게 단순하고 무모하게 따라붙어도 되는 것인가. SKY라는 영어 단어가 없었으면 어찌할 뻔했는가. 그 세 개의 대학 이외의 대학 졸업생들은 사회에 아무 기여도 못하는가. 그리고 그 대학 출신들은 공짜로 편승하여, 학과에 관계없이 무임승차해도 되는 것인가. 인정할 수 없는 기득권의 수혜자가 되어 아무 노력 없이 상류로의 편입이 허용되는 특권을 누릴 자격이 있는가. 진정 그만큼 그 대학 출신들은 한 개의 영어단어의 중층화로 특화돼도 좋을 정도로 한국사회에 기여했는가.

대학은 학과에 따라서도 천차만별이다. 단순화도 이 정도면 병적(病的)이고, 광적(狂的)이다. 백 보 양보해도 차라리 10여 년 전에는 서울대학교만 특수하게 인정되는 왜곡된 분위기가 있었다. 연세대나 고려대는 여타의 사립대학보다 나을 것도 없었다. 그리고 현실에서도 그 대학 출신들 못지않게 사회기여도가 출중한 대학들은 너무도 많다. 하기야 아직도 검찰과 주요 기관의 출신 고등학교를 보도하는 넋 나간 신문이 있는 나라가 한국이긴 하다.

한국사회가 근거 없이 우대받고, 이유 없이 천대받아야 하는 저급한 사회로 가고 있다고 하지만, 적어도 대학에 몸담고 있는 교수들이라도 이런 용어를 그저 따라 하는 무개념과 팽개쳐진 자존심을 복원할 때도 되지 않았는가. 설령 그 대학 출신들이라 할지라도, 자신이 재직하고 있는 대학에 몸담고 있으면서 그런 무국적의 이상한 조어를 아무 비판 없이 사용한다는 자체가 직무유기이고, 교수로서의 의식의 저급함을 드러내는 천박함 이상이 아니다. 물론 본인들은 의식하지 못하겠지만……

07 | 대학 시간강사의 경우

- 2010. 11. 17

사회통합위원회가 발표한 '시간강사 제도개선 방안'은 시간강사에 대한 열악한 처우와 불안정한 신분을 보장하는 데 크게 기여한다고 보기 어렵다. 물론 교원지위를 인정받는다는 것과 4대 보험이 적용된다는 점, 계약기간을 학기당에서 1년 내지 2년으로 했다는 점이 진일보한 면이 있기는 하다. 그러나 여전히 정부의 재정 지원은 빠져 있고, 신분 보장에 대한 기본적인 사항을 제외하고는 대학이 자율적으로 학칙이나 정관에 정하도록 했다는 점에서 실질적 의미가 퇴색된다고 볼 수밖에 없다.

시간강사 문제가 어제오늘의 일은 아니다. 그러나 시간강사 문제는 단지 대학의 문제일 뿐만 아니라, 비정규직의 문제와 맞닿아 있는 사회적 이슈이다. 비정규직과 청년실업의 문제가 사회통합을 저해하고 있고, 화약고처럼 불안한 상태를 유지하고 있는 상황에서 대학강의의 반에 가까운 부분을 담당하고 있는 시간강사의 문제는 단순히 처우에 관한 문제로 국한되는 부분이 아니다.

중앙대가 2학기에 8명의 시간강사를 강의전담 교수로 교양학부에 임명했다. 총장과 이사장 면접을 거치지 않는 점을 제외하고는 임용 절차에 전임교원과 큰 차이가 없다. 연봉도 3천600만 원을 지급하는 파격적인 대우이다. 전임교원의 봉급이 인상되면 연동되어 인상된다. 2년 계약이라서 학기당 계약하던 행태와 비교하면 상대적으로 안정적 지위도 확보할 수 있다. 강의시수는 12학점이지만 같은 과목을 강의하기 때문에 큰 부담은 되지 않을 것이라는 게 학교 측의 설명이다. 2년 후에는 강의평가 점수와 성과평가를 통해 재임용 여부를 결정하는 것은 사회통합위원회가 제시한 시간강사 제도개선 방안 가운데 하나이다.

중앙대의 경우가 좋은 사례가 될 수는 있겠으나, 상대적으로 재정 상태가 양호한 대학들에게는 가능성 있는 대안이지만, 재정이 열악한 대학으로서는 불가능한 방안이다. 중앙대만 해도 재벌 그룹이 학교를 인수하여 재정 상황이 허락되니까 가능한 일이다. 다른 대학에 파급 효과가 있겠으나, 많은 사립대학들의 재단들로부터 대학들에 전입되는 액수가 전무하거나 미약한 상태에서는 언감생심 꿈도 꾸기 어려운 일이다. 바로 이 점이 사회통합위원회의 시간강사 제도개선 방안의 아쉬운 점이다.

사학의 재정의 어려움은 어제오늘의 일이 아니다. 사학 재정의 어려움이 교육과학기술부가 대학을 통제하는 기제가 되고 있는 것도 시정되어야 할 현실이다. 재정적 지원을 담보로 사학들이 목숨을 걸다시피 하는 현재의 상황은 대학의 자율과 학문의 진작에 역행하는 환경적 요인을 제공하고 있다. 취업률과 전임교원확보율 등으로 지원여부와 규모를 결정하는 현재의 시스템에서 대학은 구조적으로 주눅 들 수밖에 없는 것이 현실이다. 여기서 사학들의 취업률과 전임교원확보 제고를 위한 각종 편법이 등장하고 있는 것이 또한 대학의 현실이다.

사회통합위원회가 시간강사 제도개선 방안을 발표하면서 정부의 재정 지원 등의 방안이 포함되지 않은 것은 유감이지만, 이것도 국가의 재정과 관련되는 문제이고 보면 마냥 요구하기 어려운 면도 있다. 그러나 재정난에 시달리고 있는 사학들의 현실에 대해 교육 당국은 다각적인 대책을 모색해야 한다. 대학등록금도 인상하기가 어렵고, 대학의 살아남기 경쟁은 날로 치열해지는 상황에서 재정적인 어려움이 궁극적으로 대학을 왜소화시키고, 정부의 조정과 통제 속에서 자율이 상실되는 결과를 초래할 수 있다. 대학의 구조조정만을 강조할 것이 아니라, 어려운 사학들에 대한 지원 방안을 다양화할 필요가 있다.

08 | 등록금 인상과 동결 사이

• 2011. 3. 4

대학들의 재정을 구성하고 있는 요소는 등록금과 법인전입금, 정부지원금, 연구지원비 보조, 수익사업 등이다. 이 중에서 등록금이 차지하는 비중은 71% 이상으로 등록금 의존율이 절대적으로 높은 것이 우리 대학들의 현실이다. 사회적으로 논란이 되고 있는 적립기금의 경우도 기금의 사용처가 이미 정해져 있고, 기부자의 사용동의가 필요한 지정기금이 대부분이며, 대학에서 임의로 사용할 수 있는 가용기금 비율은 매우 낮은 형편이다. 따라서 등록금이 동결되면 실제 물가상승률에 해당하는 수입이 전입금이나 기부금, 국고보조금 등에서 추가되어야 전년도 수준의 재정을 유지할 수 있다. 그러나 현실은 그리 녹록하지 않다. 대다수의 사립대학이 등록금에 의지하는 비율이 압도적인 현실을 고려하면 전년도 수준의 재정지출을 유지하려면 등록금 인상이 불가피하다. 등록금 동결은 연구비와 장학금의 동결을 의미하게 되고, 운영경비의 축소로 이어질 수밖에 없다. 우리 대학을 비롯하여 지난 2년간 등록금 동결을 해온 대학들은 경쟁력과 교육의 질을 확보하기 위해 적정 수준의 재원마련에 어려움을 겪고 있는 실정이다. 연이은 등록금 동결로 인한 교직원의 인건비 동결도 적정수준의 연구와 교육, 행정 등을 유지하기 위해 가볍게 넘길 부분도 아니다. 대학들이 자체적으로 경비를 줄이고 있으나 그 한계는 분명하다. 이는 장기적으로 교육 및 연구환경을 열악하게 만들 수밖에 없다. 결국 대학의 경쟁력 저하로 이어질 수밖에 없는 것이다.

그렇다고 마냥 등록금 인상을 주장할 수도 없는 게 사회적 현실이다. 등록금을 마련하기 위하여 우리의 자식 같은 학생들이 알바 현장에서 시간급에 매달려야 한다. 젊을 때 고생은 사서 한다는 한가한 얘기나 하고 있을 때가 아니다. 이미 정부의 등록금 억제 정책에 의해 많은 대학이 등록금 동결을 선언한 상태다. 그렇지 않은 대학들도 3% 이하의 등록금 인상을 발표했다. 이렇듯 대학은 대학대로 등록금 인상이 불가피한 것이 현실이고, 등록금을 마련해야 하는 학부모 입장에서는 등록금 인상은 가뜩이나 물가급등으로 어려움을 겪고 있는 상황에서 감내하기 어려운 고통이다.

현재 사립대학에 대한 총 국고지원은 우리나라의 경우 연 3,000억 정도이다. 이는 총 운영수입 6조 5,000억 원의 4.7% 수준밖에 안 된다. 이는 유럽과 달리 대학 자체에 많은 부담을 지우는 일본의 13%, 미국의 19% 수준이다. 영국도 35% 수준이고, 다른 유럽 국가와는 비교도 안 된다. OECD 국가 중에서 거의 최하위 수준이다. 대학에 대한 지원이 강화되면 등록금 인상문제는 저절로 해결될 수 있다. 대학교육역량강화사업을 통한 지원을 2배로 확대하고, 연구간접비의 확대, 기부금의 세액공제 도입, 산학협력활성화, 세제지원 등의 정책을 도입하는 것은 바람직하다. 그러나 일부 대학에게만 한정될 수 있다. 지난 대선 때 공약이 반값등록금이었으나, 이미 이는 공약(空約)이 되어 버렸다. 그러나 반값등록금은 정부가 적극적으로 검토한다면 결코 불가능한 것이 아니다. 대학진학률이 세계 어느 나라보다도 높은 현실을 감안하여 정부가 대학등록금에 대한 전향적인 검토를 할 때가 됐다. 대학도 살리고, 가계의 고통도 덜어주는 등록금 정책을 과감하게 모색해야 한다.

09 | 시간강사
처우 개선의 허실(虛實)

• 2011. 3. 18

글로벌 경제의 치열한 경쟁 속에서 살아남는 길은 고급인력을 얼마나 많이 확보하는가에 달려 있다고 해도 과언이 아니다. 따라서 국제경쟁력을 갖춘 인적자원을 양성하기 위한 대학교육의 질은 아무리 강조해도 지나치지 않다. 그러나 대학교육의 질을 좌우할 강의에서 시간강사가 차지하는 비중은 전체 교양수업의 50%가 넘고, 전공에서도 36%에 달하고 있는 것이 현실이다. 시간강사가 민생고를 해결하지 못하고 자살하는 기사가 가끔 보도되고 있으나, 근본적인 해결책은 아직 시원스레 나타나지 않고 있다. 최근 시나리오 작가의 죽음이 사회에 충격을 주기도 했지만, 시간강사의 처우 개선은 우리 사회가 같이 고민해야 할 문제이다.

현재 4년제 대학의 시간당 평균 강사료는 3만 6천 원이 조금 넘는 수준이다. 최고수준의 강사료를 지급하는 대학도 5만 5천 원 선이다.

시간강사들이 연구와 강의에 전념하는 데는 부족한 수준이다. 대통령 직속 사회통합위원회에서 마련한 대학시간강사에게 교원 지위를 부여하는 방안이 모색되고 있다. 국공립대의 경우, 현행 시간당 4만 3천 원에서 8만 원까지 인상토록 추진하고, 사립대는 인센티브 지원 형식으로 시간당 최대 2만 원 인상을 유도하겠다는 것이다. 또한 국민건강보험법 시행령 등을 개정해 시간강사를 위한 4대 보험 사용자 부담분도 지원할 방안을 모색 중인 것으로 알려지고 있다.

이러한 논의들이 시간강사의 문제를 사회적 공론화의 대상으로 끌어올리는 데 큰 의미가 있다고 하겠으나, 실질적 효과에 있어서는 회의적이라는 의견이 지배적이다. 지난 호에서도 지적했지만 등록금 문제와 관련해서도, 상당한 재정적 어려움을 겪고 있는 대부분의 사립대학들에 대한 정부의 대응은 진정성을 의심받게 한다.

대학교육의 경쟁력이 미래를 결정짓는 요소임을 감안하여 정부가 사립대학의 시간강사 처우개선에도 적극적으로 나설 필요가 있다. 또한 대학재정구조의 획기적 개선책을 마련할 수 있도록 정부는 대학에 대한 각종 규제를 철폐할 필요가 있다. 나아가 '잘 가르치는 대학' 등 대학의 질을 높이고 경쟁력을 제고한다는 명분으로 도식적인 몇 개의 지표를 설정하여, 지원여부를 결정하는 것은 대학 길들이기에 다름 아니라는 인상을 주고 있다. 대학생의 숫자가 기하급수적으로 늘어나고, 대학의 질에 대한 시비가 가중될수록 대학에 가해지는 구조조정에 대한 논의는 늘어날 것이다. 기본적인 여건도 갖추지 못한 대학에 대한 구조조정은 합리적인 선에서 받아들일 수밖에 없겠으나, 대다수의 사립대학의 재정난을 도외시하는 정부의 정책은 재고할 필요가 있다.

대학의 다양한 수익사업을 위한 자율적 대학경영이 보장되고, 제도적인 기득권보다 실질적인 기여 중심으로 보상이 이루어지는 합리적 보상체계를 갖추어야 시간강사의 처우 개선뿐만이 아니라, 우리나라 대학의 경쟁력 확보가 가능해질 것이다.

10 대학등록금 1,000만 원 시대의 반값등록금

· 2011. 6. 15

2011년의 첫 학기도 끝나가고 있다. 이 기간 동안 대학과 관련한 문제는 반값등록금이다. 작년도 지방선거 때 이슈화했던 무상급식 문제가 무상보육과 무상의료까지 외연을 넓히면서, 무상 시리즈는 보편적 복지인가, 정치적 포퓰리즘인가의 논쟁의 핵심에 섰다. 그리고 폭발성이 강한 대학등록금 문제가 수면 위로 떠올랐다. 반값등록금은 이명박 대통령이 후보 시절 내세운 대통령 공약사항이다. 대통령 공약 중 대표적으로 폐기된 정책이 '747' 공약과 '비핵 3000'이다. 경제성장률 평균 7%, 국민소득 4만 달러, 세계 7대 강국의 747은 출발부터 포퓰리즘이었다. 게다가 비핵 3000은 북한의 비핵화가 실현되면 북의 소득을 1인당 3,000달러까지 보장하겠다는 정책이다. 국가라는 실체의 자존심을 건드린 이런 공약은 애당초 실현될 수 없는 약속이었다. 실현 가능한 정책이라고 생각했다면 사회과학적 인식의 결핍 그 자체라고 볼 수밖에 없다. 이 두 가지 대표 공약은 대통령 당선에 큰 기여를 했지만 소멸됐고, 더 이상 이의를 제기하는 사람도 거의 없다.

문제는 반값등록금이다. 반값등록금은 얼핏 보기에는 현실성이 없어 보인다. 200개 4년제 대학에서 재단 전입금이 전혀 없이 대학등록금만으로 대학을 운영하는 대학이 40개에 달하는 한국적 현실에서는 더욱 그렇다. 그러나 이 문제는 더 이상 비껴가기 어려운 문제가 됐다. 이미 대학생들의 시위가 확산되고 있고, 대학만의 문제가 아니라 인화성이 높은 사회문제로 비화되고 있다. 집권당인 한나라당이 공식으로 이 문제를 제기했고, 한나라당 내에서도 찬반이 교차한다. 물론 한나라당의 재원조달 방안과 민주당 등 야당의 방안이 다르지만 어떠한 형태로든 대학등록금을 이대로 놔둘 수는 없다는 공감대가 언론이나 시민사회 등에서 형성되어 가고 있다.

반값등록금을 둘러싼 문제는 소득계층에 따른 이견보다는 이념적 차이에서 연유하는 부분이 더 많은 것으로 보인다. 나아가서 대학의 구조조정과 연관된 문제가 더욱 논점을 분화시키고 있다. 고등학교 졸업생의 약 80%가 대학을 진학하는 한국적 현실은 대학진학률이 그래도 높은 나라인 미국이나 일본의 50% 선보다 압도적으로 많다. 유럽은 잘 해야 40% 수준이다. 새삼 대학진학률의 증가에 대한 사회적 효용이나 비용을 논하기에 이 문제는 구조적 요인과 한국적 현실에 대한 온갖 논리가 배어 있는 문제기에, 어느 한 가지 문제로 환원해서 설명하고, 분석하기 어렵다. 중요한 것은 대학경쟁력과 취업률이 낮아서 구조조정의 대상이 되는 대학의 재학생에게도 반값등록금이 타당하느냐의 문제와 일정 학점 이상의 학생들에게만 혜택을 줘야 한다는 전형적 시장논리에 입각한 논리의 타당성 여부이다.

우리나라 대학은 장학금 규모가 적은 것은 물론 가난한 학생들보다는 성적이 좋은 학생들에게 장학금 지급이 더 많은 것이 특색이다. 사정이 이렇다 보니 형편이 어려운 학생들은 등록금을 버는 데 시간을 투자하느라 좋은 성적을 못 내고, 다시 장학금을 못 받는 악순환이 계속된다. 또 하나 문제는 다른 나라에 비해 우리나라 등록금이 비싼 이유는 대학의 등록금 의존도가 지나치게 높기 때문이다. 기부금이나 투자수익으로 운영 재원이 많이 확보되는 유럽이나 미국에 비해 우리나라는 대개 등록금으로 대학이 운영되고 있다. 등록금이 대학 재정의 절반을 차지하는데도, 일부 대학들이 과도하게 재단 적립금을 쌓아놓고 있다는 비판이 최근 들어 힘을 얻고 있다. 대학 적립금을 풀어 장학금으로 전환하는 발상의 전환이 필요하다는 주장이 제기되고 있는 이유이다.

정치적인 문제를 제기하는 측에서는 4대강과 토목공사에 드는 비용과 낭비되는 세원을 잘 찾아내서 관리한다면 반값등록금은 충분히 가능하다는 주장도 한다. 반값등록금 문제는 단순히 재원에 관한 문제만도 아니다. 정치적으로 선거를 의식할 수밖에 없는 정치권의 논리와 지나친 학벌사회인 한국사회의 구조적 얼개, 현실적으로 알바에 대학 생활의 거의 반 이상을 쏟아 부어야 하는 대학생들의 어두운 현실, 일부 대학 재단들의 이기적 행태, 학벌과 재산의 대물림 현상의 두드러진 증가 등 다층적이고, 중첩적인 문제를 안고 있다. 저소득 가구에 혜택을 주는 근로장학금의 확대, 차상위장학금의 지원확대 등을 포함한 다각적인 대책을 정부가 마련하고 있고, 야당도 실질적 반값등록금을 반드시 관철시키겠다고 하니, 내년 총선과 대선을 앞둔 현시점에서 지켜볼 일이다.

11 | 대학의 구조조정과 반값등록금

- 2011. 9. 2

　　　　　지난 학기에는 반값등록금과 대학의 구조조정이 대학사회의 키워드였다. 반값등록금 문제는 대학의 문제만이 아니라, 사회적인 핵심 이슈로 등장하면서 이념적인 갈등까지 수반하는 어젠다로 등장했다. 과다한 등록금 이슈는 대학사회의 전반적이고, 구조적인 문제와 맞물리면서 대학개혁의 필요성으로 이어지고 있다. 대학개혁의 화두는 새삼스러운 문제가 아니다. 사회 전반에 걸친 변화와 개혁, 혁신이 강조되면서 대학도 그 예외가 아닌 것은 당연하다. 그러나 대학개혁이 대학 자율적으로 이루어지지 않고, 타율적으로 이루어지는 것은 바람직하지 않다. 더구나 대학의 자율성이 제고되고, 학문의 다양성과 아카데미즘이 보장되는 대학문화의 만개는, 취업률의 수치로 대학에 대한 지원이 결정되고, 표피적이고, 일률적인 기준으로 대학을 서열화하는 지금의 분위기에서는 기대하기 어렵다. 대학을 평가하는 데 중요한 지표인 교수의 연구실적은 전공에 따른 특수성이 무시되고, 교수의 충원율도 내용보다는 숫자에 집착하는 평가기준이 대학으로 하여금 편법을 동원하는 유혹에 쉽게 노출될 수 있는 위험도 있음을 인식해야 한다.

언제부턴가 한국의 대학은 통제와 감시의 대상으로 전락한 듯한 분위기마저 감지된다. 물론 일부 무책임한 사학과 부도덕한 재단이 사회적으로 물의를 일으키고, 비싼 등록금을 거두면서 학생들의 교육과 복지 등에 소홀했던 면이 있었던 것은 사실이다. 2년제를 포함해서 300개가 넘는 대학의 수준은 천차만별이다. 그리고 대체적으로 한국대학의 수준이 경제규모와 사회변화에 비해서 뒤처지고 있다는 지적이 일리가 있더라도, 대학 전체를 부도덕한 집단으로 매도하는 듯한 작금의 분위기는 분명 교정되어야 한다. 교육 당국의 대학지원이 대학을 규제하는 수단이 되어서도 안 된다. 사학들도 등록금 이외의 수익모델을 개발하여 대학 발전을 위하여 투자를 게을리해서는 안 된다. 대학발전과 개혁에는 여러 요소와 변수가 있으나 재정적인 면이 상당 부분을 차지하는 현실을 외면할 수 없다. 재벌이 사학을 인수하여 대학발전에 계기로 삼는 것이 좋은 예이다.

대학 졸업생들의 취업이 날이 갈수록 어려워지는 현실 속에서 취업률을 높이기 위한 대학의 노력은 당연한 것이다. 그러나 취업률의 제고가 지나치게 강조되고, 대학평가에 너무 많은 비중을 차지하는 것은 결코 바람직하지 않다. 취업률을 높이기 위한 대학의 노력이 자칫 업적 지향적이고, 성과지상주의적인 숫자 놀음으로 변질될 우려는 상존하고 있다. 취업이 안 돼서 대학 5학년이니, 6학년이니 하는 조어가 생길 정도로 심각한 상황을 개선하는 것은 대학 자체의 노력도 중요하

293

지만, 고용 없는 성장을 개선하기 위한 정부의 정책적 노력이 더 긴요하다. 이를 대학의 일방적인 책임으로 돌리는 것은 옳지 않다.

대학등록금 반값을 둘러싼 논란은 소강상태다. 정부여당과 야당의 정책이 차이가 있고, 등록금 인하는 무상급식과 무상보육, 무상의료 등 복지와 밀접한 관련이 있는 상황에서 반값등록금과 등록금의 적정 책정은 당분간 쉽게 결말이 날 전망이 보이지 않는다. 대학의 변화에 대한 주문이 제기된 것은 새삼스러운 일이 아니나, 반값등록금 문제가 정책적으로 이슈화하면서 상승 상용을 일으킨 측면이 강하다.

감사원의 종합감사 대상인 66개 대학에 속하지 않은 대학들에게도, 대학 개혁과 변화의 물결은 예외가 아니라는 것을 직시할 필요가 있다. 대학을 향한 사회의 요구와 비판적 관점은 심해지면 심해졌지, 완화되지는 않을 것이다. 대학 개혁에 대한 주문이 타율적이고, 강제적인 면이 없지 않으나, 이것이 시대의 대세라면 능동적으로 대처하는 것이 대학의 발전을 견인하는 것이다.

01 한국 언론과 새로운 방향

• 2006. 9. 25

● 언론은 또 하나의 권력기관

한국 언론은 일제에 끊임없이 저항한 훌륭한 전통을 가지고 있다. 물론 일부 신문이 한때 일제에 영합하여 기득권을 지키고자 했다는 비판이 있으나, 불가항력적인 시대적 상황의 오류였다고 너그러운 평가를 내릴 수 있다.

또한 정치적 민주주의를 쟁취하고자 했던 국민과 시민사회의 저항적 몸부림을 사실대로 보도하고 여론을 선도하는 언론 본연의 자세에서 벗어나 일면 독재정권에 협력했던 것도 부인할 수 없으나 언론은 이 나라의 민주주의를 위해 끊임없이 싸워온 역사가 있다. 언론통폐합, 기자들의 대량해직사태 등에 맞서 이른바 보수언론은 회사의 명운과 기자들 각자의 삶을 담보로 독재정권에 치열하게 투쟁하고 저항해온 것을 우리는 생생하게 기억하고 있다. 권위주의 정권 시절 언론의 숨통을 끊으려는 독재 권력으로부터 민주주의를 지키려고 온 국민이 백지광고로 전폭적인 신뢰와 사랑을 보내면서 언론을 구해냈던 것은 차라리 하나의 상징적 사건에 불과하다.

그러나 민주화 이후 언론은 정치적 민주주의를 쟁취하기 위해 모든 것을 걸고 투쟁할 필요도 없어졌고, 권력의 대척점에 서서 체제를 근본적으로 비판하는 반정부적 태도로 일관할 이유도 없어졌다. 그렇다면 현재 한국 언론은 국민에게 어떠한 모습으로 인식되고 있는가?

현대사회에서 언론은 이미 제4부로서의 위상과 힘을 가지고 있다. 그만큼 언론은 정치는 물론이고 경제, 사회, 문화, 환경, 안보, 국방 등 모든 면에서 막강한 영향력을 행사하고 있다.

이는 구체적으로 그 역할을 담당하는 언론기관에 종사하는 사람들이 직업과 관련하여 혜택을 받거나 소위 끗발을 행사하는 것과는 전혀 별개의 문제여야 한다. 그러한 영향력은 기본적으로 국민이 언론을 사회의 공기(公器)로 인식하고 존재가치를 인정하기 때문에 가능한 것이다. 또한 언론이라는 사회의 한 영역이 현대사회에서 상당한 영향력을 행사하는 것은 언론이 여론을 조성하고 진실과 사실을 알림으로써 사회의 나침반 역할을 하고 사회적·국민적 합의를 형성하는 메커니즘 역할을 다하기 때문일 것이다. 그리고 한국 언론은 그 역할을 충실히 해왔다.

그런데 언제부턴가 언론이 긍정적 의미의 사회적 영향력을 행사하는 것과는 별개로 국민은 언론을 또 하나의 권력기관으로 인식하기 시작했다. 언론사 입사시험을 가리켜 기자고시라는 조어가 생기고, 기자가 되는 것을 무슨 끗발 있는 기관에 들어가는 것으로 인식하는 분위기가 없지 않다. 언론사 입사는 어느덧 사람들의 머릿속에 출세와 상당한 힘을 행사할 수 있는 직업군에 합류한 것과 동일시되는 것으로 인식되고 있다. 언론인들도 언론의 영향력이라는 우산 속에서 스스로가 무의식적으로 시민사회의 특권층으로 군림하고 대우받으려 했던 적은 없는지 반성해 보아야 한다.

● 지식정보사회에 맞게 새 모습 갖춰야

그렇다면 언론에 대해 어떠한 진단과 방향의 모색이 필요한가?

첫째, 한국 언론은 더 이상 기득권에 안주해서는 안 된다. 그 기득권의 양상은 참여정부 들어 새로운 모습으로 다가온다. 이념갈등이 새로운 사회문제로 대두되면서 언론도 이른바 진보와 보수 양대 진영으로 나뉘어 다른 이념적 스펙트럼에 대해 관대하지 못하고 수용하지 못하는 이념적 협애성을 드러내고 있다. 그리고 그 편협함은 단순히 언론사의 정체성 차원을 넘어 같은 언론영역에서도 상대를 비방하고 반목으로까지 비화하는 모습으로 확대되고 있다. 나아가 친여매체, 반정부적 비판보수언론이라는 다분히 감정적 대립으로 나타나고 있다.

각 매체가 각사의 입장에 따라 보도나 주장의 편차는 존재할 수 있으나, 같은 사회적 이슈나 어젠다를 다루는 데 있어 현격한 입장차를 드러내는 것은 결코 관점의 다양성이란 차원에서 다룰 수 있는 단계를 지났다. 크게는 방송과 신문, 신문 중에서도 보수언론과 진보언론으로 나뉘고 있다. 그러나 엄밀히 말하면 한국 언론을 보수언론과 진보언론으로 구분하는 것은 적절하지 않으며, 맞는 분류도 아니다. 한국사회의 보수와 진보는 서로 상대를 인정하고 각자의 입장을 보완하는 파트너십으로서의 건강한 이념적 구분이 아니기 때문이다.

사회에서의 반목과 대립을 부추길 수 있는 구분을 언론이 조정하고 정화할 수 있는 역할을 해야 함에도 각자 자신의 입장만 수구적으로 고집하는 구태의연한 태도에서 벗어나지 못하는 것이 한국 언론의 대체적 경향임을 부인하기 어렵다. 여기에 특정 인터넷 매체가 가세하고, 이것이 이념과잉과 정치과잉의 한국사회 문제를 해결하기는커녕 문제를 악화시키고 있는 것이다.

둘째, 언론과 권력은 기본적으로 길항작용을 하고 있다고 볼 수 있다. 언론은 현대사회의 속성상 권력과 자본으로부터 완전히 자유로울 수 없다. 그러나 언론은 시민사회와 권력의 관계 또는 자본과의 관계 속에서 언론의 본질적 사명과 책임감을 잃지 않고 권력에 대한 감시자와 자본의 영향력 속에서도 상대적으로 자율성을 견지해야 할 당위성을 가지고 있어야 한다. 만약 권력과 자본으로부터 상대적으로라도 자유롭지 못하다면 이미 언론의 존재가치는 상실되는 것이며, 그 사회의 건강성과 양심은 실종되고 마는 것이다. 그러나 불행히도 우리 현대사에서 권력과 언론, 자본과 언론의 밀착 내지 공생관계는 새삼스러운 것이 아니다.

셋째, 참여정부 들어 특이한 현상 중 하나는 신문과 방송이 권력과의 관계에 있어 하나의 경향성을 보이고 있다는 것이다. 이른바 메이저 언론이라는 매체들은 보수언론이라는 꼬리표를 달고 다니며, 언론이 비판이라는 고유의 기능 위에 존재하고 있어야 한다는 너무도 당연한 명제에도 불구하고 비판언론의 '비판'이라는 수식어가 왜 붙어야 하는지 알 수 없다. 마치 신성하고 도덕적이고 개혁적인 정부에 불필요하게 딴죽을 거는 뉘앙스와 함의로 해석되는 기현상을 보이고 있다. 그렇다면 이른바 보수언론을 제외한 다른 매체들은 비판기능을 포기라도 했다는 것인지 알 수 없는 노릇이다.

또한 인터넷 매체의 발달은 언론의 지평을 한 단계 끌어올렸다고 평가할 수 있는 측면이 있겠지만 참여라는 명분으로 언론의 본질적 기능인 비판기능을 소홀히 하고 있는 건 아닌지 되돌아볼 일이다. 또한 특정방송사의 권력 밀착설 등은 결코 바람직한 언론의 모습이 아니다. 이에 대해 해당 언론사는 왜 그런 설이 시중에 광범위하게 유포되고 있는지 되돌아보고, 그런 점이 있다고 판단되면 과감하고 책임 있는 자세를 취해야 한다.

넷째, 언론과 권력이 현대 민주정치에서 서로의 기능과 영역을 인정하여 언론은 건전한 비판과 대안을 제시하고 올바른 여론선도 기능을 갖는 것에 소홀하지 말아야 하며, 권력은 자신에 대한 비판과 견제에 과민하게 반응하거나 언론에 재갈을 물리는 어리석은 짓을 삼가야 한다. 세무조사나 신문법 등으로 개혁이라는 명분의 잣대를 들이대면서 언론과 기싸움하는 것은 결코 바람직하지 않다.

다섯째, 이제 언론환경은 빠르게 변화하고 있다. 많은 사람들이 전철역에서 무료로 배포되는 무가지에서 정보를 얻고 있으며, 종이신문이 아닌 영상과 미디어가 정보화시대의 영향력 있는 매체로 등장하고 있다. 따라서 종이신문은 종이신문대로, 방송은 방송대로 새로운 영역에 대한 올바른 이해와 인식이 정립되어야 한다. 과거처럼 언론의 기득권에 안주하여 제4부로서의 영향력에 의존해서는 더 이상 정보화 사회에서 살아남을 수 없다. 더구나 일반인들은 기사 가치가 없는 것을 자의적으로 확대 해석하고, 추측보도나 '아니면 말고'식의 무책임한 언론보도를 신뢰하지 못한다.

국민이 정보를 습득하는 경로도 다양해지고 있다. 단순히 기존의 신문이나 방송을 통하여 수동적이고 일방적이며 일방향으로 강요되는 아날로그 형태의 정보전달 경로는 지식정보사회에서 더 이상 주류가 아니다. 언론도 지식정보사회에서 새로운 모습으로 거듭나야 한다. 계몽적이고 저항적인 행태에 안주해서도 안 되며, 권력이나 정권에 영합하는 상업언론의 악습에서도 벗어나야 한다.

● 건강한 사회의 마지막 보루

여론을 형성하고 사회의 건강한 합의를 조성해 나가는 본연의 사명은 여전히 언론의 몫이다. 이러한 언론의 본령을 잃지 않고 21세기 정보화 사회, 국익만이 정의인 신자유주의의 시대사조에서 한국을 견인해 나가기 위해서는 이념적 갈등을 부추기는 소모적 행태나 제4부라는 영향력을 행사하는 달콤한 맛에 취해 있는 과거의 구습에서 벗어나야 한다. 그것만이 한국 언론이 스스로를 지키고 사회의 공기로서 기능할 수 있는 마지막 길이다.

언론은 사실을 객관적이고 과학적으로 보도하고 진실을 밝혀냄으로써 건강한 사회의 마지막 보루여야 하며, 권력을 감시하고 비판하는 본연의 기능을 조금이라도 망각해서는 안 된다. 이는 생산성과 효율성이 최고의 가치로 치부되는 신자유주의 시대라 해서 그 중요성이 훼손되는 것이 아니다. 이를 위해 한국 언론은 새로운 언론환경에 적응해 나가야 함과 동시에 국가가 나아가야 할 방향에 대한 정확한 로드맵을 제공할 수 있는 실력을 갖춰 나가야 한다. 어떠한 로드맵을 채택하는 것이 올바른 한국의 나아갈 길인가에 대한 사회적 합의와 국민적 합의를 만들어 나가는 것은 여전히 언론의 몫이기 때문이다.

참여정부

2002년 12월 19일, 제16대 대통령 선거에서 노무현 후보가 승리함으로써 2003년 2월 25일부터 노무현 정부가 출범하였다. 노무현 정부를 일컬어 참여정부라고 지칭한다. 참고로 민주화 이후 두 번째 정부인 김영삼 정부를 문민정부, 김대중 정부를 국민의 정부로 지칭하고, 이명박 정부는 별도로 지칭하는 용어가 없다. 각각의 별칭은 그 정부의 성격을 정권을 담당한 세력들이 스스로의 권력을 상징적으로 나타내는 용어들이다. 참고로 제1공화국은 이승만 정권, 제2공화국은 장면 정부, 제3공화국과 제4공화국은 박정희 정권을, 그리고 전두환 정권은 제5공화국, 노태우 정권은 제6공화국이라 부른다. 이는 헌법 개정에 의한 권력구조 변화를 의미한다. 따라서 민주화 이후는 개헌에 의해 정부형태가 변한 적이 없기 때문에, 제7, 8공화국 등으로 지칭하지 않는다. 민주화는 1987년 노태우 당시 민정당(민주정의당) 대표가 6 · 29선언으로 확립되었다. 이른바 절차적 민주주의의 확립이다. 그러나 아직 실질적 민주주의의 공고화로 보기엔 시기상조였다. 이것이 9차 개헌이었다. 6 · 29선언의 골자는 대통령 직선제로의 개헌이다.

신문법

노무현 정부는 이른바 보수언론과 밀월관계를 유지하지 않았다. 기본적으로 노무현 정부가 진보적 성향을 띠고 있었고, 대체로 보수언론과 긴장관계를 유지하고 있었다. 언론에 대한 개혁조치로서 신문법을 개정하려 했고, 이에 대해 언론에 대한 재갈 물리기라는 시각이 존재했다.

02 한국의 보수와 진보

- 2007. 6. 15

보수(the right)와 진보(the left)는 상대적 개념이다. 서구에서 보수와 진보의 출발은 우리가 흔히 아는 것과는 달리 정치사회적인 측면보다는 경제적 측면에서 보다 확연하게 대비되어 왔다. 서구 선진자본주의국가들의 발전은 경제적으로는 산업혁명, 정치적으로는 시민혁명을 거쳐 산업화와 민주화를 일찍이 달성하였다. 산업혁명을 거쳐 등장한 부르주아 계급은 자신들의 경제적 활동을 보장받고자 국가의 간섭을 배제하려고 했으며 이러한 과정에서 발생한 것이 시민혁명이다. 시민혁명을 통하여 부르주아가 지배계급으로 등장하면서 이들은 국가가 시장에 개입하지 말 것과 국가의 최소한의 간섭을 요구해왔다. 이것이 '야경국가' 개념이며 애덤 스미스(Adam Smith)의 '보이지 않는 손(invisible hand)'에 의한 시장경제운영이다.

이후 보수와 진보의 이념은 정치사회적으로도 각기의 모습과 정체성을 띠면서 나름대로의 철학과 역사적 배경에 입각하여 어느 한쪽에 치우치지 않는 사회를 유지하는 데 기여해왔다. 그런데 한국의 경우는 어떠한가?

한국은 서구적 의미의 산업혁명과 시민혁명을 경험하지 못했을 뿐만 아니라 일제의 식민지 지배로 시민사회의 부재 속에 자본축적에도 실패했다. 이후 독재와 군부권위주의 정권의 지속은 한국사회의 기본 구도를 민주 대 반민주, 반독재 대 독재, 반체제 대 체제수호 세력으로 양분시켰으며, 분단변수가 한국의 모든 영역을 규정해왔다. 게다가 박정희 정권이 종말을 고하고 이 땅에 민주주의의 꽃이 만개할 것이라는 희망은 전두환이라는 보다 강고한 독재정권의 출현으로 여지없이 무너지고 말았다. 더 이상 한국에서 민주화와 민주주의의 실현이라는 정치발전은 요원한 꿈에 불과하게 된 것이다. 당연한 귀결로 이 땅의 지식인과 민중들은 한국사회의 대안을 북한에서 찾게 된 것이다. 이는 진보가 곧 민주화 세력이고, 북한에 정통성을 부여하고 주체사상을 신봉하는 세력을 태동시키게 된 것이다. 한편으로 보수는 기득권에 안주하고 군부권위주의 정권, 재벌, 관료 등의 쿠데타 동맹을 형성하면서 정치적 배제와 억압으로 민주주의를 실종시키고 민중의 삶을 질곡에 빠뜨린 세력으로 치부되어 왔다. 이는 곧 민주화 세력과 산업화 세력으로 양분되면서 아직도 우리 사회는 두 세력이 상호보완적이지 못하고 상호갈등적인 반목과 질시로 일관하고 있다. 이러한 한국의 역사적 배경은 서구의 경험과는 달리 이념적 대결이 경제적 영역이 아니라 주로 정치사회적 측면에서 이루어져 왔다는 것을 의미한다.

그러나 이러한 이념적 갈등은 산업혁명과 시민혁명을 거치지 않은 개발도상국의 보편성을 인정한다 하더라도 사회개혁과 정치발전에 도움이 되지 않는 소모적이고 비생산적인 반목에 불과할 뿐이다. 한국의 진보와 보수는 경제적 측면에서의 시장에 대한 국가의 개입 정도, 복지국가를 둘러싼 논쟁, 경제정책의 수위조절 등의 건설적인 논의를 배제한 채 산업화와 민주화라는 이분법적인 구태의연한 차원에 머물러 있다. 따라서 이 땅의 진보와 보수는 진정한 의미의 모습에서 벗어나 있다. 진보는 이미 냉전의 종식으로 폐기된 이데올로기가 되고 만 사회주의와 좌파의 어설픈 모양을 흉내 내고 있고, 보수는 보수의 이름으로 위장한 채 남을 돌보지 않고 기득권에만 안주해온 수구적 행태를 보여 온 게 사실이다.

민주화와 산업화는 결코 상반되는 가치가 아니다. 오늘의 서구의 발전이 정치적인 시민혁명과 경제적 산업혁명으로 가능했지만, 우리는 서구가 100년이 넘게 걸린 민주화와 산업화를 정부수립 이후 불과 60년도 안 돼서 성공적으로 달성했다. 민주화 세력과 산업화 세력이 서로 보완하고 상대를 포용할 때 21세기 한국의 미래를 담보할 수 있을 것이다. 아직도 낡은 이념의 경직된 틀에서 벗어나지 못하고, 아집에 집착할 때 세계화와 신자유주의의 거센 파도 앞에서 한국사회는 좌초할 수밖에 없을 것이다.

올 연말의 대선은 진보와 보수진영이 합리적 진보와 양심적 보수의 모습으로 돌아와서 철학이 내재된 정책적 대결의 장이 되어야 한다. 이념의 벽을 허물 수 있는 통합의 리더십의 출현을 기다리는 것은 한낱 신기루를 쫓는 것에 불과한 것인가? 이념의 구속에서 벗어나 국익과 올바른 것이 무엇인가를 성찰할 수 있는 진정한 리더십의 출현을 보고 싶다.

쿠데타 동맹(coup alliance)

이 용어는 낯선 용어지만, 1980년대 종속이론(dependency theory)적 관점에서 쓰인 용어이다. 특히 브라질의 오도넬(G. O'Donell)의 관료적 권위주의(Bureaucratic Authoritarianism, BA체제)에서 산업화의 심화에 필요한 관료와 군부, 대기업의 연합을 의미한다. 즉, 자본과 기술의 축적이 미약한 개발도상국에서 제조업의 중화학공업을 육성시키는 것을 의미하는 산업구조의 고도화를 위해서는 국가 주도의 산업화 정책을 쓸 수밖에 없고, 군부가 정권을 장악하고, 기술관료들의 정책적 드라이브와 대기업에 대한 국가 차원의 육성 정책이 어우러져 산업구조의 고도화를 추진하는 정치형태를 뜻한다. 정권의 성격이 민중 부분에 대한 정치적 배제(political exclusion)와 억압의 형태를 띨 수밖에 없다.

관료적 권위주의는 1972년 유신 이후 한국이 중화학공업, 철강, 조선, 전자 등 산업구조의 고도화 정책을 분석할 때 자주 원용되었다. 그러나 이 이론이 지나치게 경제결정론적 관점이란 측면에서 한국의 유신을 분석하는 데는 한계가 따른다는 비판이 제기되었다. 왜냐하면 관료적 권위주의는 산업화의 심화라는 경제적 유인 때문에 구조적으로 정치적 배제와 억압이 나타날 수밖에 없다는 관점에 서 있는 경제결정론적 시각이기 때문이다.

종속이론

1980년대 중남미를 중심으로 확산된 발전론으로서 서구적 관점과 경로를 통한 경제성장은 서구에 대한 종속만을 심화시킬 뿐이라는 관점이다. 프랑크(A. G. Frank)의 『저발전의 발전(development of underdevelopment)』이라는 명제가 이를 상징적으로 보여 주고 있다.

03 | 민주주의와 다수결 원칙

- 2009. 3. 18

현대정치의 근간을 이루고 있는 정치형태는 대의민주주의이다. 대의민주주의는 의회에서 국민의 대표들이 각종 법안과 정책 등을 결정하는 의회민주주의이기도 하다. 그러나 간접민주주의의 형태를 띠고 있는 대의민주주의가 민의(民意)와 거리가 먼 정책을 결정하거나, 일찍이 아리스토텔레스가 지적한 중우(衆愚)정치로 흐르는 경향이 있음은 부인할 수 없는 사실이다. 이의 대안으로 참여민주주의나 심의민주주의에 대한 관심이 높아지는 것은 이러한 경향을 반영하는 것이다. 또한 인터넷의 발달로 시민사회단체의 연대가 활성화되고, 시민들의 정치참여가 증대되고 있는 것은 민주주의의 진전임은 두말할 나위도 없다. 참여의 폭이 확대되는 것은 그만큼 사회구성원의 합의에 가까워질 수 있는 것인 만큼 민주주의 정치 발전에 긍정적 요인으로 작용하고 있다. 그러나 대의민주주의의 문제점에도 불구하고 여전히 현대정치의 주된 형태는 간접민주주의일 수밖에 없다. 최선과 차선은 못 되지만 가장 나쁜 제도는 면한 차악(次惡)이 대의민주주의 라고 볼 수 있다.

대의민주주의의 근간을 이루는 것은 다수결의 원칙이다. 의회에서 여야가 정치적으로 민감한 부분이나 정책적으로 계층의 이해관계를 달리하는 법안에 대해 극단적인 대립을 보일 때 결국은 표결을 통한 결정에 의존할 수밖에 없다. 물론 여야가 부단한 타협과 조정을 통해 절충하고 양보함으로써 합의하는 것이 가장 이상적일 것이다. 그러나 현실정치(real politik)와 권력정치(power politics)에서 여야의 합의를 도출해내는 것이 항상 가능한 것은 아니다. 극단적으로 정치적 이해관 계를 달리할 경우에 물리적 충돌이나 장외투쟁으로 정치가 실종되고 민주주의의 정신이 마비되는 것이 다반사인 경우가 한국정치의 현주 소이기도 하다. 다수가 인내를 가지고 소수와 반대세력을 설득해내고 포용함으로써 합의를 이끌어내는 것이 가능의 예술인 정치의 본령이 다. 그러나 반대세력이 타협과 절충을 외면하고 합의점을 찾기 어렵다 면 의회 내에서의 의사결정은 다수결에 의한 표결로 갈 수밖에 없다. 모든 사안의 결정에 여야 합의가 전제되어야 한다면 현대정치의 근간 을 이루는 선거는 존재할 이유가 없다. 다수결이라는 게임의 룰을 따 르고 이에 대한 유권자의 평가를 다음 선거에서 받는 것이 민주주의의 메커니즘이기 때문이다.

국회에서 벌어지고 있는 여야의 대립과 갈등은 급기야 불법, 폭력이 얼룩진 난장판 국회로 국민의 지탄과 혐오의 대상이 되고 있다. 여당 은 논의조차 거부하는 야당을 반의회주의라고 비판하고, 야당은 여야 의 합의를 거치지 않고 속도전으로 밀어붙인다고 여당을 비난한다. 이

렇게 평행선을 달리는 상황에서는 표결을 거쳐 의사를 결정해야 하며,
결과에 대해서는 승복하는 것이 사회정치적으로 합의한 약속이다. 세
계화는 민주주의의 형태도 변화시키고 있다. 배타적 주권 개념과 민주
주의의 개념도 새로운 변화를 요구받고 있지만 대의민주주의의 기본
원칙이나 패러다임을 거부하기에는 마땅한 대안이 존재하지 않는다.
직접민주주의의 요소가 도입되고 국민의 참여가 획기적으로 증진된다
해도 의회를 통한 대의민주주의를 완전히 부정할 수는 없는 것이다.

그러나 다수결만을 믿고 다수의 횡포가 용인되어서는 안 될 것이다.
소수의 존재를 인정하며 받아들이고, 소수는 자신의 주장을 관철시키
기 위하여 토론과 타협에 임하되, 그것이 받아들여지지 않을 땐 다수
결에 동의해야 한다. 사회적 합의인 다수결을 부정하는 것은 의회민주
주의를 거부하는 것에 다름 아니기 때문이다. 역지사지(易地思之)의
자세로 상대를 인정하고, 서로가 다를 수 있다는 원칙에 동의하는 것
이 민주주의라는 사실은 언제나 유효하다.

참여민주주의(participatory democracy)

현대 민주주의의 근간을 이루고 있는 것은 대의제 민주주의(representative
democracy)이다. 이는 주권자인 국민이 대표를 선출해서 그들에게 권한을 일정 부
분 위임해서, 간접적으로 정치적 의사결정에 참여하는 제도로서, 간접민주주의의
형태를 띤다. 아테네의 폴리스에서 행해지던 직접민주주의가 인구의 증가, 사회의
다원화와 전문화, 복잡화로 물리적 · 기술적으로 불가능하게 되면서 나타난 것이
대의제 민주주의이다. 그러나 대의제 민주주의는 민의가 왜곡되고, 간접적인 정치
적 의사결정으로, 주권자인 국민과는 동떨어진 정치인들의 기호에 맞는 정책이 결
정되는 등 많은 문제점을 내포하게 되었다. 이의 대안으로 나타난 것이 참여민주
주의이다. 그러나 참여민주주의도 대의기구인 의회를 경유하지 않고 비전문가인

대중들의 무책임한 정치참여로 또 다른 문제를 노정하였다. 기본적으로 현대정치의 기본은 대의제이기 때문이다.

위임민주주의(mandate democracy)

브라질의 오도넬(G. O'Donell)은 투표에 의해 통치를 위임받은 정부가 유권자에게 책임을 지지 않음으로써 민주주의의 공고화와 제도화가 지연되고 있는 상황을 위임민주주의라는 개념으로 설명한다. 민주주의의 기본원리가 책임성과 대표성인데 이에 위배되는 군부권위주의 정권을 설명할 때 쓰는 개념으로서 남미나 신생민주주의의 권위주의 체제(authoritarian system)를 설명할 때 유용한 개념이다.

심의민주주의(deliberative democracy)

심의민주주의도 대의제의 단점을 보완한다는 의미를 갖는다. 심의민주주의는 시민들 간의 심의, 대화, 토론, 의사소통을 통해 개인들이 합의된 집단적 의사를 형성하려는 것이다. 한마디로, 심의민주주의는 시민이 직접 심의에 참여하는 직접적이고 참여적인 민주주의다. 시민과 대표가 모두 심의에 참여함으로써 대표와 시민 간의 거리는 좁혀질 수 있는 것이다. 심의민주주의도 대의제의 보완으로서 참여민주주의의 성격을 가지며, 시민의 역할이 강조되면서 시민참여의 논거를 제공한다. 숙의(熟議)민주주의, 토의민주주의와 비슷한 함의를 가진다. 심의민주주의와 숙의민주주의는 간접민주주의의 대안으로서 학계와 시민사회에서 활발한 논의가 진행되고 있다.

04 | 한국사회와 대학의 역할

- 2010. 4. 4

● 인문학의 위기

한국은 4년제 대학만 거의 200개에 육박한다. 이렇게 많은 대학이 꼭 있어야 하느냐는 논란은 차치(且置)하고서라도 대학의 구조조정이 여러 이슈 중 사회개혁의 단골메뉴로 거론되기 시작한 지도 꽤 되었다. 국공립 대학들의 통폐합은 물론 사립대도 효율과 규모의 경제를 중시한 짝짓기 등이 대학의 관심사가 된 것이다. 게다가 신자유주의의 여파는 대학에도 예외가 아니어서, 무한경쟁과 특성화의 바람으로, 인문학과 기초과학의 존립기반이 흔들리고 있는 것은 새삼스러운 일이 아니다. 특히 인문학의 위기는 심각하다. 학생 수가 많은 큰 대학들을 제외하고는 철학이나 역사학, 문학에 관련되는 학과가 존재하지 않는 경우가 대부분인 것은 이러한 학과에서 배우는 내용들이 사회의 취업과 연계되지 않고, 사회에서의 경쟁력과 거리가 멀기 때문임은 주지의 사실이다. 문(文), 사(史), 철(哲) 관련학과가 존폐의 위기에 내몰려 있는 것이다.

이러한 상황에 대해서는 대학이나 사회가 다 같이 공감하는 바이다. 최근에 인문학을 가까이 접하고자 하는 움직임이 활발해지고 있는 것은 반가운 현상이다. 그러나 인문학에 대한 경영인들이나 CEO의 관심도 역시 실용적 관점에서 이루어지고 있는 것 같아 안타깝다. 서점에 넘치는 신간 중의 상당수가 처세와 처신, 자기계발에 관련된 책들이다. 물론 이런 책들도 경쟁에서 이기고, 직장과 자기 직분에서 조언이 될 만한 지식을 제공한다는 면에서 순기능적 측면이 없지 않지만, 궁극적으로 인간의 깊이와 인문학적 사고의 천착에는 별로 도움이 되지 않는 책들이다.

대학이 사회와 별개로 존재한다는 것은 상상할 수 없는 일이다. 모든 주체와 존재들은 사회적 관계 속에서 의미를 찾을 수 있을 때만이 존재의 가치가 있고, 대학도 예외가 아니기 때문이다. 대학이 사회적 관계 속에서 존재의 영역을 찾고, 사회와 국가에 기여하는 것이 경제적 관점이나 가시적 차원에서만 이루어지는 것은 아닐 것이다. 대학의 존재는 어느 한 분야나 부문에만 국한될 수 없다.

● 한국의 사회경제적 이중성

우리나라가 선진국의 문턱에 있음은 분명한 것 같다. GDP 규모나 외환보유고에서 10위권임은 물론이고, 작년도의 수출규모와 무역흑자 등은 이미 선진국 수준이다. 게다가 올 11월에 G-20 정상회의가 서울에서 개최된다. 작년에 미국, 일본, 프랑스, 러시아 등의 원자력 강국들을 제치고 UAE에 원자력을 수주한 것도 한국의 과학기술 능력을 보여 주는 쾌거라고 할 수 있다. 가히 국운 상승의 기운을 맞고 있다는 얘기가 과장이 아닌 듯하다.

그런데 우리를 아무도 선진국이라 부르지 않는다. 물론 1인당 국민소득이 아직 3만 달러 수준까지 가지 않았다는 경제적 측면이 있겠지만, 단순히 경제적 차원에서의 문제만은 아닐 것이다. 의식의 문제는 경제적 수준에서 선진국에 도달하는 것보다 훨씬 시간이 많이 걸리고, 어렵다. 바로 이 부분이 우리가 해결해야 할 과제이다. 관용과 배려 등 성숙한 의식의 제고는 사회구성원들이 편안함과 행복감을 느끼기 위하여 반드시 필요하다. 웬만한 경제 지표는 세계 10위권이고, IT는 말할 것도 없고 철강, 조선, 반도체, 자동차 등에서 한국은 선진국과 어깨를 견줄 만하다. 그러나 우리나라의 행복지수는 산업 분야나 외형적 경제지표와는 너무나 거리가 멀다. 인간의 행복이라는 것이 기본적으로 주관적이고 다분히 철학적인 면이 있다 하더라도 한국인이 느끼는 생활의 만족감의 수준은 결코 높지 않다는 것이다. 이에는 여러 원인이 있을 것이다. 서구선진국가들이 몇백 년에 걸쳐 이루었던 산업화나 민주주의를 우리는 짧은 시간에 성취했고, 이러한 압축성장의 그늘이 아직도 사회 곳곳에 드리워져 있다. 사회적 상승욕구가 어느 나라보다도 강한 나라, 좁은 국토와 빈약한 부존자원에서 이만큼 경제적 성과를 일궈내기까지 한국인들이 보여준 강인한 집념과 의지는 여전히 성장의 동력이 되겠지만, 한편으로는 국민들 입장에서 한국사회에 존재한다는 것이 버겁게 느껴지게 하는 측면도 있음을 부인하기 어렵다. 부자나 가난한 자나 모두 사회에서 살아남기 위해서 지불해야 할 마음의 빚이 너무 큰 나라가 한국은 아닌지 되돌아볼 일이다. 물론 세계화의 거친 파고 속에서 냉혹하기 짝이 없는 신자유주의라는 이데올로기는 무한경쟁과 적자생존의 원칙을 요구하지만, 한국은 여타의 경제지표와는 걸맞지 않게 가진 자와 못 가진 자의 간극은 더 벌어지고 있고, OECD 국가들 중에서도 사회통합 지수는 대단히 낮다.

게다가 전쟁이 끝난 후인 1955년에서 정부의 산아(産兒)제한정책이 시작되기 전인 1963년 사이에 태어난, 이른바 베이비붐 세대의 은퇴가 시작되고 있다. 우리나라의 평균수명은 남자가 78세, 여자가 82세 정도이다. 이는 세계 2위 수준이다. 오래 사는 것이 인생 5복 중 하나라 하지만, 오래 살수록 가난하게 살아야 하는 역설적인 위험, 즉 '장수 리스크'도 커지는 것이다. 어느 연구소의 분석에 의하면 우리나라 전체 국민의 장수 리스크, 즉 비예상은퇴기간을 예상은퇴기간으로 나눈 수치가 0.87이라는 보고가 있다. 즉, 사람들의 실제 은퇴하고 살아야 할 기간이 자신이 예상한 것보다 평균 87% 길어진다는 뜻이라고 한다. 이는 미국의 0.37, 영국의 0.33에 비교할 때 약 2.5배에 달하는 수치이다.*

은퇴를 앞둔 세대들의 큰 부담 중의 하나는 자녀 결혼이다. 결혼에 들어가는 비용도 부모가 부담해야 하고, 웬만한 결혼식장에서 혼례를 올리지 않으면 사회에서 낙오되는 듯한 분위기가 현실인 상황에서, 그저 하루하루 생활에 최선을 다하고 살아가는 것이 공허하고, 중압감으로 다가오는 것이 일상이 된 것이 우리네 한국인들의 삶이라고 해도 과장은 아닐 것이다.

이 밖에도 한국사회가 직면하고 있는 사회경제적 · 정치적 난제는 너무나 많다. 청년실업의 문제와 비정규직 문제, 분배와 성장의

---

* 조선일보, 2010년 1월 9일자.

조화, 빈부격차의 완화, 사교육과 공교육의 조화, 사회복지와 고령화 사회에 대한 적절한 대처 등의 사회경제적 문제 이외에도, 정치적으로 해결해야 할 문제도 만만치 않다. 민주화가 정착되었다고는 하나, 절차적 수준에서의 민주주의일 뿐이다. 아직 실질적 민주주의는 가야 할 길이 멀다.

대의민주제를 보완할 새로운 형태의 민주주의의 형태는 무엇인지에 대한 성찰은 개헌 논의와 연결되어 있으나, 개헌이 이루어질 가능성은 현재로는 높지 않다. 정치적 셈법과 이해관계가 첨예하게 얽혀 있는 현재 정치권의 수준으로는 언감생심이기 때문이다. 사회지도층의 노블레스 오블리주(noblesse oblige)는 역시 연목구어(緣木求魚)일 뿐이다. 부패구조와 비리의 사슬은 정권의 이념적 지향을 막론하고 예외가 없는 듯하다. 지역주의는 각종 선거 때마다 여전히 위력을 떨치고 있고, 공공부문의 개혁은 관료들의 이해관계와 얽혀 있으면서 형식과 제스처에 그치기 일쑤이다.

한국사회가 직면하고 있는 이중성은 올해 들어 더욱 두드러지는 것처럼 보인다. 군사 분야나 과학기술 영역도 이제 세계 선진 수준이고, 스포츠나 한류 등 문화예술도 아시아를 선도하는 것으로 비쳐지곤 한다. 선진국 진입의 가장 중요한 잣대인 소득 수준도 1995년에 1인당 소득이 1만 달러가 달성된 이후 2007년에 2만 달러를 성취했다. 이후 환율과 세계 금융위기로 인해서 진퇴를 거듭하다가, 작년에는 거의 2만 달러 수준에 안착한 것으로 보인다. 우리는 언젠가부터 일본을 누를 수 있고, 삼성이나 LG의 전자나 반도체 분야가 일본을 제쳤다고 선부른 평가를 하기도 한다. 그러나 단순 경제 지표상으로 봐도 선진국의 길은 너무나 멀다. 우리가 1만 달러를 달성한 1995년, 일본은 이미 4만 달러 시대를 열었다. 2만 달러를 달성하는 데 우리는 12년이 걸렸다. 쉽게 3만 달러, 4만 달러로 가리라는 낙관의 근거는 여전히 희박하다.

작년에 경제위기를 극복한 속도가 빠를 수 있었던 것도 수출의 호조에 힘입은 바 크다. 이는 말할 것도 없이 고환율과 저유가 덕이다. 그러나 올해는 세계 경기의 회복으로 수요가 증가하면서 환율의 하락과 원자재 및 유가가 상승할 것으로 보인다. 이러한 상황에서 작년 같은 수출의 호조를 장담할 수 없다. 그러나 비록 시간이 걸리더라도 한국의 성장 잠재력이나 저력으로 볼 때 소득 수준과 여타 분야에서 선진국으로의 진입은 분명히 가능한 일이다. 그렇다면 단군 이래 이루지 못했던 선진국으로의 진입은 성공리에 완수된다고 보아도 되는 것인가?

● 산업화와 민주화의 변증법적 조화

산업화와 민주화를 일궈내는 데 우리는 서구의 전통적인 선진자본주의 국가 못지않게 피와 땀을 흘렸다. 그 눈물과 땀의 대가가 세계가 놀라고 우리 스스로 자부심의 근거로 내세우는 오늘의 대한민국이다. 잘 달려왔다. 이제 선진국의 문턱에서 숨을 고르고 있는 형국이다. 그러나 여기서 되돌아볼 일이다. 우리가 가는 길이 '격이 있는' 선진국으로의 터를 닦는 올바른 지향인가를……. 행여 개발도상국을 졸업하고, 돈 있고, 많은 분야에서 세계 수준임을 내세우지만, 서로를 인정하지 않고, 여전히 출세와 자기성취를 위해 남을 밟고 넘어야 하는 천박하고, 냉혹한 부자나라로 가고 있는 것은 아닌지를 되돌아봐야 한다.

우리가 지향하는 선진국은 외형적이고 가시적인 경제적 지표나 과학기술 등의 분야에서 괄목한 만한 업적을 냈다고 해서 가능한 것은 아닐 것이다. 정말로 지난(至難)한 과제가 무형의 가치에 대한 지향이 생활에 체화되어 있는 나라, 상류층의 사회적 책무와 의무가 실현되는 나라의 실현이며, 사회적 통합의 결과 부자와 지도층에 대한 시샘과 질투, 증오가 없는 나라여야 한다. 그래서 온 국민이 편안함과 행복을 느낄 가능성이 높은 나라여야 한다. 적어도 승자독식(勝者獨食)의 사회로 가서는 안 된다.

많은 사회구성원들이 우리의 저력을 인정하고, 전체적으로 한국의 미래를 낙관하는 한편, 사회에 대해 불편한 심기를 감추지 않는다. 그러나 승자독식은 점점 영역을 넓혀가고 있다. 빈부격차의 간극은 점점 벌어지고 있고, 사회통합의 정도는 OECD 30개 국가 중 25위 정도이다. 국민들이 정부가 낙관적 미래의 청사진을 제시하고, 이에 대한 납득할 만한 논거를 내밀 때 흔쾌히 동의하지 않고, 소극적으로 받아들일 수밖에 없는 이유이다.

또한 우리가 지향하는 국가의 성격이 어떠한 것인지에 대한 국민적·사회적 합의도 없다. 우리가 가고자 하는 나라는 전통적인 강대국이면서도 선진국이라고 부르는 데 조금도 손색이 없는 미국이나 일본, 영국, 프랑스, 독일 등의 G7 국가들의 모델인가, 아니면 영토와 인구는 적지만 높은 소득 수준과 사회복지를 고루 갖추고, 국민들의 행복과 편안함의 만족도가 높은 북구형의 국가들인가, 아니면 두 그룹을 절충한 제3의 모델의 국가인가? 강소국일망정 결코 강대국은 아닌 북구의 국가들, 반면 중국과 러시아, 인도 등 이른바 BRICs 국가들과 같은 강대국일망정 선진국은 아닌 나라들의 중간쯤을 우리가 지향해야 하는 것인가?

정부가 내세우고 있는 동북아 중심국가의 개념이 무엇인지에 대해서도 사회적 합의가 존재하지 않는다. 노무현 정권 때 내걸었던 '동북아 균형자론'은 아직 그러한 힘이 없는 분단국가 한국에는 버거운 일이었기에 슬며시 사라지고 말았다. 스포츠 강국의 면모에서 우리는 가끔 발해나 고구려의 영토였던 만주에 대한 동경을 읽을 때가 있다. 이러한 것들이 우리의 위상과 부합하는지, 혹시 지나친 자신감이 자만으로 변질되면서 국수주의로 흐르는 것은 아닌지 경계할 일이다.

● 대학의 역할

우리나라는 이제 강대국의 눈치만 살피던 냉전시대의 희생양이 아니다. 또한 6 · 25 때 군사적 지원을 받던 세계 최빈국이었던 나라가 우리보다 발전 단계가 낮은 나라에 대해 군사와 의료, 경제 분야에서 많은 지원과 원조를 하는 나라가 됐다. 세계 곳곳, 각 분야에서 탁월한 업적을 보이고 있고, 아시아 태평양 국가들 중 무시할 수 없는 나라가 됐다.

이에 비해 대학은 아직 경제 수준에 따라가지 못하고 있다. 오히려 외형적인 국가의 성장을 위해 전사(戰士)가 되기를 강요받고 있다. 인문학은 대학에서 천대받는 학문으로 전락하고 있으며, 자연과학 분야에서도 순수기초과학은 과거의 영광을 반납한 지 오래다. 서울 소재 어느 사립대학은 재단이 바뀌면서 대학을 사회와 연계시켜 경영학 위주로 재편하고 있다고 한다. 물론 나무랄 수만은 없는 일이다. 대학도 치열한 경쟁에서 이겨야 하고, 서열 경쟁에서 밀리면 안 된다는 재학생과 동문들의 현실적 수요를 반영한다면 오히려 잘한다고 박수를 쳐야 할 일이다.

그러나 모든 일에는 양면성이 있다. 너무 한쪽으로만 치닫는 것은 진정한 발전이 아닌 양적인 성장일 뿐이다. 대학의 특성화에 대한 강조나 취업을 위한 학과의 재편은 너무나 당연한 일이다. 중요한 것은 균형감각이다. 대학을 이른바 명문으로 만들기 위해서 순수 인문사회 과학을 홀대하고, 당장 졸업 후 실무에 투입할 수 있는 학과나 학문만 우대받는 풍토에 대학이 순응한다면, 한국이 '천박한 부자나라'로 가는 데 대학이 일등 공신 역할을 제대로 하는 것이라고밖에 볼 수 없다. 대학마저 이에 좌지우지되면 한국의 미래는 없다.

1588년 에스파냐의 무적함대가 영국의 엘리자베스 1세 때 영국 함대에 패배하기 전까지 지금의 스페인은 세계 최강이었다. 포르투갈도 마찬가지이며, 원나라, 알렉산더의 마케도니아 등 당대를 주름잡던 민족과 국가가 이제 겨우 중진국 정도의 수준을 유지하는 경우는 너무나 많다.

사회가 성장 위주, 가시적인 경쟁의 승리 위주에만 총력을 기울일 때, 이의 균형을 잡아주는 것이 대학의 역할이다. '만인에 대한 만인의 투쟁'이 일상화될 때, 이의 열기를 식히고, 인간의 얼굴을 한 자본주의를 성숙시키는 것이 대학의 존재가치이며, 아카데미즘이 지향할 바이다. 오로지 돈과 실용의 첨병으로 전락할 때 대학의 미래도 없고, 잠깐 반짝하는 신데렐라 국가에 그칠 수밖에 없다. 짧은 기간에 서구의 선진국이 되기가 어려워, 이제껏 많은 부조리와 성장의 그늘을 마다 않고 달려왔다. 이제 그 선진국이 지척이라 다시 성장 일변도와 효율 위주로 재무장해야 하는가.

대학이 효율과 성장의 첨병으로 거듭나기 위해서 인문학을 폐기하고, 사회과학들을 홀대하거나, 의과대학도 내과나 외과가 아닌 성형외과 위주로 재편되면 이는 이미 대학이 아니라, 실용으로 무장한 취업특성화 기관에 다름 아니다. 지금 우리 대학들의 보편적 현상이라는 얘기가 아니다. 아직 그러한 현상은 극히 일부에서 나타나고 있지만,

현재와 같이 지나친 국가발전주의나 몰가치의 선진화가 사회의 주류 이데올로기로 계속 기능한다면, 대학의 신자유주의적 변화는 한층 힘을 받게 될지 모른다.

서울에 있는 몇 개 대학만을 '명문'으로 지칭하는 언론의 속류적 근성도 지양되어야 한다. 많은 인재들이 숨은 곳에서 드러나지 않게 자신의 실력 연마와 학업에 전념하고, 이것이 학문 발전과 국가 발전의 디딤돌이 되고 있다. 권력지향적인 직위나 직업에 진출한 숫자와 국가고시에 합격하는 숫자의 많고 적음을 가지고 대학을 서열화하는 천하고, 경박한 행태를 보이는 일부 언론은 반성해야 한다. 이러한 몰가치적 행태가 궁극적으로 한국사회의 잘못된 선진화를 부추기는 작태임을 명심해야 한다.

대학 스스로가 사회가 나아가야 할 방향을 제시하고, 서열과 성장 위주로만 치닫는 현대사회에 경종을 울려야 한다. 학생들에게 경쟁력을 키워줘서 격이 있는 사회적 존재로 만들어 주고, 궁극적으로 경쟁에서 이기고 대한민국을 진정한 선진국으로 가꿔 나가기 위해서는 당장은 비효율로 보이는 분야에 대한 투자를 게을리해서는 안 된다. 그것이 철학이 있는 실용이며, 가치를 담보하는 실용이다. 학생들이 취업과 '88만 원 세대'를 의식한 공부를 하는 가운데서도, 그들의 진정한 자기실현을 위해서 인문학의 중요성과 균형 있는 독서를 강조해야 할 의무가 교수들에게 있다. 자신의 전공만을 가르치는 사람은 교수가 아니라, 지식의 전달자일 뿐이다.

신자유주의가 구조적으로 안고 있는 부정적 측면을 제어해주고, '인간의 얼굴'을 한 세계화의 길을 모색하게 하는 것이 대학인들의 사명이다. 경쟁과 효율이 세계화 시대의 주류이나, 이에 대한 균형을 모색

함으로써 우리 사회가 행복과 편안함을 느끼고, 안락한 삶을 살게 하는 데 대학이 나서야 한다. 특성화 대학과 취업을 위한 학과의 구조조정의 당위성을 부인하지 않는다. 그러나 이러한 현실적 요구를 인정하는 한편으로, 국가나 사학(私學) 재단들이 인문학과 기초과학에 대한 명예를 회복시켜야 한다. 이러한 사회적 합의가 있으면 한국의 능력과 저력으로 얼마든지 르네상스를 일으킬 수 있다. 대학이 현재와 같이 철학 없이 구조조정과 국가의 권력에 자율성을 훼손당해서는 안 된다. 그 길은 대학 스스로 찾아나서야 한다. 대학이 국가사회가 나아갈 방향을 제시할 때 국가의 정책도 균형을 잡을 수 있다. 또한 대학의 철학적·사회과학적 성찰만이, 자칫 선진화의 문턱에서 빠지기 쉬운 사회의 이중성과 양극화를 치유해 나갈 수 있을 것이다. 이것이 우리가 강한 인문학과 기초자연과학의 중요성을 강조하는 이유이며, 대학이 한국사회에 기여할 수 있는 길임을 잊어서는 안 될 것이다.

고령화 사회

한국에서 고령화가 더욱 심각하게 받아들여지는 이유는 저출산 때문일 것이다. 아이 하나를 제대로 키우기 위해 들어가는 막대한 사교육비를 감당하기 어려운 것이 출산을 꺼리는 주요 원인 중의 하나이다.

우리나라는 이미 고령화 사회에 접어들었다. 고령화 사회란 65세 이상 인구가 전 인구의 7% 이상을 의미하는데, 우리는 2009년 현재, 10.7%이다. 아직 그리 우려할 정도는 아니라고 하더라도 고령화가 진행되는 속도가 빠르다는 것이다. 한국은 고령화가 빠르게 진행되고 있어 향후 그 부정적 영향이 단기간에 증폭될 것으로 우려된다. 현 추세대로라면 향후 8년 후인 2018년에 고령인구는 14.3%로 고령사회에 진입할 것으로 보이며, 2026년에는 초고령사회(20.8%)에 진입할 것으로 예상된다. 아직 먼 미래이긴 하지만, 2050년에는 38.2%로 세계 최고령사회가 될 것으로 예측된다.

05 | 4·19와 5·16

• 2010. 5. 7

　　　　　　40대와 50대 이후 세대는 4·19를 의거(義擧)라고
배우며 자랐다. 그리고 5·16을 혁명이라고 부르는 게 어색하지 않았
다. 그러나 반세기가 지난 현재 60대 이후 세대가 간혹 5·16혁명이라
고 하는 경우는 찾아볼 수 있지만, 4·19를 혁명으로 지칭하는 게 보
편적이 됐고, 5·16을 혁명이라고 지칭하는 젊은 세대는 찾기 어렵다.
그만큼 현대사는 왜곡된 측면이 있었고, 수많은 이들의 투쟁과 희생의
대가로 우리는 민주화 이후 23년이 지난 오늘 민주주의를 향유하고
있다. 정부 수립 이후 1987년 직선제 개헌 쟁취로 민주화를 쟁취할 때
까지 아홉 번의 개헌이 있었으나, 민주화 이후 단 한 차례의 개헌도 없
었다는 것이 민주주의가 정상궤도로 가고 있는 것을 의미하는 것으로
해석할 수 있을 것이다. 반면 이승만 정권 때의 1차 개헌인 발췌개헌
이후, 87년까지 40년도 안 되는 기간 동안 아홉 차례의 헌법 개정사는

뒤틀린 한국정치를 증거하고 있는 것이라고 하겠다.

4·19가 미완의 혁명으로 끝나고, 곧이어 내각제 정부가 들어섰으나 무능했던 제2공화국은 5·16쿠데타의 빌미를 제공했다. 그러나 이제 4·19와 5·16을 민주주의와 권위주의의 단초를 제공한 상반되는 역사적 테제로 보는 시각에서 탈피하여, 혁명과 쿠데타의 변증법적 지향이라는 관점에서 파악할 필요가 있다. 제2차 세계대전 이후 독립한 후발국가 중에서 산업화와 민주화를 성공적으로 수행하고 후진국을 탈피한 나라는 한국이 유일하다고 해도 틀린 말이 아니다. 이승만, 박정희, 전두환 정권을 거치면서 민주주의가 질식되고, 정치적 배제와 탈정치화가 일상화되는 가운데도 민주주의를 향한 투쟁은 그치지 않았고, 산업화의 대가로 민주주의가 희생되어 왔으나, 결국 민주주의를 쟁취해냈다.

산업화와 민주화라는 어려운 가치를 쟁취해냈으나 그의 후유증은 결코 가볍지 않다. 민주화를 일궈내기까지 한국의 정치구도는 민주 대 반민주의 구도와 독재와 반독재의 극단적인 이분법적 구도였다. 이는 자연스럽게 기득권 세력 대 노동자와 농민, 소외계층의 대립을 가져왔고, 중간지대의 존재가 수용되기 어려운 구조였다. 따라서 보수와 진보, 수구와 개혁의 이분법적 대립은 상호보완과 절충의 변증법적인 갈등이라기보다는 무한대립과 증오의 반목 자체로 점철되어 왔다. 이러한 공간에서 서구의 보수와 진보의 건설적인 경쟁은 찾아보기 어려웠다. 보수는 수구 기득권 세력을 미화하는 이념으로 포장하였고, 진보도 역시 정치적·경제적 자원의 부재 속에서 선명성과 투쟁으로만 존재 가치를 확인하는 미성숙의 이념의 유희에 안주해온 것이 사실이다.

이것이 한국의 정치사회적 구조가 안고 있는 한계이자, 이념투쟁이 사회 발전과 통합의 기제가 되지 못하고, 모든 이슈와 현안에 똬리를 틀고 있어, 생산적인 토론을 가로막고 있는 요인이 되고 있는 이유이다. 그 맹목의 대립과 투쟁의 고리를 끊어야 한다. 그 저간에 4·19와 5·16의 가치의 승화가 전제되어야 한다. 다른 한쪽을 반목과 질시로 바라보는 증오와 저주의 정치학은 이제 여기서 멈춰야 한다.

사회정치적·경제적인 현안에 대한 객관적인 가치판단을 잘못 형성된 보수와 진보의 논리의 스펙트럼으로만 재단하려는 구태에서 자유로워질 때가 되었다. 산업화 세력과 민주화 세력의 화합이 전제되지 않고, 한국의 선진국으로의 진입은 어쩌면 불가능할지도 모른다. 이제 우리 모두 이념의 과잉에서 해방되어야 한다. 역으로 실용을 가장한 이념의 부재도 경계해야 한다. 우리에게 주어진 것은 4·19와 5·16의 변증법적 발전을 기초로 한 미래로의 도약이다. 이것이 우리의 혁명과 부인할 수 없는 쿠데타가 주는 오늘의 교훈이다.

06 | 민주주의와 자유민주주의

• 2011. 10. 31

최근 역사 교과서와 관련한 일련의 논쟁이 한국사회의 이념적 구도를 둘러싼 차이를 극명하게 보여 주고 있다. 교육과학기술부가 2013년부터 사용될 중·고 역사 교과서 교육과정 서술 지침을 발표하면서 '대한민국 민주주의의 발전'이라고 되어 있던 문구를 '자유민주주의의 발전'이라고 바꾸자 역사교육과정 개발추진위원회 위원 중 일부가 반발하면서 촉발되었다. 문제의 핵심은 한국이 지향해야 할 가치가 자유민주주의인가, 민주주의인가의 문제이다.

신자유주의의 최전선에서 첨병의 역할을 하고 있는 금융자본의 탐욕과 도덕적 해이는 시장경제와 사적소유를 두 축으로 하는 자유주의적 자본주의에는 필연적인 것이다. 그러나 그들의 독식을 자본의 구조적인 논리라고 치부하기에 사회의 인내는 한계에 달한 듯하다. 이는 신자유주의의 중심국가, 미국, 그것도 세계금융의 심장부인 뉴욕의 월가와 금융자본을 이끌고 있는 영국과 프랑스에서 벌어진 시위와 함께 지난주 세계적으로 연대시위가 벌어지는 사태로까지 발전했다. 우리나라도 예외가 아니었다. 탐욕스러운 금융자본에 저항하는 동서양의 언어와 문법은 자유민주주의 논쟁과 전혀 별개가 아님을 알아야 한다. 복지와 분배에의 요구는 이미 벌어질 대로 벌어진 가진 자와 못 가진 자의 쟁투를 예고하고 있고, 이제 자본의 논리가 어디까지 그 기세를 떨칠지도 유념해 보아야 한다.

자유주의와 민주주의는 본래 절충되거나 타협할 성질의 가치들이 아니다. 자유주의가 인권과 법치를 중시하고, 개인의 권리와 재산을 인정하는 이데올로기라면, 민주주의는 평등과 인민에 의한 지배, 즉 인민 주권을 추구한다. 그러나 일반적으로 모든 걸 민주주의에 포괄시키려 하고, 일부는 개념이나 민주주의관 자체가 잘못 인식되어 있는 경우도 있다. 정치적 자유주의의 철학적 기반 없이는 민주주의의 존립은 불가능하며, 민주주의적 사고의 작동 없이 자유주의의 순항은 상상할 수 없는 것이다. 자유와 평등이 긴장관계에 있을 수 있으나 이들은 결코 하나의 가치로만도 존재하기 어렵다. 그럼에도 자유주의는 경제적 자유주의가 본질인 것처럼 오도되면서 정치적·사회경제적으로 왜곡된 관념을 낳고 있다. 현실에서 자유주의는 신자유주의와 동의어처럼 사용되고 있다. 자유주의와 민주주의, 자유민주주의의 관계는 그래서 사용자의 의도에 따라 왜곡될 소지가 충분히 있는 이데올로기이다. 작금에 자유민주주의와 민주주의의 논쟁은 이러한 학술적인 토론과 논쟁의 차원보다는 보수와 진보의 이념적 차원이 부각되는 측면이 있다.

용어를 바꾸는 문제에 있어, 절차상의 문제에 대한 논쟁도 한몫을 거들고 있지만, 이는 기술적이고, 물리적인 문제로서, 핵심 사안이 아니다. 그 문제가 아니더라도 역사교과서 서술을 둘러싼 이데올로기 논쟁은 우리 사회의 이념적 대립을 가늠하는 잣대가 될 수 있다는 점에서 눈여겨볼 필요가 있다. 자유민주주의를 주장하는 견해는 민주주의가 대중의 포퓰리즘을 조장할 우려가 있고, 북한의 인민민주주의와 혼동될 우려가 있기 때문에, 공산주의와 싸워서 지켜낸 자유민주주의로 하는 것이 타당하다는 논리이다. 민주주의를 주장하는 입장은 '자유'라는 수식어가 들어가면 부르주아지적 이데올로기가 내포하는 함의로 공정과 분배, 복지가 소홀히 다뤄질 수 있다는 주장을 한다. 게다가 냉전사고의 부활로 수구로 회귀할 것이며, 은연중에 기득권을 옹호하고, 방어하는 기제로 작용할 것이라는 주장이 핵심이다. 또한 느닷없이 자유민주주의를 주장하는 것은 시대착오적인 색깔론을 동원하여 박정희 시대를 미화하려는 것이라는 논리이다. 그러나 우리가 통찰과 날카로운 지성으로 주시해야 할 것은 정치적 이념의 잣대가 아니라, 세계적으로 벌어지고 있는 신자유주의적 자본주의에 대한 이의 제기이다. 이들의 저항과 도전은 기각되기 어려울 것이다. 역사의 물줄기를 바꾸는 것은 항상 배고픔과 빵의 문제이며, 분배와 평등에 대한 억눌린 자들의 욕구에서 비롯됐기 때문이다. 한국의 빈부격차는 피상적으로 느끼는 것과는 판이하다. 단순한 양극화의 경제적 완화의 차원이 아님을 알아야 한다. 공정한 룰에 입각한 정당한 나눔을 요구하고 있는 것이다. 논거 없는 승자독식을 폐기하고, 실종된 패자부활전을 드러내자는 얘기다. 자유민주주의의 사회과학적 의미를 모르는 사람은 없다. 역사교과서에 자유민주주의 대신 민주주의를 고수하자는 의미를 아직도 모르는가? 그는 어느 시대에 살고 있는가?

07 | 종편과 자본의 권력화

- 2011. 12. 13

2011년 12월 1일, 말도 많고 탈도 많던 종편 4개사가
출범했다. 종편은 이명박 정부가 심혈을 기울인 기획(?)의 소산이다.
종편 설립의 명분은 방송사의 경쟁을 통한 프로그램의 질을 높이고 다
양화하는 한편, 미디어산업의 대형화를 통한 일자리 창출과 경제적 효
과 등이다. 그러나 종편은 신자유주의적 시장논리가 지배하는 미디어
광고시장의 혼란을 초래할 뿐만 아니라, 광고를 끌어들이기 위한 시청
률 높이기로 프로그램의 질을 떨어뜨릴 개연성이 높다. 종편의 설립은
여권이 미디어법을 강행처리하면서부터 목적과 의도가 예견되어 왔던
것이다. 물론 사회적 현상인 모든 이슈가 그렇듯이 종편에 대해서도
처한 입장에 따라 긍정적 주장과 부정적 비판이 공존한다. 따라서 출
범 며칠이 지난 지금, 이념적이거나 정파적인 시각에서 보지 않고, 기
왕에 방송을 시작했으니 차분하게 프로의 구성이나 논조, 편파성의 존

재 여부 등에 대해 객관적으로 평가할 필요는 분명히 있다. 종편이 미디어법이나 설립의 취지에 부합하게 지상파와의 경쟁과 종편사들의 다양한 프로로 방송의 질을 높일 것인지, 저질 선정성 상업방송의 노골화로 미디어 환경을 엉망으로 만들지는 두고 볼 일이다. 그러나 개국 첫날부터 종편사들이 박근혜 전 대표 인터뷰를 약속이나 한 듯이 방영한 것은 방송의 최소한의 윤리인 공정성과 공영성을 위반한 것이다. 상대당 유력대권주자의 인터뷰도 편성하는 것이 방송의 기본 윤리이다. 종편의 앞날이 편파성이나 정파성으로 얼룩질 수밖에 없다고 판단할 수 있는 논거의 일단을 제공한다. 게다가 종편의 모기업은 조선, 중앙, 동아, 매일경제신문이다. 이른바 조선, 중앙, 동아의 보수언론을 의식하지 않을 수 없는 것이 광고주들이 처한 현실이다. 시청률 1%대를 넘기기 어려운 방송이 광고료를 지상파의 70~80%를 요구하는 것이 이명박 정부가 그렇게도 중시하는 시장논리인지 묻지 않을 수 없다. 미디어렙(media representative)을 민영화하고, 다양화해야 하는 당위성에도 불구하고, 여권은 미디어렙법에 대해서도 대단히 소극적이다.

자본의 지배가 직접적으로 관철되는 공간이 언론이다. 보수언론들의 논조는 더욱 노골화되고 있다. 그나마 부작용을 최소화하려면 방송국의 편성 · 제작 · 보도 기능과 광고를 분리해야 한다. 종편이 직접 광고영업에 관여하는 것은 신문을 앞세워 상품 불매운동으로 연결될 수 있기 때문이다. 따라서 종편은 광고시장 교란과 경쟁구도를 왜곡할 가능성이 크다. 기존 매체에 대한 위협으로 연결될 개연성 또한 크다. 거대자본을 앞세운 물량 공세는 궁극적으로 사회의 자원 재분배를 저해한다. 종편으로 인해 예상되는 긍정적 효과보다는 부정적 상황으로 연결될 개연성이 훨씬 높다. 정치적·정파적 이해관계가 앞서게 되면 결국 소기의 성과(?)도 달성하지 못하고, 제 살 깎아먹기 경쟁으로 방송의 저질화만 초래하게 될 것이다.

광고와 직결된 문제가 방송의 독립성과 공정성의 문제이다. 애초 설립 과정 자체가 공정성을 보장하기 어려운 구조인 데다가, 신문과 방송의 겸영이 가져다주는 또 다른 왜곡과 편파의 가능성 또한 무시할 수 없다. 신문과 방송이 교묘하게 시너지 재생산을 위한 합작의 승수 효과를 노릴 가능성도 배제할 수 없다. 이러한 현상은 재벌과 언론의 관계에서 늘 지적되어 왔던 것으로서 신문과 방송의 겸영이 허가된 현재의 미디어 환경에서는 더욱 노골화될 개연성이 크다.

이명박 정부가 기획하고 실행에 옮긴 종편의 사회적 의미와 미디어 산업과 관련된 전망은 대체적으로 부정적이다. 레임덕 현상의 하나라고 보고 싶어 하는 시각이 상존하지만, 새 정권이 출범한 이후에도 4개 종편이 그대로 존속할 수 있을지에 대해서도 회의적 시각이 존재한다. 물론 이 문제는 단순한 미디어 환경의 문제뿐만이 아니라 정치가 내포된 정책의 문제이긴 하다. 조선, 중앙, 동아의 보수 매체의 발생 부수가 전국 단위 종합일간지 발행 부수의 70%가 넘는 현실을 감안할 때 언론 구도의 보수 획일화는 분명 우려할 만하다. 만약 진보 성향의 매체가 반대의 경우라도 이는 똑같이 지적되어야 할 문제이다. 무엇이 다양성이라는 것인지 알 수가 없다. 선정적이고 자극적이며 말초신경을 자극하는 저급한 말장난의 다양화(?)는 차고 넘칠 것이다. 억지로 쥐어짜는 드라마의 자의성이 지상파로도 모자라, 종편에서 또 대해야 한다니 시청자의 피곤만 가중시킬 뿐이다. 태생의 동기야 어떻든 기왕에 출범한 종편을 폐지할 수 없다면 미디어렙(방송광고 판매대행사)법

제정과 균형 있는 언론 발전을 위한 대책을 마련해 나가야 한다. 하기야 선거를 앞둔 정치권에 기대한다는 것이 연목구어(緣木求魚)임을 알 사람은 다 알지만 말이다. 총선과 대선을 앞두고, 졸속으로 개국한 종편들의 활약(?)에 정부와 여권은 큰 기대를 걸고 있을지 모른다. 그러나 종편도 언론이라면, 그리고 입사의 동기와 무관하게 언론인으로서의 양식과 상식을 가진 사람들이 있는 한 언론은 언론의 본연의 비판적 본능을 상실하지 않을 것임도 기대하고 싶다. 종편을 만든 사람들에게 부메랑으로 돌아갈 개연성은 왜 생각하지 못하는 것일까. 언론의 본질은 시청자들에게 재미와 볼거리를 제공하는 것이 아니라 권력에 대한 비판과 감시의 기능이다. 탈근대와 탈물질의 탈을 쓰고, 막가파의 내용으로 속을 채우는 저급함이 궁극적으로 설 곳은 없다. 대한민국은 천박한 자본의 논리에 휘둘리는 나라가 아니다.

미디어렙(media representative)

방송광고 판매대행사를 말한다. 광고주들로부터 광고를 수주하고, 대행수수료를 받는 회사를 일컫는 용어이다. 우리나라는 1981년 1월에 설립된 한국방송광고공사(KOBACO, 코바코, Korea Broadcast Advertising Corporation)가 현재로서는 유일한 미디어렙이다. 각종 매체기업을 대신하여 광고주들로부터 광고를 수주하고, 광고주와 광고회사에 광고분석, 광고기법 등 과학적인 매체자료를 제공해주는 업체이다. 방송사나 포털사이트 등 매체기업의 위탁을 받아 광고를 수주하고, 대행수수료를 받는 회사이다. 이 같은 대행체제로 운영하면 미디어 매체는 편성과 제작을 광고영업과 분리시켜 효율성을 확대할 수 있는 이점이 있다.

미디어렙은 취급하는 매체의 종류에 따라 동종 매체만 취급하는 형태와 다른 매체를 함께 취급하는 형태가 있고, 매체기업과의 관계에 따라 매체기업의 광고만 취급하는 자회사 형태, 매체기업의 자회사이지만 타 매체 광고도 판매하는 형태, 그

리고 매체기업과 관계없이 독립적으로 운영하는 형태로 나뉜다. 이 밖에도 설립자
본과 운영주체에 따라 공영 미디어렙, 민영 미디어렙, 국영 미디어렙 등으로 구분
하기도 한다. 공영 미디어렙은 공영매체기업의 자회사 형태이며, 민영 미디어렙은
민영방송사에서 운영하는 자회사 형식이거나 독립 미디어렙을 말한다.

우리나라에서는 1981년부터 한국방송광고공사가 방송사의 미디어렙 역할을 독점
해오고 있는데, 국가의 독점은 방송의 독립성을 위협할 뿐만 아니라 광고산업의
경쟁력을 떨어뜨린다는 비판이 제기되면서 민영 미디어렙의 설립 등 제도개선에
대한 논의가 본격적으로 진행되고 있다.

미디어렙법이 진통 끝에 2012년 2월 9일 국회 본회의를 통과했다. 이로써 2008년
11월 헌법재판소가 한국방송광고공사(코바코)의 방송광고 독점판매에 대해 헌법
불합치 판결을 내린 지 3년여 만에 입법 공백 상태는 해소됐다. 이번에 처리된 미
디어렙법은 '1공영 다민영' 체제를 골격으로 한다. 민영 미디어렙의 도입으로 코바
코 독점 체제는 31년 만에 깨지고 그러나 종합편성채널의 미디어렙 위탁 시점과
민영 미디어렙 최대 소유 지분 등 논란의 불씨는 여전하다. 시행령과 고시 제정 등
후속 조치들이 남아 있고, 2012년 4월 '총선 후 재개정' 요구도 높아 미디어렙법을
둘러싼 공방은 계속 될 전망이다. 8조원 규모의 방송광고 시장은 일대 경쟁 체제
로 진입하게 됐다. 코바코는 한국방송광고진흥공사라는 공영 렙으로 전환돼 KBS,
MBC, EBS의 광고 판매를 대행하게 된다. SBS는 최대 6개월 동안 직접 영업이 가
능해 졌고, 종편의 미디어렙 위탁 시점은 승인일로부터 3년간 유예됐다. 이에 따르
면 TV조선과 JTBC는 2014년 3월, 채널A는 2014년 4월, MBN은 2014년 5월 이후부
터 미디어렙에 광고 판매를 위탁해야 한다. 민영 미디어렙의 1인 소유 지분은 최대
40%까지 허용되며 지주회사 출자는 금지됐다. 통과된 미디어렙법의 최대수혜자
는 SBS와 종편이라는 비판이 있다.

08 | 민주주의의
       정착과 제도화

       산업화와 민주화는 경제적 민주주의, 정치적 민주주의의 완성이라는 의미에서 세계적으로 20세기를 관통했던 화두다. 물론 21세기에도 여전히 존중되어야 하고 추구해야 할 가치이다. 그러나 21세기 미래는 세계화 · 정보화 · 개방화가 시대적 화두로 제기되고 있다.

  우리나라는 암울했던 군사 권위주의 정권의 터널을 지나 정치적 민주화를 이루어 나가고 있다. 그러나 진정한 민주주의의 제도화는 아직도 요원한 상태다. 정치란 각 분야의 상충되는 이해를 조정하고 가치를 배분하는 것이다. 그러나 우리의 정치는 이해의 조정이라는 역할을 포기한 것처럼 보인다. 그리고 제한되어 있는 사회의 가치들을 역할에 맞게 배분하고 합의를 도출해 나갈 수 있는 능력을 상실하고 있다. 이러한 정치를 가지고 세계화 · 정보화 · 개방화라는 시대적 추세를 주도해 나갈 수 없다. 그래서 정치개혁과 변화가 절실하게 제기되고 있다.

한국은 경제발전과 외형적인 민주화의 성취라는 객관적 상황에도 불구하고 사회 각 분야가 전형적인 후진성을 벗어나지 못하고 있다. 상식으로는 도저히 이해가 가지 않는 부패와 비리사건, 각종 낙하산 인사, 교육의 졸속행정, 정치권의 저질발언들, 각종 현안에 대한 편 가르기와 이분법적 사고들, 과열된 조기유학 붐 등 어느 하나 정상적인 것이 없을 정도다. 지도층이나 일반국민이나 할 것 없이 '만인에 대한 만인의 투쟁'이 일어나고 있는 것처럼 느껴지는 한국사회가 아닌가? 상대를 인정하지 않는 극단적 이기주의의 만연, 오로지 자기와 자신의 가족, 지연, 혈연 등에만 가치를 부여하고 남에 대해서 철저히 배타적이고 공격적이며 적대적으로 변해가는 현실들이 한국사회의 앞날을 두렵게 하고 있다.

한국사회의 비상식적인 혼란상을 치유하기 위해서는 민주주의를 확고하게 뿌리내리기 위한 각 분야의 제도화가 절실하다. 이것이 민주주의의 제도화다. 제도화란 단순히 법과 제도의 완비만을 의미하지 않는다.

우선 게임의 룰과 규범을 인정하고 그 틀이 정착되어야 한다. 사회에 존재하고 있는 관행과 질서가 있지만 우리는 그것을 자신의 편의대로 해석하여 적용하는 데 익숙해 있다. 남이 하면 불륜이고 자기가 하면 로맨스라는 말이 진정한 우리 사회의 모습일지 모른다. 둘째, 인간이 사회적·정치적 존재로서 공존해야 한다는 가치관의 확립이 제도화의 요체다. 규범에 대한 사회적 합의를 준수하고자 하는 가치지향적 태도의 확립이 중요하다. 헌법에서 인정되는 특권층은 없으나 특권이 없으면 불가능한 일들이 우리나라에서는 너무도 자주 권력의 힘에 의해 저질러지고 있다. 최근에 국정원, 해양경찰, 검찰 등 국가의 공공기관이 어떠한 형태로든 개입된 비리사건이나 각종 게이트는 그러한 현상의 일각에 불과하다. 셋째, 공적 영역과 사적 영역의 정확한 구분이 전제되어야 한다. 권력은 강제성을 바탕으로 하지만 더욱 중요한 것은 공정성이 담보되어야 하는 것이다. 권력은 강제성과 공정성이라는 두 개의 축에 의해 행사되고 견제될 때 그 정당성을 확보할 수 있다. 그러나 우리 사회의 권력을 가진 자들은 권력을 어느 곳에 어떻게 사용하는지에 대해 전혀 개념조차 가지고 있지 않는 듯하다. 그렇지 않고서야 비리와 부정과 뇌물이 온 나라를, 그것도 한두 달도 아니고 1년이 넘도록 떠들썩하게 할 수 있는 나라가 있을까? 공적인 것에 대한 두려움과 공공영역에 대한 책임의식과 역사의식이 선행되어야 한다. 넷째, 제도화를 정착시키기 위해서는 권력집중이 시정되어야 한다. 권력이 지나치게 대통령에게 집중되어 있는 정치적 제도와 관행을 고쳐 나가야 한다. 권력이 적절히 분산되고 견제되어야 사회 각 분야가 제 기능을 발휘할 수 있고 제 역할을 찾아갈 수 있다. 정치가 여전히 큰 힘을 발휘하고 있는 상황에서 정치권에 로비가 몰리는 건 어쩌면 당연할지도 모른다. 우리 사회에서 정치는 여전히 권력의 상징이기 때문이다.

민주주의의 제도화는 우리 사회구성원 모두가 함께 추구해야 할 가치다. 그러나 무엇보다도 사회지도층과 정치인들이 제도화의 확립에 앞장서야 한다. 이제 한국사회의 지도층과 정치인들은 사회에서 확실한 방향과 비전을 가지고 자신들의 역할을 찾아 나가야 한다. 지식인들도 한국사회를 정확히 진단하고 처방을 제시할 수 있어야 한다. 지식인들이 학문을 바탕으로 관직이나 권력에 친화력을 가져서는 안 된다.

우리가 그동안 이룩해놓은 여러 업적들이 결실을 맺고 제2의 도약을 이루기 위해선 이대로는 절대로 안 된다. 이런 상태가 계속되는 것은 공멸을 의미한다. 지도층과 정치권 그리고 지식인들은 물론이고 사회구성원 모두가 현재 우리가 처해 있는 현실을 직시하고 각자가 제 몫을 찾아 나가야 한다. 그렇지 않고 철저한 이기주의와 천민적인 출세지향주의가 계속해서 달콤한 가치로 인식되고 고착화되다가는 의외로 쉽게 그리고 빠른 속도로 우리의 가치들을 잃을 수도 있다는 것을 명심해야 할 것이다.

제도화(institutionalization)

헌팅턴(Samuel Phillips Huntington)의 개념이다. 헌팅턴에 의하면 제도화란 조직이 가치와 안정을 획득해 나가는 과정이다. 즉, 근대화 이후에 분출하는 시민들의 사회적 욕구를 수용할 수 있는 정치적 능력(capability)을 가진 사회를 정치적 제도화(political institutionalization)가 된 사회라고 표현한다. 새뮤얼 헌팅턴(1927~2008)은 문명충돌론으로 일반에 잘 알려져 있고, 미국의 정치학자이다.

09 │ 성장 신화의 허구

1980년대 이래 지배적 이데올로기로 군림하고 있는 경쟁과 성장의 신화는 여전히 기세를 떨치고 있다. 이에 대한 거센 저항과 도전에도 불구하고 신자유주의적 세계화를 대체할 제3의 이념의 출현 가능성은 희박해 보인다. 신자유주의와 시장 자본주의가 세계를 지배하고 있으나, 이러한 이념들이 정치사회에서 인간을 행복하게 하는 최선의 이데올로기일 수 없는 것은 물론이다. 시장과 자본의 권력이 공동선을 추구하지 못하고, 약자의 소외와 강자의 지배를 정당화하는 이데올로기로 기능하고 있는 것은 아닌지, 비판적인 성찰이 절실한 때이다. 2008년의 금융위기와 글로벌 경제위기는 지금도 진행 중이며, 신자유주의의 한계를 노정한다. 자본의 권력화와 물신화는 여전히 우리네 삶을 옥죄고 있다.

개발독재시대의 산업화 논리 속에서 가파르게 성장한 한국은 사회경제적 격차의 심화를 경험하고 있다. 이는 비단 한국만의 문제는 아니나, OECD 국가 중에서도 한국은 소득재분배의 악화가 빠르게 진행되고 있는 국가군에 속하고 있다. 압축성장이 드리운 사회의 어두운 그늘과 소외계층의 고통 속에서도 수출 1조 달러를 달성한 한국의 잠재력은 평가할 만한 것이다. 그러나 공동체의 행복지수는 거시적 경제 지표와는 좀처럼 양립하지 않는다. 소득격차와 교육격차는 이미 회복하기 어려울 정도로 벌어지고 있다. 소득과 교육의 격차는 거주와 문화의 격차를 낳는다. 격차가 결과한 각 계층의 블록화는 공동체 내의 불통을 야기한다. 불통은 공감의 부재를 의미하고, 양해와 관용, 배려보다는 증오와 적대, 대립과 반목의 사회학이 시대의 주류를 이룬다. 가진 자나 못 가진 자나 모두 살얼음판을 걷는 듯한 존재의 불안은 오늘도 우리를 엄습한다.

GDP 규모 10위권의 이른바 '경제대국'의 브랜드가 한국민의 자긍심을 일깨우는 아이콘으로 작동하지 못하는 이유가 있다. 패자가 설 땅이 없는 공동체의 지속가능한 발전은 신기루일 뿐이다. 먹이사슬의 최정점에 위치한 10%의 이기심과 탐욕이 구축한 공고한 아성 속에서 공존을 얘기하는 것이 얼마나 무의미한지를 알기 때문이다. 성장신화로 무장한 공허한 메아리에 불과하다. 외모지상주의와 경쟁제일주의를 신봉하는 이 땅의 천민자본주의를 조장하는 천박한 상업방송의 폐해는 종합편성채널의 개국으로 절정에 달한다. 존재하지도 않는 인간군상들을 지칭하는 국적불명의 사회지도층이란 블록의 탐욕과 위선은 공동체의 삶을 밥맛 떨어지게 한다. 보수와 진보의 논리로 애써 치장되고 미화되는 오늘의 쟁투들은 서민 대중의 가슴을 후벼 판다. 이념의 과잉과 이념의 빈곤이 동시에 존재하는 아이러니 속에서 양극화란 단어는 그저 익숙한 용어가 되고 말았다. 정치권력과 경제권력의 공생 관계는 더욱 공고화되고 있다. 경제력으로 무장한 상류층은 차가운 겨울과 찌는 듯한 더위에도 '충실'하고도 '견고'하게 '그들만의 리그'를 소화해가고 있다.

한국이 산업화와 민주화를 성공적으로 수행한 신흥국이란 점을 과도하게 내세우면서 당장이라도 구미선진자본주의 국가의 반열에 들 수 있을 것이란 낙관적 전망은 사람들을 더 짜증나게 한다. 상대적 박탈감 같은 진부한 표현으로는 가슴들 속에 응축된 정서를 달랠 길이 없다. 이것이 '무역대국 대한민국'의 불편한 이중적 진실들이다. 정권과 기성 정치권에 대한 독설과 야유, 비아냥과 빈정거림은 언제부턴가 진보의 특허가 되었다. 보수는 무한경쟁의 폐해와 수월성 교육에 대한 비판을 진보의 무능과 세계화에 대한 몰이해로 매도한다. 정부수립 60년의 공든 탑을 하루아침에 엎어 버릴 불평불만 세력으로 몰아붙인다. 그러나 보수는 고용과 분배의 경시가 가져올 궁극적인 성장의 한계에 대한 인식의 부재를 깨닫지 못한다. 한국사회의 본질적 허상에 대한 냉철하고, 과학적인 천착이 없는 한 기득권과 기성정치권에 대한 독설과 야유, 비아냥과 빈정거림은 한국사회의 마이너리그들의 카타르시스로 기능할 것이다. 그리고 그것은 우리 사회의 공동체적 삶을 조금씩 잠식해 들어간다. 이 모든 책임은 가진 자들의 도덕적 해이(moral hazard)에서 상당 부분 연유한다는 사실을 인정할 때 해결의 실마리를 찾아나갈 수 있는 단초(端初)를 마련할 수 있다. 2011년에도 고액체납자들의 체납액수가 1조 원을 훨씬 넘는다. 이른바 '상류층'의 자기희생과 헌신이 '하류층'에게 감동을 주지 못하는 한 부자들의 리그도 사상누각(砂上樓閣)이 될 수 있음을 왜 모르는가.

● 「나가수」와 한국사회

요즘 인기를 끌고 있는 오락 프로그램의 경향성 중 하나는 오디션 프로가 많다는 것이다. 이 프로들의 공통점은 나름대로 공정한 경쟁을 위한 방식을 채택하고 있다는 것이다. 특히 「나는 가수다(이하 나가수)」라는 프로그램은 1등을 선정하는 목적이 아니라, 꼴찌를 탈락시키는 방식을 채택하고 있다는 점이 흥미를 끈다. 그리고 한 번이 아니라, 두 번의 경쟁을 통하여 순위를 가리기 때문에 패자부활이 가능하다. 꼴찌도 팬들이 생기고, 새로운 수요가 생김으로써 탈락이 영원한 퇴장을 의미하는 것은 아니다. 그리고 탈락자에게 아낌없는 갈채와 격려를 보냄으로써 오히려 꼴찌가 스포트라이트를 받는 '아름다운 역설'도 보기 나쁘지 않다. 1등은 제일 먼저 발표를 함으로써 오히려 빨리 잊혀지는 불이익(?)을 당한다. 적어도 승자만을 기억하는 방식은 아니라는 점도 인상 깊다. 평가의 방법도 세대별로 청중을 공개모집하여 청중평가단을 구성한다. 공정성을 담보할 수 있다는 얘기다. 또한 대형가수나 이름 없는 가수나 누구나 할 것 없이 '계급장 떼고' 한번 붙어볼 수 있는 구조이다. 이러한 특징들이 「나가수」를 가요 프로그램의 새로운 지평을 여는 '사회학적' 의미를 부여하게 만든 소이

(所以)들인 것으로 보인다.

그러나 「나가수」는 우리 사회의 현실을 그대로 노출시키고 있다는 점에서 양면성을 보여 준다. 출전한 경연자들의 초조한 심리상태의 기술적 묘사와 경쟁에서 탈락하지 않으려는 선수들의 클로즈업된 표정에서 시청자들은 극도의 긴장을 느낀다. 정당하고 공정한 경쟁은 공동선을 위해서도 필요한 것이다. 그렇지만 30년의 압축성장에서 체득된 극단적 경쟁이 여타의 자본주의 국가들을 압도하는 상황에서, 가정에서 긴장을 이완시키고, 경쟁에서 도피하고 싶은 마음들을 다시 재무장시키는 「나가수」는 역설적이게도 지극히 한국적 경쟁을 그대로 빼닮았다. 이것이 「나가수」의 이중성이다. 그럼에도 한국사회가 목말라하고 있는 요소들이 오락프로에 녹아 있다는 점이 「나가수」를 단순 노래 프로가 아닌 독특한 의미를 부여하게 만든 요소란 점에서, 「나가수」에게 긍정적 점수를 주는 데 인색일 필요는 없다.

승자독식(勝者獨食) 구조의 혁파, 루저(loser: 사회적 패자)의 재기, 공정성의 담보, 기득권의 타파, 경쟁의 수위 조절 등은 한국사회가 해결해야 할 기본전제들이다. 이러한 전제들이 이루어지지 않으면 한국사회는 더불어 사는 아름다운 모습을 하기 힘들다. 붕괴되어 가는 공동체를 복원하기는 애당초 그른 일이다. 경쟁과 성장의 지나친 미화(美化)는 기득권들의 철옹성을 탄탄히 하는 합리화의 도구로 기능할 뿐이다.

어느 누구도 살아남고자 하는 경쟁에서 자유로울 수 없다. 그러나 그 경쟁은 나름의 윤리와 규율을 가지고 조금씩은 패자도 보듬어 안고 갈 수 있는 경쟁이라야 한다. 무자비한 경쟁은 경쟁의 승자에게도 그 독소가 언젠가 비수가 되어 돌아올 것이다.

우리 사회도 복지와 분배를 얘기하기 시작했다. 누구나 나눔의 미학을 칭송한다. 보편적 복지는 시대적 대세다. 거창하게 복지 담론을 얘기하고자 한 것이 아니다. 상위를 점하고 있는 블록이 그렇게도 힘주어 말하는 성장과 선진국에로의 진입이 좀 늦더라도, 조금은 편안한, 덜 긴장해도 되는, 그러한 사회가 됐으면 좋겠다는 생각이 든다. 조금 게을러도 루저로 전락하지 않는 '인간의 얼굴'을 한 신자유주의와 격조 있는 한국사회가 되었으면 좋겠다고 해도 "시대를 몰라도 한참 모른다"는 핀잔을 안 듣는 사회가 됐으면 좋겠다.

저자약력

최창렬

1956년 서울에서 출생하여 고교평준화 직전 경기고등학교에 입학하고, 성균관대학교에서 정치학을 공부했다. 보잘것없는 삶의 흔적 속에서 그나마 두어 번 정도의 진한 추억과 보람을 갖고 산 게 다행이라면 다행이다.

대학졸업 후 금융회사를 박차고 나와 한국학중앙연구원 한국학대학원에서 공부하면서, 운중동 산자락 아래에서 낑낑대며 석사논문을 썼던 게 그 첫 번째이다.

민주화가 온 국민의 가치요, 열망이던 1980년대 말, 야당 정책전문위원으로 정치권에 입문했다. 이후 1990년대 후반까지 여야 국회의원의 보좌관과 15대 대선의 유력 대권주자의 정치보좌역으로 정치권을 경험할 수 있는 기회를 얻었다.
40대 10년은 주담야론(酒談夜論)을 펼치며 온몸을 던져, 한국정치의 역동성과 실체에 조금이나마 다가갈 수 있었던 기간이었던 것 같다. 그러나 10년의 세월 동안 본 한국정치의 한계는 너무나 명확했다. 이후 정보화 관련 정부기관에서 기획실장 등 실무를 접하면서 정보사회의 메커니즘을 이해하고, 정보문화에 대한 이해도 넓힐 수 있었다. 정치권을 떠난 이후 늦었던 학위논문을 마무리하여, 성균관대에서 정보화와 정치과정에 대한 주제로 정치학 박사학위를 받았다. 실적 위주의 정부구조조정을 국회 입법화의 과정을 거쳐 바로잡는 과정 속에서 정치 현실과 이론의 괴리를 체험했다. 입법화 노력의 결실을 본 뒤, 홀가분하게 대학으로 옮길 수 있었던 것이 두 번째 보람이라면 보람이다.

현재는 다양한 방송매체를 통하여 정치논평과 패널로 한국정치를 제대로 알리고자 노력하고 있으며, 용인대학교에서 사회과학 관련과목과 정치학을 강의하고 있다. 향후 대중이 쉽게 다가갈 수 있는 '정치적인 것'들에 대해 많은 정보와 관점을 제공할 수 있으면 하는 바람이다.

대한민국을 말한다

초판인쇄 2012년 3월 26일
초판발행 2012년 3월 26일

지은이 최창렬
펴낸이 채종준
기 획 강태우
교 정 박은주
디렉터 곽유정
표지·본문디자인 박능원

펴낸곳 한국학술정보(주)
주소 경기도 파주시 문발동 파주출판문화정보산업단지 513-5
전화 031-908-3181(대표)
팩스 031-908-3189
홈페이지 http://ebook.kstudy.com
E-mail 출판사업부 publish@kstudy.com
등록 제일산-115호(2000. 6. 19)

ISBN 978-89-268-3211-0 03070 (Paper Book)
      978-89-268-3212-7 08070 (e-Book)

이담
Books 는 한국학술정보(주)의 지식실용서 브랜드입니다.

-